Prenatal Education Bible
胎教圣经

两岸孕育专家组 / 编著

 上海科学普及出版社

图书在版编目(CIP)数据

胎教圣经 / 两岸孕育专家组编著. —— 上海：上海科学普及出版社，2014.10
ISBN 978-7-5427-6174-3

Ⅰ.①胎… Ⅱ.①两… Ⅲ.①胎教—基本知识 Ⅳ.①G61
中国版本图书馆CIP数据核字(2014)第150391号

责任编辑　丁　楠
统　　筹　刘湘雯

胎教圣经

两岸孕育专家组　编著
上海科学普及出版社出版发行
(上海中山北路832号　邮政编码200070)
http://www.pspsh.com

各地新华书店经销　北京瑞禾彩色印刷有限公司印刷
开本 787×1000 1/16 印张 18 字数 432 000
2014年10月第1版 2014年10月第1次印刷

ISBN 978-7-5427-6174-3 定价：58.00元

CONTENTS 目录

第1章 胎宝宝第1个月

✳ 把握"做人"关键期

什么是易受孕期..................002
计算易受孕期的方法..................003
推算排卵日..................003
测量基础体温..................003
如何计算预产期..................005
日期推算法..................005
超声波检查..................005
什么是孕月及孕周..................006
做爸爸孕前要优生..................007
改变生活维持精子质量..................007
环境污染对精子质量的影响..................007
增进精子质量的方法..................007
Boy or Girl..................008
生男生女取决于男方..................008
生男生女是自然法则..................008

✳ 胎宝宝成长之旅

生命的开始..................009

✳ 你的身体变化

✳ 优境养胎

度过"做人"前4周..................012
第1周..................012
第2周..................013
第3周..................014
第4周..................015
饮酒吸烟对胎宝宝有害..................016
孕妈妈肝炎会传染给胎儿吗..................016
认识病毒性肝炎..................016
施打疫苗很重要..................016
乙肝母亲可以安心哺喂母乳..................016

目录

* 快乐胎教课堂

什么是胎教 017
中国古代胎养精要 018
优婚配 018
避劣胎 018
谨用药 018
慎起居 018
适寒温 019
忌房事 019
节饮食 019
调情志 019
怀美心 019
正言行 019
爱是胎教的基础 020
保持好心情，学会放轻松 021
胎教故事——《亚当和夏娃》 022
孕妈妈动动脑 023
与胎宝宝一起快乐 024
开心一笑 024
心理游戏——你爱吃醋吗 024

* 准爸爸必读

该为妻子做点什么 026
为妻子做好后勤 026
适宜地调节妻子的情绪 026
激发妻子的爱子之情 026
协助妻子进行胎教 026

第2章 胎宝宝第2个月

* 胎宝宝成长之旅

* 你的身体变化

* 优境养胎

如何验孕 030
验孕失准的原因 030
何时该怀疑自己怀孕了 030
本月产前检查特殊项目 030
子宫外孕早诊断 031
孕早期出血"SOS" 032
调整居家环境 033
慎防致畸因素 034
避免电磁波威胁宝宝 035
注意家电摆放位置 035
少量X线不影响健康 035
避免长途且经常性乘机 035
高压电缆、高铁的辐射很吓人 036
"无线"潜藏的危机 036
防电磁波衣可抵挡电磁波 036
上班孕妈妈更要小心防范电磁波 036
勿受不实报道影响 036
传统和现代怀孕禁忌 037
怀孕初期所需的营养素 039
"害喜"怎么办 040
"害喜"症状轻微时 040

"害喜"症状严重时 ……………………040
如何治疗"害喜" ……………………040
改善胃肠道不适的穴位按摩 …………041

* 快乐胎教课堂

散步是孕期最好的运动 ………………042
康有为先生的胎教院 …………………043
中医胎教 ………………………………043
婆媳关系不紧张 ………………………044
胎教故事—《女娲造人》……………045

"妈妈学分"怎么修 …………………046
贝多芬钢琴曲《致爱丽丝》的故事 …046
朱自清散文《春》赏析 ………………047
与胎宝宝一起快乐 ……………………048
开心一笑 ………………………………048
心理游戏—测测你的审美观 ………048

* 准爸爸必读

多点欢乐多点爱 ………………………050

第3章 胎宝宝第3个月

* 胎宝宝成长之旅

胎宝宝9周 ……………………………052
胎宝宝10周 …………………………052
胎宝宝11周 …………………………052
胎宝宝12周 …………………………052

* 你的身体变化

怀孕第9周 ……………………………053
怀孕第10周 …………………………053
怀孕第11周 …………………………053
怀孕第12周 …………………………053

* 优境养胎

产前检查项目和时间 …………………054
常规产检 ………………………………054
特殊产前检查项目 ……………………054
教你舒缓孕早期不适 …………………056
孕期便秘 ………………………………056
易累、嗜睡 ……………………………057
尿频 ……………………………………058
胃灼热 …………………………………058
挑选舒适寝具 …………………………059

无刺激性、舒缓色调为主 ……………059
天然棉麻的材质优先 …………………059
床垫不宜过度柔软 ……………………059
孕期做家务应注意事项 ………………060
女工妊娠期的劳动保护 ………………060
克服孕期感冒有妙招 …………………061
孕期舒缓感冒不适的建议 ……………061
小心塑料制品污染 ……………………062
什么是"环境激素" …………………062
食物慎用塑料容器加热 ………………062
塑化剂依然存在 ………………………063
塑化剂对人体的影响 …………………063
塑化剂在我们日常生活里 ……………063
定香剂也含塑化剂 ……………………063
饮食对策 ………………………………063
孕妈妈进补须知 ………………………064
孕妈妈也可以进补吗 …………………064
怀孕初期加强脾胃 ……………………064
怀孕中期不宜食用偏寒食物 …………064
怀孕末期补筋骨、润心肺 ……………064
医师推荐的简易料理 …………………065
水果蔬菜与胎儿发育 …………………065

目录

✱ 快乐胎教课堂

宁静即胎教 ……………………………… 066
蔡元培先生的公立胎教院 ……………… 067
好心态使快乐无处不在 ………………… 068
胎教故事——《百鸟朝凤》 ……………… 069
中医胎教 ………………………………… 069
他会是什么模样 ………………………… 070
双语胎教——May ……………………… 070
胎教音乐《春江花月夜》赏析 …………… 071
与胎宝宝一起快乐 ……………………… 072
开心一笑 ………………………………… 072
心理游戏——你是个好妻子吗 ………… 072

✱ 准爸爸必读

关爱孕妻饮食守则 ……………………… 073

第4章 胎宝宝第4个月

✱ 胎宝宝成长之旅

胎宝宝13周 ……………………………… 076
胎宝宝14周 ……………………………… 076
胎宝宝15周 ……………………………… 076
胎宝宝16周 ……………………………… 076

✱ 你的身体变化

怀孕第13周 ……………………………… 077
怀孕第14周 ……………………………… 077
怀孕第15周 ……………………………… 077
怀孕第16周 ……………………………… 077

✱ 优境养胎

产前检查时间表 ………………………… 078
母血唐氏症筛检 ………………………… 078
超声波检查 ……………………………… 078
产检可以检查出所有异常吗 …………… 079
7种胎儿异常B超查不出 ………………… 079
孕妈妈小心过敏 ………………………… 080
降低过敏发生 …………………………… 080
过敏应寻求医师诊治 …………………… 080
积极防过敏更重要 ……………………… 080
爱美习惯要改变 ………………………… 081
避免穿着高跟鞋 ………………………… 081
不能擦指甲油 …………………………… 081
宽松衣物比紧身衣物合适 ……………… 081
使用A酸有致畸胎危机 ………………… 081
孕期不宜染发或烫发 …………………… 081
孕期不要把看电视当消遣 ……………… 082
预防妊娠纹按摩有一套 ………………… 082
按摩的诀窍及部位 ……………………… 082
正确姿势远离孕期身体伤害 …………… 083
站姿 ……………………………………… 083
拿取高处物品 …………………………… 083
工作时的坐姿I …………………………… 084
工作时的坐姿II ………………………… 084
工作时的站姿 …………………………… 084
休闲坐姿 ………………………………… 085
舒服的睡姿 ……………………………… 085
性生活也是一种生活 …………………… 086
怀孕了,还能持续拥有性生活 ………… 086
孕妈妈对性的欲望降低 ………………… 086
孕期性爱要注意安全 …………………… 087
用心关怀对方就是爱的展现 …………… 087
怀孕中期饮食营养须知 ………………… 088
怀孕中期需增加的营养素 ……………… 088

冬令进补孕妈妈必知 090	胎教故事——《海的女儿》 095
孕期冬令进补怎么吃 090	美文赏析《你是人间的四月天》 096
孕妇饮食温和为宜 090	中医胎教 096
	与胎宝宝一起快乐 097

✴ 快乐胎教课堂

怀孕后,你更宠爱自己吗 091	开心一笑 097
孕妈妈快乐处方 092	孕妈妈更聪明——专注力 097
和胎宝宝一起去旅行 093	

✴ 准爸爸必读

儿童乐坛中的"世界名曲"——
《春天在哪里》 094
双语胎教——I Can Say My ABC 094

激发妻子的爱子之情 098
重视胎教的爸爸 098

第5章 胎宝宝第5个月

✴ 胎宝宝成长之旅

胎宝宝17周 100	怀孕第17周 101
胎宝宝18周 100	怀孕第18周 101
胎宝宝19周 100	怀孕第19周 101
胎宝宝20周 100	怀孕第20周 101

✴ 你的身体变化

优境养胎

本月产检特殊项目 102
羊膜穿刺 102
测量子宫底高度和腹围 103
胎动的监测 104
如何测量胎动 104
从胎动看胎儿健康 104
怀孕后期，胎动逐渐减少 105
胎动多，宝宝出生后较活泼 . 105
不是动得越厉害越好 105
胎儿怎么动有差别吗 105
胎动异常的原因 105
胎动异常怎么办 105
注意胎儿宫内发育迟缓 106
胎儿发育与孕妇体重 106
双胞胎健康全攻略 107
异卵双胞胎和同卵双胞胎 107
容易发生妊娠疾病 107
关于多胎妊娠的建议 107
孕妈妈必知的补血问题 108
哪些孕妈妈容易发生贫血 108
贫血有何影响 108
如何治疗缺铁性贫血 108
服用铁剂注意事项 109
孕期聪明补铁 109

快乐胎教课堂

胎宝宝在听什么 111
音乐胎教最易上手 112
欣赏《圣母颂》 113
中医胎教 114
欣赏海涅——《乘着歌声的翅膀》 114
双语胎教——*Little Joy* 114
就是要美丽 115
做个小鸡奶嘴袋 116
胎教故事——《渔夫和他的妻子》 118
孕妈妈动动脑 119
与胎宝宝一起快乐 120
开心一笑 120
心理游戏——你的记忆水平如何 120

准爸爸必读

关爱孕妻居家生活 121

第6章 胎宝宝第6个月

胎宝宝成长之旅

胎宝宝21周 124
胎宝宝22周 124
胎宝宝23周 124
胎宝宝24周 124

你的身体变化

怀孕第21周 125
怀孕第22周 125
怀孕第23周 125
怀孕第24周 125

优境养胎

产前检查特殊项目 126
高层次超声波检查 126
怎样听胎心音 127
舒缓孕中期不适 128
腰酸背痛 128
脚底角质增厚 129
足底筋膜炎 129
要预防妊娠高血压 130
预防妊娠高血压的饮食 131

时尚孕妈妈巧穿搭 132	孕期怎样运动 138
活泼俏丽风格 132	适度的运动使胎宝宝健壮 138
俏皮日系风格 132	温和、低冲击力、无重力运动 138
个性涂鸦派 132	孕妈妈怎样做运动 138
甜美气质风 133	妊娠期运动注意什么 139
可爱孕妈妈必备 133	孕期飞轮运动 140
孕妈妈显瘦穿搭 133	孕妈妈游泳好处多 141
孕期牙齿好健康 134	快乐的方法 142
百病之源是牙周病 134	舒伯特和胎教音乐《摇篮曲》 142
孕期牙齿治疗 134	双语胎教——I Have Two Hands 143
孕期牙齿保健 134	中医胎教 143
孕期妈妈补钙 135	胎教故事——《豌豆公主》 144
怀孕、哺乳期的每日饮食建议 135	欣赏泰戈尔《金色花》 145
高钙菜肴帮您补钙 136	与胎宝宝一起快乐 145
促进钙质吸收的因素 136	开心一笑 145
造成钙质流失的因素 136	
选择钙片看过来 136	*** 准爸爸必读**
	实施胎教不可心太切 146
* 快乐胎教课堂	给胎宝宝取个乳名 146
与胎宝宝一起做游戏 137	

第7章 胎宝宝第7个月

* 胎宝宝成长之旅

胎宝宝25周 148	
胎宝宝26周 148	
胎宝宝27周 148	
胎宝宝28周 148	

* 优境养胎

产前检查特殊项目 150
妊娠糖尿病筛检 150
预防娩出巨婴宝宝 151
形成巨大儿常见的原因 151
以BMI计算体重 151
职场孕妈妈轻松减压 152
给自己放一天假 152
朋友聚会不可少 152
适度运动很重要 152

* 你的身体变化

怀孕第25周 149
怀孕第26周 149
怀孕第27周 149
怀孕第28周 149

目录

丈夫是重要的支持者 152
饮食让心情up up 152

恼人的孕期青春痘 ... 153
为什么怀孕会冒出痘痘呢 153
治疗与保养之道 153

孕期睡姿学问大 ... 154
How to Sleep 154
孕妈妈最好左侧卧 154
孕期不宜仰卧 154

孕期容易并发肾盂肾炎 155
子宫肌瘤会影响胎儿吗 155
小腿抽筋怎么办 155
小腿抽筋的穴位按摩 155
乳房保健准备哺喂宝宝 156
产前运动 158
勤练拉梅兹呼吸法控制产痛 158
拉梅兹呼吸法的注意事项 158
练习前的原则 158
呼吸运动 159

脐带血存不存 ... 161
脐带血的基本知识 161
脐带血给谁用 161
到底要不要存脐带血 161
目前脐带血的运用很广泛 161

预防静脉曲张 ... 162
预防静脉曲张方法 162

孕妈妈营养新主张 ... 163

糖分摄取不要过量 163
多吃全谷根茎类 163
优先选择植物性蛋白质 164
坚果取代油脂更健康 164
每天一餐改吃素 164
吃海带应注意什么 164
炎夏慎防中暑和食物中毒 165
预防中暑 165
防食物中毒 165
注意冰品卫生 165
孕妈妈应避免生食 165

* 快乐胎教课堂

语言胎教的方法 166
你和胎宝宝说什么 167
我是一个小宝宝 167
如何给胎宝宝讲故事 168
胎教故事——《白雪公主》 168
呼唤胎宝宝 170
中医胎教 170
宝贝在妈妈肚子里玩什么 171
像蜗牛一样慢生活 172
双语胎教——
The Crab and Her Mother 172
与胎宝宝一起快乐 173
开心一笑 173
心理游戏——测试你的家庭观 173
涂鸦，让生活多姿多彩 174

* 准爸爸必读

因为了解，所以我会更体贴 175
上下楼梯真累人 175
蹲下绑鞋带才知困难 175
像翻不起身的乌龟 175
亲爱的，我会更体贴 175
准爸爸综合征 176
也给准爸爸一些鼓励 176

第8章 胎宝宝第8个月

* 胎宝宝成长之旅

胎宝宝29周 178
胎宝宝30周 178
胎宝宝31周 178
胎宝宝32周 178

* 你的身体变化

怀孕第29周 179
怀孕第30周 179
怀孕第31周 179
怀孕第32周 179

* 优境养胎

让你整夜好眠到天明 180
孕期勿使用安眠药 180
改善睡眠14招 180
妊娠8个月的宝宝能活吗 181
改善孕期水肿 182
怀孕中期最容易水肿 182
从生活及饮食做起 182
正确体位及活动可消水肿 182
胎位不正别慌张 184
什么是胎位不正 184
胎位不正的检查方法 184
如何让胎位转正 184
纠正胎位不正体操 185
胎位不正的危险 185
怎么生产才安全 186
阴部瘙痒该怎么办 187
真菌感染是主要原因 187
减少阴部受感染的方法 187
孕期内裤要勤洗换 187
如厕灼热疼痛要尽快就医 187
水果好吃不要多 188
不要因为"好"所以狂吃 188

吃进多少难计算 188
糖分高,易肥胖 189
"好"水果要正确吃 189
吃得健康而不发胖 189
怀孕后期饮食营养须知 190
怀孕后期的饮食及生活原则 190

* 快乐胎教课堂

触摸胎教法 191
相同的爱 192
胎教音乐古筝曲《高山流水》赏析 193
一针一线编织爱 194
双语胎教——Edelweiss 195
中医胎教 195
天然的魔力 195
与胎宝宝一起快乐 196
心理游戏——你精神抑郁吗 196
大猩猩围兜 198

* 准爸爸必读

夫妻按摩,浪漫又解压 200
按摩前的准备 200
帮孕妇按摩时的注意事项 200
开始按摩 201

目录

第9章 胎宝宝第9个月

* 胎宝宝成长之旅

胎宝宝33周 204
胎宝宝34周 204
胎宝宝35周 204
胎宝宝36周 204

* 你的身体变化

怀孕第33周 205
怀孕第34周 205
怀孕第35周 205
怀孕第36周 205

* 优境养胎

产前检查特殊项目 206
B型链球菌检查 206
什么情况应立即去医院 206
轻松舒缓孕后期不适 207
心悸 207
容易喘 207
晕眩 207
漏尿 207
怀孕后期的出血 208
前置胎盘 208
胎盘早期剥离 208
子宫破裂 209
引起孕期出血的其他因素 209
早产安胎须知 210
早产的高危险因子 210
什么样的状况需要安胎 210
安胎注意事项 210
打造完美婴儿房 212
考虑一：舒适性 212
考虑二：安全性 213
如何准备生产包 214
36周前即可准备 214

生产包这样分类&准备 214
注意事项 214
产后必备清单 215
束腹带 215
束裤 215
产褥垫 215
哺乳衣 215
溢乳垫 215
消水肿这样吃 216
避免空热量食物 217

* 快乐胎教课堂

唱歌胎教法 218
欣赏德沃夏克《母亲教我的歌》 219
欣赏《仲夏夜之梦》序曲 220
乌龟呼吸法 221
瑜伽冥想——莲花座 221
胎教故事——《小猫墨菲与小老鼠》 222
双语胎教——Happy New Year 223
中医胎教 223
与胎宝宝一起快乐 224
开心一笑 224
心理游戏——你的心胸是宽还是窄 224
艺术胎教 225

* 准爸爸必读

应帮妻子做点什么 226

第10章 胎宝宝第10个月

* 胎宝宝成长之旅

胎宝宝37周 ... 228
胎宝宝38周 ... 228
胎宝宝39周 ... 228
胎宝宝40周 ... 228

* 你的身体变化

怀孕第37周 ... 229
怀孕第38周 ... 229
怀孕第39周 ... 229
怀孕第40周 ... 229

* 迎接宝宝出生

即将生产的三大征兆 ... 230
征兆1：落红或见红 ... 230
征兆2：阵痛 ... 230
征兆3：破水 ... 231
用什么样的心情面对生产 ... 231
真阵痛还是假阵痛 ... 232
如何区别真假阵痛 ... 232
假阵痛 ... 232
真阵痛 ... 232
急产怎么办 ... 233
要沉着，别慌张 ... 233
要不要叫救护车 ... 233
破水之后多久要生 ... 233
在医院外生了怎么办 ... 233
千万不可自行断脐 ... 233
前置胎盘出血就要住院 ... 233
自然生产全过程 ... 234
是否到医院待产去 ... 234
5分钟痛一次，即可待产 ... 234
要怎么减痛 ... 235
勇敢生产的过程 ... 236
分娩必然痛吗 ... 237
自然生产Q&A ... 238

自然产还是剖宫产 ... 240
什么是自然产 ... 240
什么是剖宫产 ... 241
剖宫产的过程 ... 242
剖宫产Q&A ... 243
会阴切开影响性生活吗 ... 244
医生的"私房话" ... 245
分娩前吃点什么 ... 245

* 产后护理

自然产后24小时护理 ... 246
剖宫产后24小时护理 ... 248
产后保健要做好 ... 250
产后子宫的复原 ... 250
恶露 ... 250
产后应注意事项 ... 250
必须立即就医的异常现象 ... 251
会阴、伤口痛 ... 251
何时该回诊 ... 251
凯格尔运动改善产后性生活 ... 252

* 快乐胎教课堂

分娩期的心理变化 ... 253
最美好的时刻 ... 253
凡·高《向日葵》赏析 ... 254
双语胎教——Happy Birthday ... 255
中医论分娩 ... 255
与胎宝宝一起快乐 ... 256
开心一笑 ... 256
千纸鹤——叠一只美丽的千纸鹤，为宝宝许下一世的祝福 ... 256

* 准爸爸必读

待产时最依赖的人 ... 257
因为她需要我 ... 257
陪产前要做功课 ... 258

第11章 与新生宝宝度蜜月

* 新生儿医学

- 新生儿体格发育表 260
- 新生儿发育状况 261
  - 呼吸 261
  - 体重 261
  - 脐带 261
  - 前囟 262
  - 皮肤 262
  - 体温 262
  - 视觉 262
  - 听觉 262
  - 触觉 263
  - 睡眠 263
- 新生儿生理病理征象 264
  - 体重减轻 264
  - 黄疸 264
  - 头部血肿 264
  - 乳房肿胀 264
  - 脱皮 264
  - 尿红 264
  - 生理性脱发 264
  - 呼吸时快时慢 264
  - 出怪相 264

- 认识新生儿反射 265
  - 1岁以前出现的反射动作 266
  - 宝宝肢体动作异常的可能原因 267

* 新生儿用品、哺乳和训练

- 新生儿居家用品 268
  - 衣着类 268
  - 哺喂用品 269
  - 清洁用具 269
  - 卫生和沐浴用品 270
  - 寝具用品 270
  - 娱乐用品 270
- 建立充足奶水量的方法 271
  - 让婴儿频繁且有效地吸出奶水 271
  - 观察宝宝想吃奶的表情 271
  - 检查含乳和吸吮是否正确 271
  - 唤起婴儿的寻乳本能 271
  - 制造好质量与足够的奶水 273
- 新生儿素质训练 274
  - 俯床抬头 274
  - 手指按摩 274
  - 触觉训练 274
  - 听铃声 274
  - 说悄悄话 274

Chapter 1

胎宝宝第1个月
孕前准备预约健康宝宝

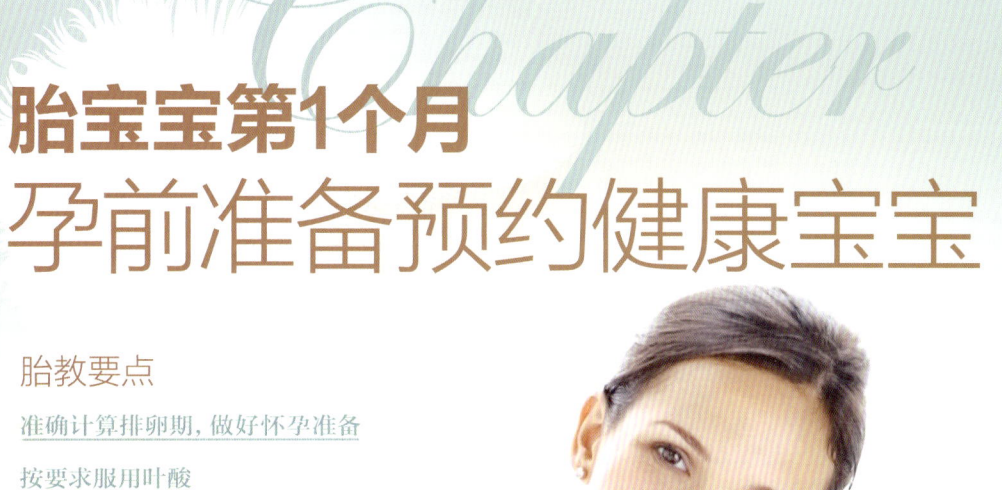

胎教要点

准确计算排卵期，做好怀孕准备

按要求服用叶酸

做爸妈要讲优生

勿洗过热水浴(40℃以下水温)

勿随便吃药，勿接受X线检查

理解“宁静养胎即教胎”

本月第3周受孕

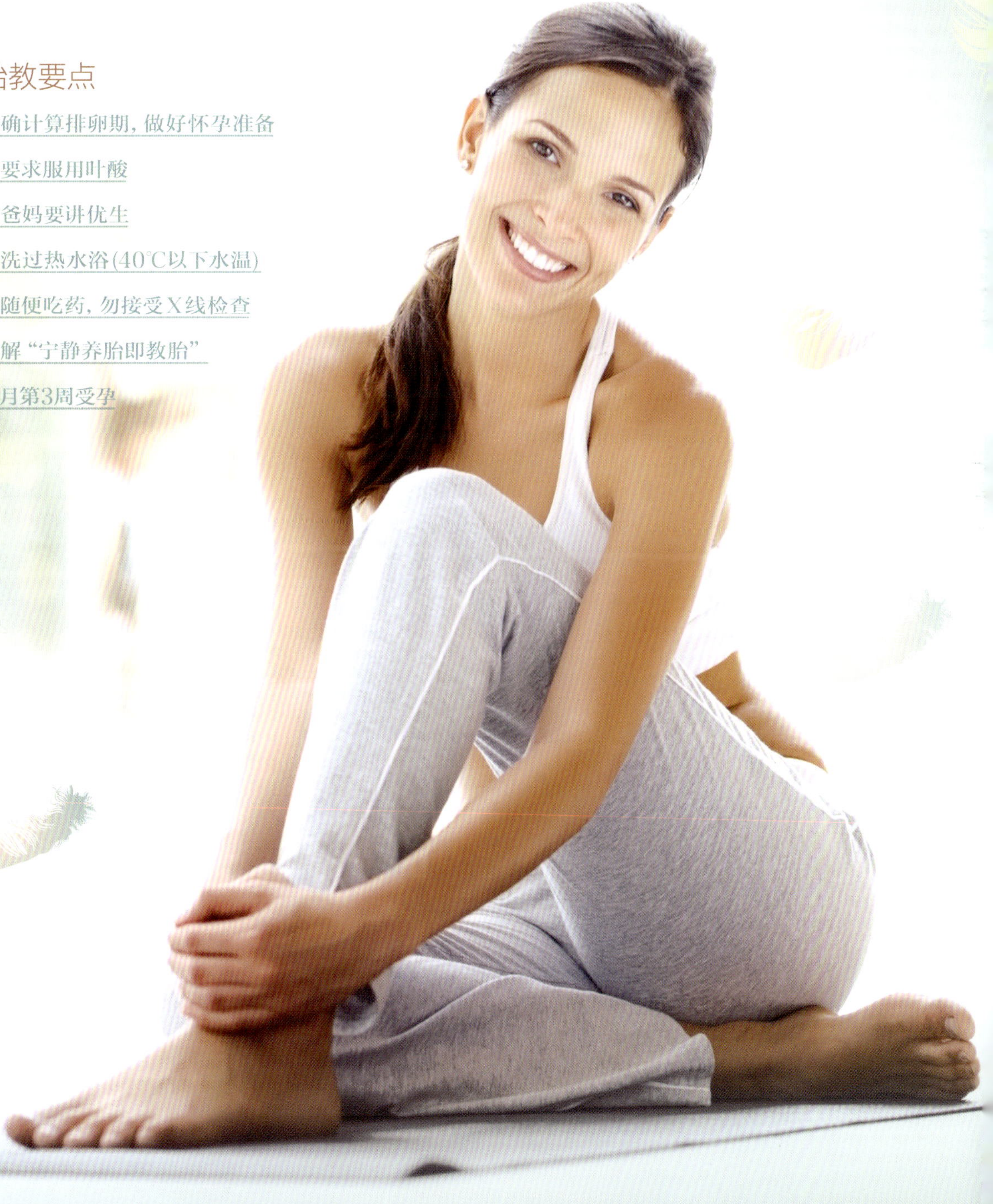

把握"做人"关键期

什么是易受孕期

在整个月经周期中,只有一小段时间可能受孕,对于不想怀孕的人而言,这可是必须提高警觉、努力防范的时刻,因此叫作危险期。但对于期待怀一个小宝宝的人来说,这段时间可就是受孕率超高的受孕期啦!

在整个月经周期中,卵子真正受孕机会只有排卵后的1~2天,但由于精子进入子宫后,大约可以存活3天,所以排卵前3天停留在子宫内的精子还是有机会与刚排出的卵子结合,因此必须将易受孕期向前挪3天,除此之外都是相对安全期。

月经周期的生理变化

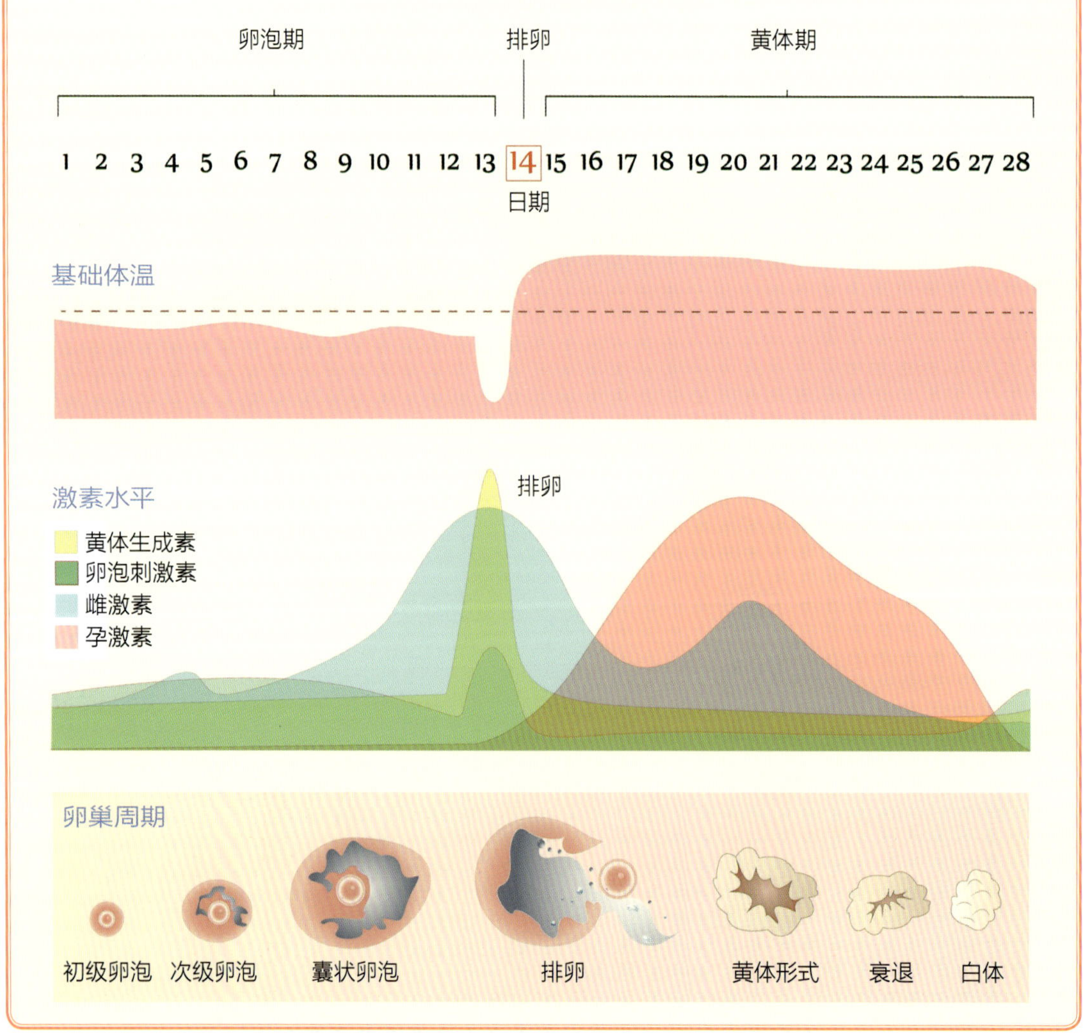

卵泡期 | 排卵 | 黄体期

日期:1 2 3 4 5 6 7 8 9 10 11 12 13 **14** 15 16 17 18 19 20 21 22 23 24 25 26 27 28

基础体温

激素水平
- 黄体生成素
- 卵泡刺激素
- 雌激素
- 孕激素

排卵

卵巢周期:初级卵泡 次级卵泡 囊状卵泡 排卵 黄体形式 衰退 白体

计算易受孕期的方法

推算排卵日

① 月经周期－14＝排卵日
② 排卵日向前减3天，向后加1天＝易受孕期

例：以月经周期30天来算
30－14＝16（排卵日）
16－3＝13（受孕期第一天）
16＋1＝17（受孕期最后一天）

测量基础体温

基础体温是指人在睡眠6～8小时后，醒来尚未起床、进食、谈话之前所测定的体温。

妇女的体温不是恒定的，每月有周期性变化。一般在月经过后，体温维持在较低水平，称为低温期；排卵后，体温开始上升，维持14～16天，体温上升的幅度在0.4～0.5℃以上，这段时间称高温期；在月经来潮前一日，或来潮日，体温骤然下降，进入低温期。如果将每日测量的基础体温记录在表格上，然后将所标的点连在一起，可发现正常的成年女性基础体温曲线呈低高低的图形，称为"双向体温"，这表明有正常的排卵功能，并提示排卵日期。对于避孕的夫妇，还提示了性交的安全期。

但当卵子受精，即妊娠后，基础体温则不下降，而是继续维持在较高的水平，可处于36.8～37.1℃。因此，测试基础体温也是判断妊娠的一种方法。

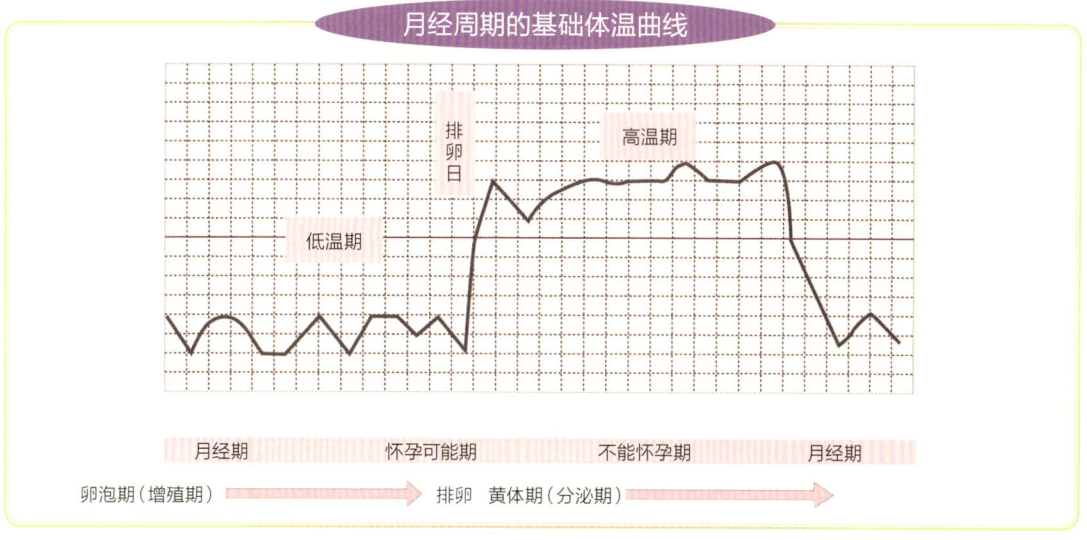

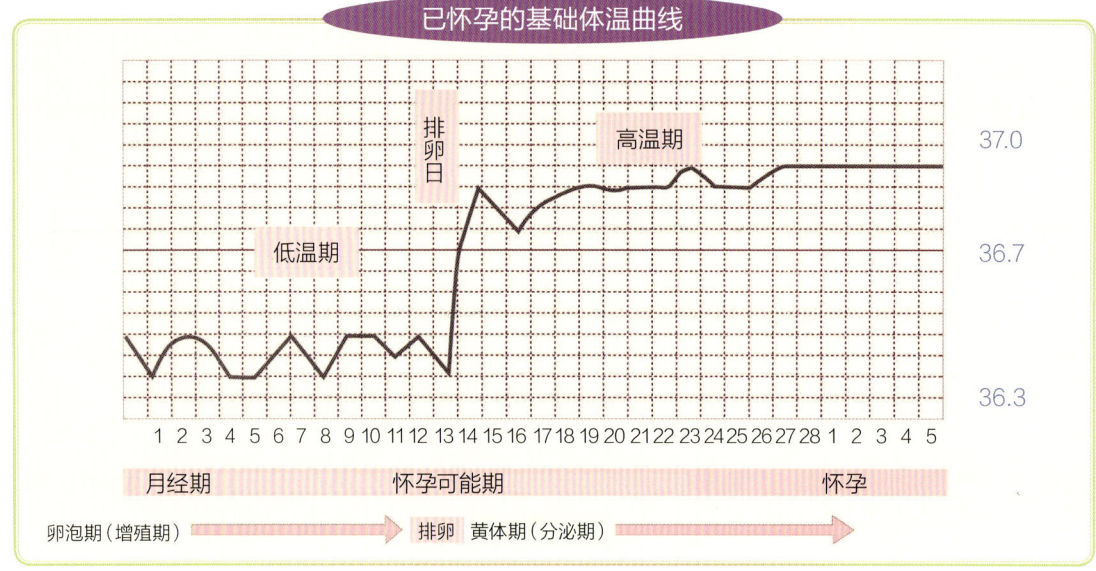

测试基础体温的方法：

- 早晨醒来不起床、不说话、不饮食，先测试体温（以口表为宜）。
- 每天早晨测试时间最好相同。
- 将测出的体温数标在体温图表上。
- 将每日所标出点用线段连接起来，形成曲线。
- 要每日测试记录，不得中断。

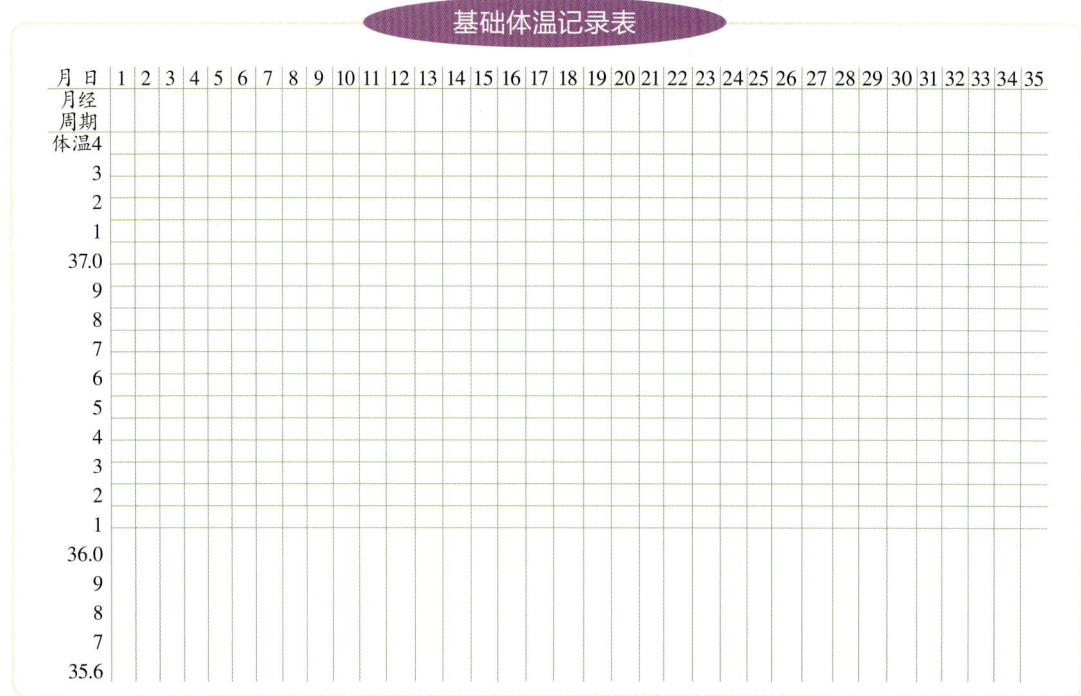

注：①表中横栏数字是月经周期，月经第1天为1，以此类推。竖栏是体温数。每日将测得体温在相应交叉点上画1个圆点，1个月后再把点用线连接起来。②在测试基础体温期间，如有感冒、饮酒、迟睡、失眠、服药等情况，应记录下来，如有性交，也要注明。

如何计算预产期

日期推算法

如果由排卵日算起，真正的怀孕期是266天。但由于一般人不知道自己的排卵日，因此以周期28天为标准，往前推14天就是月经来临的第一天，所以最后一次月经周期的第1天+280天=预产期。简单的换算就是最后一次月经来临日的月份加9，日期加7就是预产期。

例如最后一次月经在2月1日来，则预产期就是11（2+9）月8（1+7）日。如果最后一次月经是8月28日，预产期就是明年的6月4日（8+9=17，17-12=5；28+7=35，5月35日就是6月4日）。

最后一次月经来临日加上280天，只适用于月经周期28天的女性。如果月经周期是35天，排卵日就在第21天（35-14），比起月经周期28天的女性多了7天。因此，若要从最后一次月经来临日期加起，就必须多加5天，最后一次月经来临日期+287天=预产期。

超声波检查

超声波检查可从几个部分推估胎儿周数：

胎囊大小。有程序可以通过胎囊大小算出怀孕周数。

胎儿头围长度，在怀孕12周以前测量最准。

双顶径，就是胎儿头骨额叶的长度，在怀孕20周左右测量最准。

其他尚有头围、腹围、腿骨长度可借以测出怀孕周数。

预产期算出来的误差，在一两个星期之内。基本上，愈早用超声波检查，愈能准确预测预产期。假如超过5个月以上才检查，由于每个胎儿成长发育速度不同，丧失了预测的基准点，因此误差会愈大。

必读小叮咛

我国还有使用农历的习惯，若按农历推算预产期，则将农历的月份加9或减3，天数应加14。

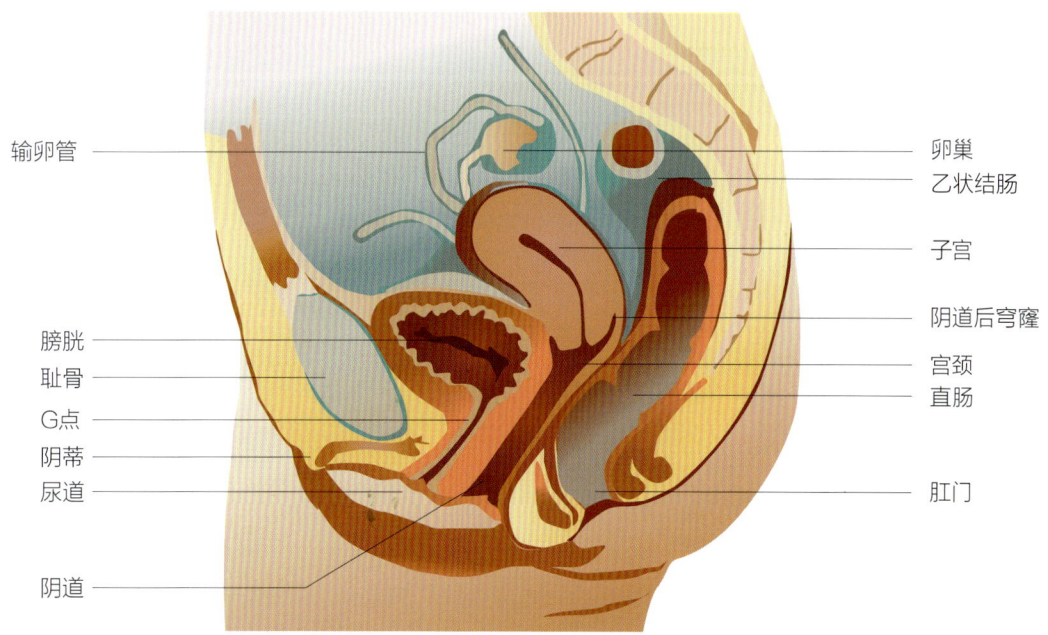

育龄女性生殖系统示意图

什么是孕月及孕周

怀孕月数并非根据日历上的月数计算,而是由最后一次月经来临的第一天算起,以4周(28天)为1个月计,所以怀孕280天就等于满10个月了。实际上,受精往往发生于最后一次月经来临日的两周之后,所以孕育期实际上是38周或266天,而不是40周。

目前较时兴的算法,都是以周数为单位,本书也采用这种方法来表示,表格所列的数据是怀孕月数、周数、日数的对照表,可供查阅。

孕月数、孕周数、孕日数对照表

月数		周数(上)日数(下)			
怀孕初期	1	1 1~7	2 8~14	3 15~21	4 22~28
	2	5 29~35	6 36~42	7 43~49	8 50~56
	3	9 57~63	10 64~70	11 71~77	12 78~84
怀孕中期	4	13 85~91	14 92~98	15 99~105	16 106~112
	5	17 113~119	18 120~126	19 127~133	20 134~140
	6	21 141~147	22 148~154	23 155~161	24 162~168
	7	25 169~175	26 176~182	27 183~189	28 190~196
怀孕后期	8	29 197~203	30 204~210	31 211~217	32 218~224
	9	33 225~231	34 232~238	35 239~245	36 246~252
	10	37 253~259	38 260~266	39 267~273	40 274~280

怀孕初期是怀孕后的前12周,在此期间胎儿的主要系统和器官都形成了。孕中期从孕13周开始,此期是孕妇和胎儿的转折点,早孕反应开始减轻,孕妇腹部开始膨隆,胎儿完全成形并开始长大。孕晚期从第29周算起,孕妇的各项功能开始为分娩做准备,胎儿的体重和身高也在急剧增加。

做爸爸孕前要优生

改变生活维持精子质量

❶ 尽量避免穿紧身内裤、泡热水澡：穿紧身内衣裤与泡热水澡，会让睾丸温度升高，影响精子质量。因为精子难以生存在热的环境中，身体内适合精子的温度就是比体温稍微低一些的温度(33~35℃)。穿紧身内衣裤会让睾丸温度升高到38~40℃，如此不利于精子生存。

❷ 少吃油炸的食物：根据国外的研究报告，一些油炸食物中的油含有化学物质，例如多氯联苯，会影响精子活动力。

❸ 过量可能导致性无能：喝酒过量可能导致男性激素下降，精子质量减低。如果是酒精中毒，将可能产生全身器官的并发症，患者需要接受深度的治疗。

❹ 一些药物可能造成无法勃起：药物很少会影响精子质量，因为精子存在睾丸中，受到所谓血液睾丸屏障(Blood-Testis Barrier)的保护。但是一些慢性病用药，如降血糖、降血压、治疗胃溃疡的药物，长期使用可能会影响阴茎充血，造成无法勃起。

环境污染对精子质量的影响

一些工业污染、汽机车排放的废气，使得我们居住的环境备受有毒物质的威胁。这些有毒物质包括戴奥辛、汞、铅等，会借由空气、饮水与食物进入人体，随着吸入量的多寡，造成不同程度的伤害。对于男性来说，长期接触，会使精子活动力下降、造精能力变差，进而影响生育能力。

增进精子质量的方法

除改变生活、穿着、饮食习惯来增进精子质量外，晚上可以冷水冲睾丸，可刺激精子，增进精子质量。有研究报告指出：男性多喝咖啡，可增强精子活力。不过，这是单指男性，怀孕的妇女如果喝过多咖啡，可能会增加流产的概率。

抗氧化剂可以改善精子过少症、精子活动力不足的问题，维生素C、维生素E、β-胡萝卜素是很强的抗氧化剂，常被用来治疗男性不育症。

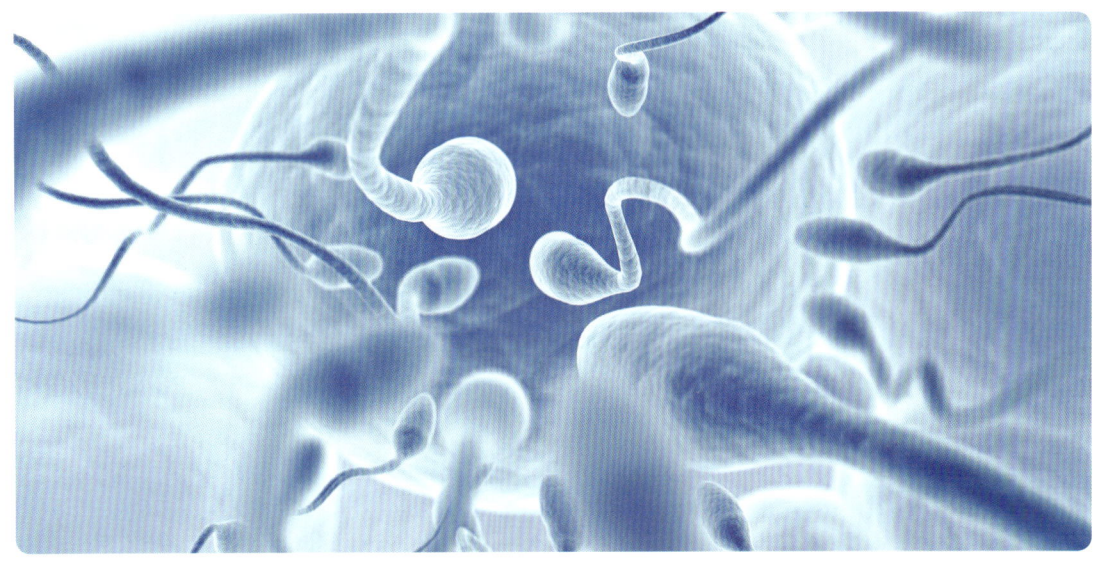

性别遗传图

Boy or Girl

生男生女取决于男方

当精子与卵子结合成受精卵时，其性征（sex）就已决定，亦即形成生理上之男女有别。怀男或怀女，系由生殖细胞中之性染色体所决定，男性的性染色体是X,Y，女性的性染色体是X,X，因此怀男胎的Y染色体是由男性的精子所提供，含有X染色体的精子与卵子结合则胎儿为女性，由此可知生男生女系由男方决定。

生男生女是自然法则

生男生女应依照自然法则，这样才能达到人类男女平衡。许多介绍生男生女法的说法，不外乎以饮食控制酸碱体质、性交体位、算排卵日、高潮否、冲洗阴道以改变酸碱值……并无医学上的根据。例如：

❶ **阴道冲洗：**在性行为前利用稀释后的醋酸或小苏打水冲洗妇女阴道。想生男孩就用小苏打，想生女孩就用醋酸。这仅仅是一种想象，并无科学实验的数据。

❷ **饮食控制：**如果想生女孩，先生要多吃碱性食品，太太要多吃酸性食品；如果想生男孩，太太多吃碱性食品，先生要多吃酸性食品。

然而精原母细胞从形成到成熟大约要75天，如果想靠调整饮食来提高生男、生女的概率要提早准备，也就是夫妻双方最迟在受孕前两个半月，就要开始调整饮食。这实际上是很难把握的事情。

❸ **算好行房日期：**有人认为Y精子游动速度快、寿命短，想生男孩要尽量选在女性排卵日当天行房。如果想生女孩，最好在排卵日前行房。照这种推论行房，那么排卵日后会是男孩还是女孩呢？

❹ **插入深度、控制射精时间：**女性阴道口偏酸性，靠近子宫颈口偏碱性，而女性性高潮时子宫颈也会分泌较多碱性分泌物。因此想生男孩性交时可尽量采取深插入的姿势，如此性高潮射出的精子，必定会比较接近碱性的子宫颈口，在酸性的阴道内停留的时间较短，增加Y精子的活动力及存活率，生男孩的概率比较高。另外，在女性达到性高潮时会增强阴道的碱性，此时射精，也有助于增加生男孩的概率。反之，如果采取浅插入及避免在女性性高潮时射精，则提高生女孩的概率。

上述各种控制生男生女的方法实在是近乎儿戏，每一个小孩都是自然的恩赐，不要把压力加在自己身上。如果因为遗传病必须生男孩或者生女孩，不能使用以上办法，应该请医生使用医学方法进行选择。

胎宝宝成长之旅

生命的开始

女性从十三四岁卵巢发育成熟后开始排卵，每个月排出一个成熟的卵子。如果这个卵子与精子结合，便是受精卵，它将在子宫着床发育成胎儿。成熟的卵子直径约0.2毫米，是人体内最大的细胞。

精子和卵子

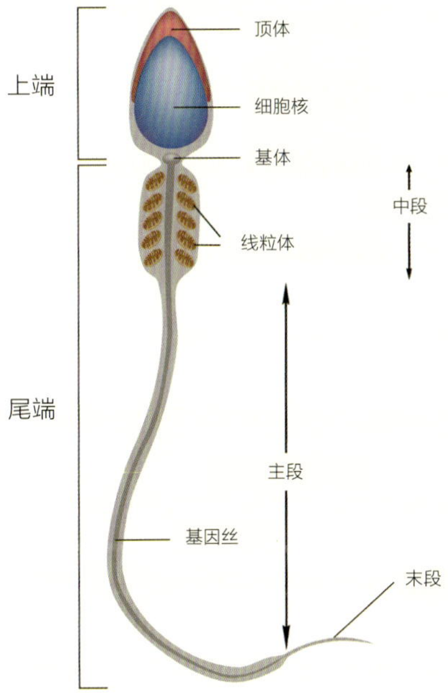

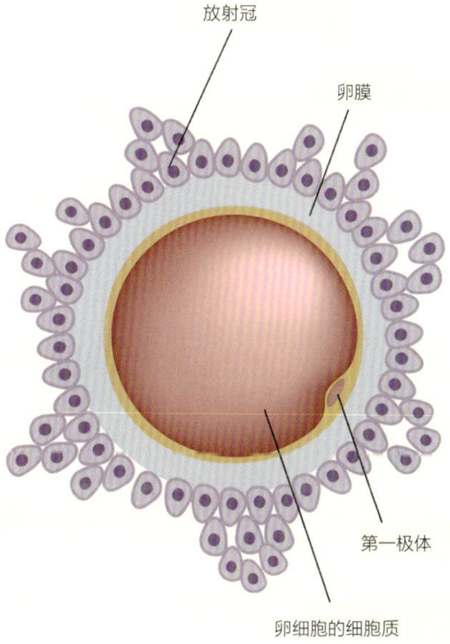

卵巢虽与输卵管很近，但却不直接与输卵管相连接。卵子从卵巢排出以后，可直接落入输卵管，也可能先落入腹腔，再进入输卵管。

成熟的精子很小，长约50微米，形状像蝌蚪，拖着长长的尾巴。精子依靠尾部的摆动，向前移动得很快，速度为每分钟2~3毫米。成熟的精子从男性生殖器排出的过程叫射精。每次射精可有2~5毫升精液排出，内含1亿~2亿个以上的精子。

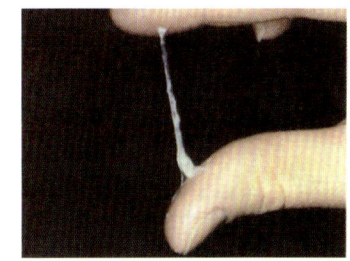

在易受孕期，宫颈黏液增多

性交时，精液射入阴道后穹隆部，大部分精子在阴道的酸性环境中死亡，仅有小部分精子通过子宫颈，依靠尾部的摆动，在1小时内到达子宫腔，再过1~2小时，可到达输卵管。

精子经过子宫到达输卵管，走过了18厘米的路程。然后一部分进入排卵一方的输卵管，一部分踏上歧途，进入了这次未排卵的输卵管。精卵相遇时，卵子像块磁铁，吸住了一大群精子。有许多精子能穿过卵子的表层，但最终只有一个精子深入卵细胞内，与卵细胞融合。

这个胜利的精子进入卵细胞后，便失去了自己的尾巴，头部的细胞核开始增大，一直增到与卵细胞核大小基本相同为止。接着，两个细胞核逐渐靠近，然后接触，最后融为一体。这时，一个新的生命的第一个细胞诞生了。

1个月的胎宝宝：

❶ 此时受精卵才刚着床受孕，超声波还看不到子宫内有任何胚囊的影像。

❷ 胎盘功能尚不成熟，从此时到怀孕3个月止，是流产风险较高的时期。

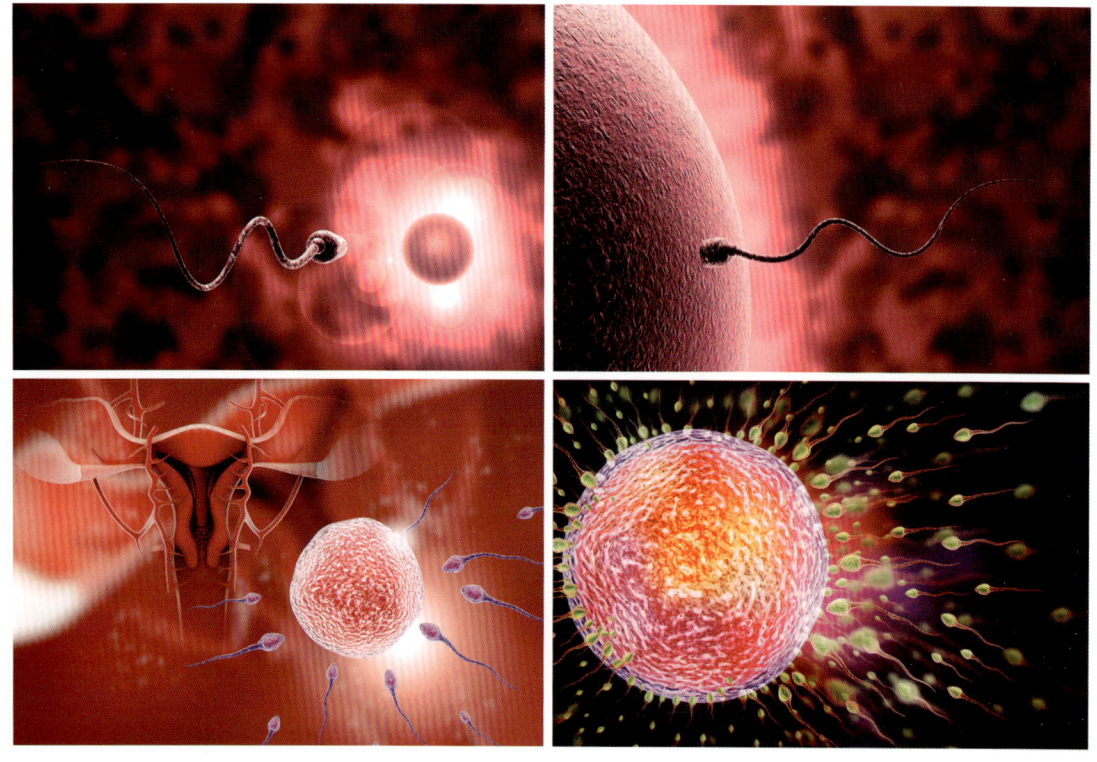

你的身体变化

怀孕周数的计算方法是以末次月经第一天算起。实际上,排卵、受精发生在末次月经第14天左右,也就是说,这个月的前半个月还没有受精,而称之为真正意义上的怀孕是在着床以后,也就是说第3周才开始怀孕的,孕妇外观上无任何变化,一般亦无自觉症状,常被年轻的父母忽略。

虽然大部分人没有怀孕的自觉症状,但也会出现个体差异。少数人在怀孕3周左右出现怕冷、发热、倦怠、睡不醒等症状,常误以为感冒了。

孕期10个月身体变化图

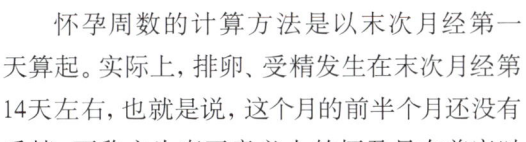

孕1个月　孕2个月　孕3个月　孕4个月　孕5个月

孕6个月　孕7个月　孕8个月　孕9个月　孕10个月

优境养胎

度过"做人"前4周

第1周

- **注意营养摄取**：有计划怀孕的女性，可以建议于预计怀孕当下或孕前3个月就开始补充叶酸，并注意均衡饮食，戒烟戒酒。

- **给准妈妈的话**：计划怀孕的女性，这时候在药品的使用上要很小心，例如用于治疗痘痘的A酸、脂溶性化学药品等，都要少接触。

- **准备规划**：假如之前努力尝试怀孕而一直未有结果，建议在月经前后请医师帮忙算排卵期，以事先做好"做人"的准备。

- **温馨叮咛**：

❶ 检查有无贫血，多吃点补血食物：包括葡萄干、全谷类、牛肉、瘦猪肉等。

❷ 改变生活作息：如果是夜猫子一族，最好早点睡，别再熬夜，让身体保持最佳状态，对受孕会有帮助。

❸ 释放压力很有必要：压力太大对计划怀孕的女性是比较不利的，别把自己逼太紧，偶尔也要放松一下，出去散散心。

- **本周提示**：离怀孕还有一段路，不要太心急。

- **建议怀孕前3~6个月开始补充叶酸**：叶酸属于水溶性维生素，很容易排出体外。深绿色蔬菜、豆荚类，富含叶酸：菠菜、芦笋、胡萝卜、牛肉、动物肝脏、蛋黄、扁豆、南瓜、马铃薯、坚果、小麦胚芽、奶酪等，都是很好的选择。另外，柑橘类水果，如柳橙、橘子、柠檬、葡萄柚等，叶酸含量也很丰富。为避免食物在长时间烹调过程中使叶酸流失，烹煮蔬菜的时间不要太久。此外，茶容易加速叶酸排出，酒则会降低肠道对叶酸的吸收。

对于叶酸的摄入量，未怀孕时每天摄取400微克；整个孕期建议600微克；哺乳期妈妈每天则要500微克。可以选择单一剂量的叶酸补充剂或者复合维生素剂。每天摄取的总量，以不超过1000微克为限。

第2周

- **注意营养摄取**：饮食以均衡为原则，可摄取的六大类食物包括：全谷根茎类、豆鱼肉蛋类、低脂奶类、蔬菜类、水果类、油脂与坚果种子类，都要均衡摄取，并持续补充叶酸而不间断。

- **给准妈妈的话**：生活中应注意作息要正常与调适压力，别让自己太劳累，以免造成排卵紊乱或延后。此外，有些有风险的物质要尽量避免，例如：染发、擦指甲油以及使用特殊美容用品。

- **其他建议**：如果卵巢功能不是很正常，基础体温变化也会不正常，此情形还是向医生求诊，找出问题点。

- **准备规划**：第2周因为已进入排卵期，所以重点在算出排卵日，并掌握适当的时间行房。

- **温馨叮咛**：
  ❶ 使用排卵试纸：除体温测量外，可以在医师的指示下使用排卵试纸，以寻求最佳的同房时间。
  ❷ 迎接关键时刻：确定排卵日，记住要和另一半调整好身心状况，掌握重要时刻，完成神圣使命。

- **本周提醒**：月经应该已经结束，假如有不正常出血，应该立即就医检查，以免影响受孕或造成初期流产。

增强体内"环保"的排毒食物

鲜蔬果汁	鲜蔬果汁中所含的生物活性物质能帮助改变血液的酸碱度，排毒效果佳。不过，在饮用时，最好选择现榨蔬果汁来代替罐装饮品。另外，也得小心别加入太多糖，免得喝多了，体重也跟着直线上升
海藻类	海带和紫菜所含的胶质能促使体内的放射性物质随大便排出体外，减少累积毒素
韭菜	韭菜含有丰富的膳食纤维和粗纤维，可帮助有吸烟、饮酒习惯的女性排毒
豆芽	豆芽含有多种维生素，能清除体内致畸物质，促进性激素生成。女性准备怀孕时，含动物脂肪的食物应开始少量摄取，多吃各类新鲜蔬菜和水果
鱼、虾、山药	多吃深海鱼、虾、山药，不仅能达到补肾、调理精气的作用，还能帮助提高受孕的机会
叶酸	怀孕前补充叶酸可以预防胎儿神经管畸形的发生。常见的食物中，鸡蛋、叶菜类、柑橘类、豆类、小麦胚芽等都富含叶酸

第3周

- **注意营养摄取**：营养摄取维持正常，有喝咖啡习惯的孕妈妈要留意，不要过量饮用咖啡，一天以1~2杯（每杯150~200毫升）为限。

- **给准妈妈的话**：每天有适当休息及足够睡眠，避免工作带来太大压力，尤其曾经流产的妈妈要更小心。有流产体质或曾经流产的妈妈，可以和医师讨论是否要使用激素。

  着床前期假如使用危险的药物，有可能引起胚胎死亡而流产，虽然还不知道是否怀孕，但是还是小心为妙。

- **孕妈妈身体的变化**：精子和卵子已经结合在一起形成受精卵，此时妈妈身体虽然还没有变化，也没有特别感觉，但体内却正在进行一场大变革。

- **其他建议**：此阶段要开始避免非必要的X光照射与放射性物质等。

- **准备规划**：胚胎着床的时间点是在第3周快结束，迈入第4周这几天，所以妈妈还不需急着验孕。

- **温馨叮咛**：
  ❶ 保持好心情：得失心不要太大，听听音乐，放轻松。
  ❷ 准备告别两人世界的生活：胚胎成功着床，也就是孕育新生命的开始，用愉悦的心情开始思索未来的新生活。
  ❸ 开始负起母亲的责任：肚子里即将多出一个小生命，做任何事之前，记得要先考虑到宝宝。

- **胎儿变化**：精子和卵子已经结合在一起形成受精卵，受精卵只有0.2毫米大小，重量约1.505微克，刚形成的受精卵要经过3~4天的时间才会到达子宫腔。

- **本周提醒**：别给自己太大压力，一切以平常心看待，反而更顺利哦！

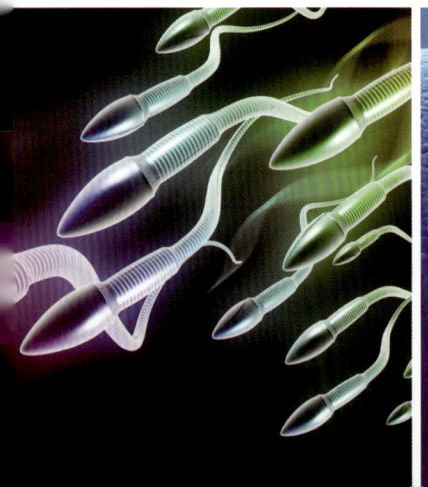
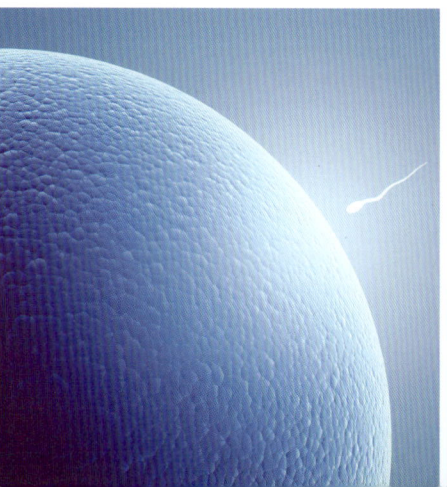
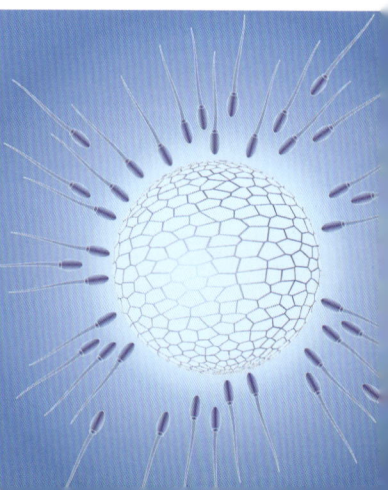

第4周

- **注意营养摄取**：要开始注意加强营养摄取，均衡且足够的营养，可以给脑细胞和神经系统一个良好的成长环境。

- **给准妈妈的话**：对于有流产史或不易怀孕的妇女而言，多休息会比较好，但不是完全不动，更不需要整天卧床，这样并不会提高成功怀孕的概率。最好不要做些太超过负荷的运动，主要以考虑体力可以负担为主，也不要突然进行以前未做过的剧烈运动项目。

- **孕妈妈身体的变化**：有些妈妈会有和月经来之前一样的症状，也有妈妈觉得和以前不一样，可能肚子胀胀、闷闷的，乳房也可能有肿胀感，这些都不具意义，也无法由类似症状判定是否怀孕。

- **其他建议**：容易流产的妈妈，有可能卵巢分泌激素的功能较差（或黄体功能不足），必要时需借激素帮助着床稳定。

- **准备规划**：胚胎着床就在这个时候，月经可能不来或延后，无论来或不来，这一周内多数妈妈还不会特别怀疑，验孕这件事还是再等等，过几天再验会更准确。

- **温馨叮咛**：

① 疲累嗜睡很正常：整天觉得昏昏欲睡是很正常的，妈妈不要胡思乱想。

② 注意出血：少量出血会让妈妈误以为月经来了，所以经血量若异于月经，最好就医检查。

③ 准备好验孕棒：一般市面上的验孕棒测试结果都很准，不过也许可以购买不同品牌的验孕棒，让验孕的结果更心安些。

④ 身体有发热的感觉：这个阶段准妈妈因为黄体素分泌的关系，身体会觉得热热的，不要以为感冒而自行服药，可以考虑是否有怀孕的可能。

- **胎儿变化**：这时候胚胎才刚着床，正要开始发育，所以还只是小小的胚囊，像小水泡般，所以还无法看到外观。

- **本周提醒**：开始禁止泡温泉、泡热水澡，以免影响胚胎发育。

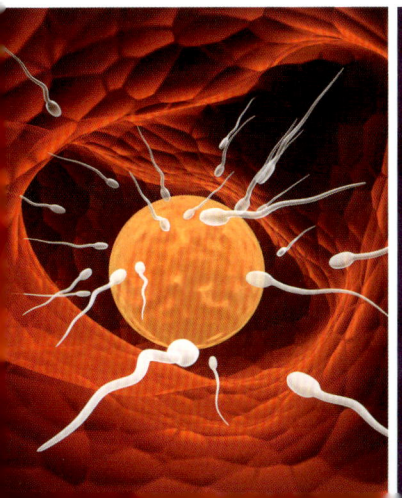
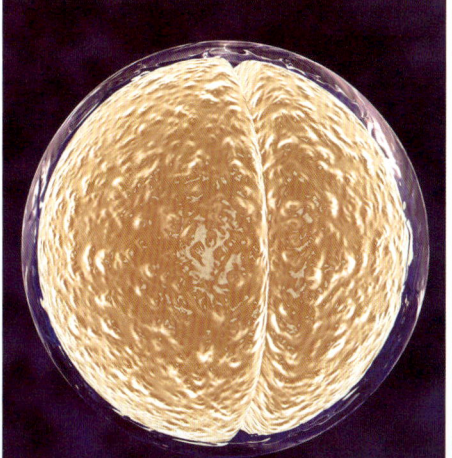
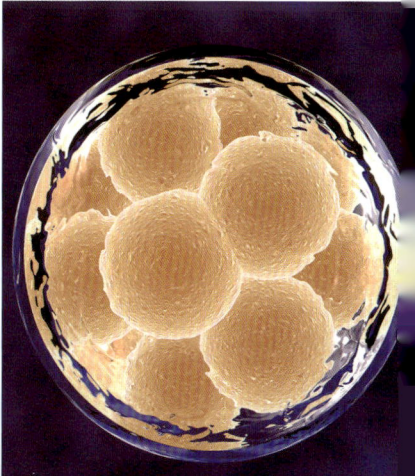

饮酒吸烟对胎宝宝有害

孕前夫妻饮酒吸烟均可使精细胞和卵细胞质量下降,影响优生,孕期饮酒可造成"胎儿酒精中毒综合征"。酒精对胎儿的毒害与饮酒的时间和酒精量有关,妊娠早期,饮酒量越多,器官畸形越明显。

孕妇吸烟除对本人健康有影响外,对胎儿也有危害。国外统计父亲每日吸烟10支,胎儿畸形发生率为0.5%,每日20支以上,畸形的发生率可上升为1.7%。

孕妈妈肝炎会传染给胎儿吗

当肝脏受到病毒、药物或是化学物质伤害,而引起肝细胞发炎、坏死,就称为肝炎。其中由病毒所引起的肝炎是有传染性的,目前常见的病毒性肝炎可由检验测出来的包括:甲型肝炎、乙型肝炎、丙型肝炎、丁型肝炎、戊型肝炎。1989年发展出的血清检测法中,确认丙型肝炎主要是经由体液输血感染,戊型肝炎经粪—口—肠道感染。

认识病毒性肝炎

❶ 甲型肝炎通常只会造成急性肝炎,症状轻微,不会有慢性病或带原状况发生,经粪—口传染。没有证据显示甲型肝炎会造成周产期新生儿感染。

❷ 乙型肝炎:由体液传染。当怀孕母亲带有e抗原时,通常会把乙型肝炎垂直感染给新生儿;而当母体有表面抗原而无e抗原时,则垂直感染不会发生。

❸ 丙型肝炎有50%会转为慢性肝炎。主要是经由体液传染。丙型肝炎会经由母体垂直感染给新生儿。

❹ 丁型肝炎会造成严重病症,主要是借由受污染的饮用水传播。目前没有证据显示有垂直感染现象。

❺ 戊型肝炎常会和急性乙型肝炎合并感染,或是加重感染于慢性乙型肝炎带原者,而造成猛爆型肝炎。目前其与怀孕及新生儿的相关影响尚未明了。

施打疫苗很重要

乙型肝炎带原,有70%~90%会垂直感染给新生儿。因此与新生儿施打乙型肝炎免疫球蛋白与疫苗,是杜绝乙型肝炎的重要手段。出生后24小时内,施以乙型肝炎免疫球蛋白与疫苗接种,加上第一剂乙型肝炎疫苗,就可以保护90%以上的新生儿避免感染乙型肝炎,再加上第二、第三剂的施打,可以使新生儿得到完全的保护。

乙肝母亲可以安心哺喂母乳

哺喂母乳不会增加得乙型肝炎的机会。其实婴儿在怀孕与生产过程中早已经接触过乙型肝炎病毒了,接种过乙型肝炎疫苗的婴儿不会从母乳中感染到乙型肝炎,可以安全地哺喂母乳。

快乐胎教课堂

什么是胎教

　　胎教是指母亲通过自身的调节来给胎儿的发育提供良好的条件或直接对胎儿的发育施加有益的影响。胎教的具体内容包括两个方面。

❶ 优境养胎

　　优境养胎是指为胎儿创造一个美好的生活环境，使胎儿受到更好的调养调教。胎儿的生活环境可根据母体分为内环境和外环境。胎儿生活的内环境，包括母亲的精神状态、思想意识活动、母亲自身营养状况以及母亲的内脏器官、内分泌系统及母亲的自身品格和修养等。内环境直接作用于胎儿。

　　外环境是指母体之外的能够对母体产生影响，引起母体内环境发生变化，进而对胎儿产生影响的自然和社会环境。外界环境，正是通过对孕妇的眼、耳、口、鼻等感觉器官的刺激，以及大脑的思维活动，间接地对胎儿发生作用，使胎儿的成长受到影响。积极的、高尚的、乐观的事物给胎儿以有利的影响，消极的、低级的、悲观的事物给胎儿以不利的影响。

❷ 胎儿教育

　　胎教的本意就是有意识地对胎儿进行教育。胎儿教育分为直接教育和间接教育。直接教育是指直接作用于胎儿使胎儿受到良好影响。如给胎儿听音乐，就是对胎儿的直接教育。间接教育是指通过对母亲的作用来影响胎儿，如孕期保健操，通过母亲做操来达到母胎同受锻炼的目的。

中国古代胎养精要

中国古代胎教学说早已形成一套体系,它涉及婚姻、受孕、养胎、胎教等多方面内容,下面就我国古代养胎和胎教的内容加以简要介绍。

优婚配

古人十分重视择优婚配。所谓择优婚配,是指男女年龄相当,身体健康,血缘不亲。

避劣胎

关于生育,中医很重视先天,因为先天禀赋对孩子出生后的健康有着极大影响,《简明医彀》中曾指出:"经曰:滋苗者,必固其根,伐下者,必枯其土。婴儿一生之强弱安危,其根全系于父母,可不慎欤。"生儿育女一定要先根据父母的身体状况而定。

谨用药

妇女孕期的合理用药,是防止胎儿畸形,保证胎儿健康发育的重要一环。明代《育婴家秘》中说:"妊娠有疾,不可妄投药饵,必在医者审度病势之轻重,药性之上下,处以中庸,不必多品,视其病势已衰,药宜便止,则病去于母,而子亦无损矣。"这就明确地指出了孕妇能不用药则尽量不用,确因疾病需要,应由医生根据病情及药性,要既去母体疾病,又无损胎儿健康,谨慎用药。《本草纲目》中记载的妊娠禁忌药就有85种之多,如乌头、附子、天雄、水银、铅粉、桃仁、牛膝、斑蝥、巴豆、大戟、皂角等。这些药物会导致流产或胎儿先天性异常,故孕妇不可轻易使用。

慎起居

孕期的劳逸应该适量,既不可贪图安逸,也不可过于劳累,按中医说法:"不可太逸,太逸则气滞,不可太劳,太劳则气衰。若劳逸失宜,起居无规律,攀高负重,极易造成流产、早产或难产。"所以,"受胎之后,当宜行动往来,使血气流通,百脉和畅,自无难产。若好逸恶劳,好静恶动,贪卧养娇,使气停血滞,临产多难"。孕妇一定要把握劳逸的适度,这会有利于胎儿发育和顺利分娩。大致的做法是:"5个月以前宜逸,5个月以后宜劳。"

适寒温

女性在妊娠期间应适寒温，避风邪，随时注意气候或环境的变化，以减少感受外邪的机会。

忌房事

我国古代胎教理论对妊娠期间的夫妻性生活，做了明确说明。古人认为，妇女孕后应"迁居别室另寝"，"令老妪伴宿，不与夫接"。这样就能"身心清静，不犯房事，临产自然快便，生子也必聪少疾"。

节饮食

《达生篇》中则归纳了孕妇饮食三宜三不宜："饮食宜淡泊不宜肥浓，宜轻清不宜重浊，宜甘平不宜辛热。"孕妇过食辛辣助火饮食，能使胎儿患"胎热症"，胎儿出生后目赤，肤红，多啼哭，易发热，易生疮。孕妇过食生冷食物，胎儿易患"胎寒症"，胎儿出生后面色发青，四肢不温，不吮乳，腹痛，腹泻。

调情志

所以古人主张孕期调理情志，气血和平，宁静养胎。古人云："欲生好子者，必先养其气，气得其养则子性和顺，无乖戾之习。"

怀美心

北齐徐之才在《逐月养胎法》中指出："欲子美好，数视璧玉，欲子贤良，端坐清盖，是谓外象而内感者也。"《寿世保之·妊娠》中有类似的论述："其欲得女者，则簪珂环佩，弄珠玑；欲令子美好端正者，数视白璧美玉，看孔雀、食鲤鱼。"《钱氏儿科学》中谈到："欲子女之清秀，居山明水秀之乡，欲子女之聪俊者，常资文学艺书。"这进一步说明了外界环境的优美，父母有较高的素养，都会给胎儿以积极的影响。

正言行

古人对孕妇的道德品行的规定是"子欲端正庄严，常口谈正言，身行正事"；古人对孕妇的生活准则的规定是"端心正坐，清虚正一，坐无雅席，立无偏倚，行无邪径，目无邪视，口无邪言，心无邪念，无妄喜怒，无得思虑"；为了避免意外事故发生，对胎儿产生不良刺激，古人规定孕妇"勿乘车马，勿登高，勿临深，勿下坡，勿急行"。孕妇严格遵守这些行为准则，必能育出美好、端正、贤良的子女。

爱是胎教的基础

人们常常说，孩子是爱情的结晶。因此，胎教首先源于爱。

爱是胎教的基础首先表现为，受孕的那一刻正是男女感情达到高峰的一个瞬间。

爱是胎教的基础其次表现为，在妻子怀孕期间，夫妇间和美浓厚的爱意，能为胎儿成长提供一个优教的环境。妻子怀孕之后对丈夫的依赖表现得更为强烈，情绪也更为不稳，这种心理和情绪上的焦躁很正常。这时，丈夫如果能在这种特殊的日子里给予妻子更多的关爱和体贴，就为家庭和睦奠定了基础，从而也为胎教创造了和美温馨的环境。

爱是胎教的基础还表现为，父母实施胎教时必须充满爱心。母亲只有用充满爱的心灵去孕育胎儿，才能时刻关注胎儿的成长，与胎儿进行积极的交流和沟通。妈妈给意识萌芽中的胎儿传递了一种爱的信息，为日后胎儿形成热爱生活、积极向上的优良性格打下基础。十月怀胎对孕妇来说不仅是一个孕育生命的生理过程，也是一段艰辛的心理历程，在这个过程中实施胎教，对胎儿的父母来说都是爱心和耐心的挑战。胎教从孕前开始，胎教从爱心起步。

告诉自己，我虽然不漂亮，但是我很可爱；
告诉自己，我虽然不聪明，但是我很勤奋；
告诉自己，我虽然收入不高，但是我的生活很快乐；
告诉自己，我虽然平凡无奇，但是我有很多知心的朋友。

每一天对于自己都是新的；每一天的自己都在成长中；
每一天的生活都是幸福的；每一天的空气都是新鲜的；
每一天的天空都是晴朗的；每一天的相遇都是友好的。

保持好心情，学会放轻松

只要相信自己，就一定能够做到，未来的目标并不遥远。你可以大声地说出自己的感受，昂首挺胸面对困难。你必须真正地了解自己，坚定信念。每天给自己一个肯定的答案，激活自己的能量，可以让自己有更充沛的活力。

或许你的生活很平淡，但是这并不代表你不幸福。想想看，你的身体健康，还有那么多的亲朋好友围绕在身边，开心的事情有人与你一起分享，难过的时候有人听你倾诉衷肠，给你中肯的意见和建议，这是多么值得骄傲啊！

郑板桥说："难得糊涂，吃亏是福。"平和的心态是幸福的源泉。苏东坡曾身居高位，正当有所作为之时，却遭遇流放，一生竟然被三次贬谪，最后连七品官都算不上了。就这样，苏东坡还说出了"吾上可陪玉皇大帝，下可以陪卑田院乞儿。眼前见天下无一个不好人"这样豪迈刚毅的话语。

放下压抑在心中的芥蒂，看淡生命中一切不如意，这能使你像陶渊明那样过着"采菊东篱下，悠然见南山"的逍遥生活。

胎教故事——《亚当和夏娃》

　　上帝在东方造了一个伊甸园,并在伊甸园里面配上了许多种动物和植物。伊甸园的中央有两棵树:一棵是生命树,一棵是智慧树。上帝造了亚当,让他去伊甸园,告诉他说,除生命树和智慧树上的果子外,其他果子他都能吃。上帝让亚当在伊甸园给所有动物和植物取名。但那时的亚当是孤独的,上帝决心为他造一个配偶,便在他沉睡之际取下他一根肋骨。上帝用这根肋骨造成了一个女人,取名叫夏娃。这样,亚当就不会孤单了。亚当和夏娃光着身体,很幸福地生活在伊甸园里,与动、植物和谐相处。

　　可是,动物中有一条邪恶的蛇,蛇问夏娃,是否想吃伊甸园里所有的果子。"那当然"夏娃答道,"除开智慧树和生命树上的果子,我想吃什么果子就吃什么果子。"蛇说:"如果你吃智慧树上的果子,就会发现善恶有别,这样就跟上帝一样了。"

　　夏娃听说那果子会使她聪明,就摘下一枚智慧果吃了。之后,她再摘一枚递给亚当吃。吃完果子,他们彼此对望,明白男女身体有别,忽然有了羞耻之感。他们急忙各自摘下一些无花果叶盖住身体。

　　上帝来到了园中,亚当和夏娃藏了起来。上帝喊亚当,问他为何藏起来。亚当答道:"我听到你的声音,但很害怕。"上帝说:"如果你害怕,那一定是吃了我不让你们吃的果子。"

　　"是的,"夏娃答道,"是那条蛇诱惑和欺骗我吃的。"

　　上帝把亚当和夏娃赶出伊甸园。亚当和夏娃从此来到尘世,生儿育女,创造了人间的生活。

必读小叮咛

读胎教故事要温柔,这会安定你的情绪,进入休息状态,并且早早培养起母子亲情。讲故事时取一个自己感到舒服的姿势,精力要集中,吐字要清楚,声音要和缓,绘声绘色地讲述故事的内容。除了故事,还可朗读一些轻快活泼的儿歌、诗歌、散文等。

孕妈妈动动脑

请从图1中找到两幅一模一样的小玩偶。
图2上下共有7处不同,请找到它们吧。

1

2

与胎宝宝一起快乐

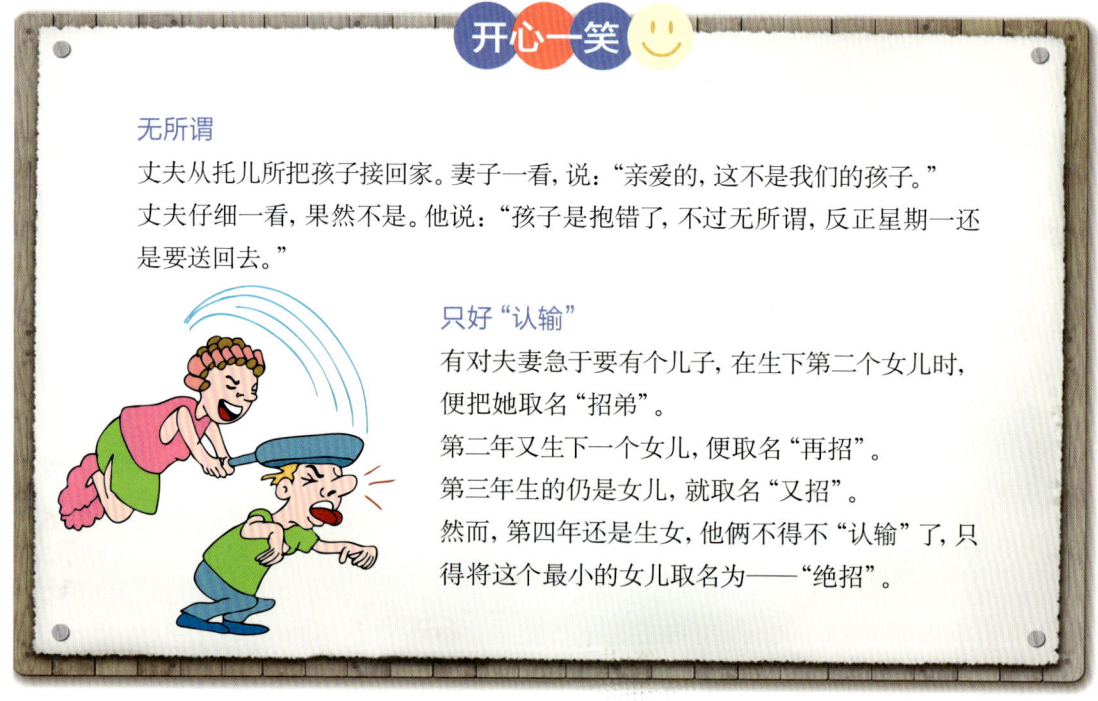

开心一笑

无所谓

丈夫从托儿所把孩子接回家。妻子一看,说:"亲爱的,这不是我们的孩子。"
丈夫仔细一看,果然不是。他说:"孩子是抱错了,不过无所谓,反正星期一还是要送回去。"

只好"认输"

有对夫妻急于要有个儿子,在生下第二个女儿时,便把她取名"招弟"。
第二年又生下一个女儿,便取名"再招"。
第三年生的仍是女儿,就取名"又招"。
然而,第四年还是生女,他俩不得不"认输"了,只得将这个最小的女儿取名为——"绝招"。

心理游戏—你爱吃醋吗

你是个爱吃醋的妻子吗?请自己测验一下,下面8道题,各有a、b、c 3种答案,请选出最适合你自己的答案。

1. 在电视上或电影中,看到丈夫欺骗妻子,在外面风流的情节时,你的反应如何?

a. 你想到一旦事情败落会怎么样?
b. 不往心里去,认为那不过是编出来的故事。
c. 心里很不痛快,自然也连带地想到自己的丈夫是否也如此。

2. 你的一位女友对你说:"我觉得我丈夫好像在外头有情人。"你会如何反应?

a. 由衷地同情并安慰她;
b. 让她不要胡思乱想;
c. 想到也许自己的丈夫也是如此,只是自己没注意罢了。

3. 假如你丈夫告诉你他在酒吧里很受人欢迎,你的态度如何?

a. 很紧张地询问;
b. 脸色有点不好看;
c. 毫不在意。

4. 假如你的丈夫在睡梦中叫着你不认识的女人的名字,你怎么办?

a. 完全不当一回事;
b. 立刻把他叫醒,让他给你说清楚;
c. 第二天早上若无其事地提那个名字。

5. 丈夫不在家时,邮差送来一封写给丈夫的信,字迹非常清秀,像是女性写来的,你会采取什么行动?

a. 小心拆开,再不留痕迹地封起来;
b. 丈夫回来后,在他面前拆开来一起读;
c. 先征求丈夫的同意,才看内容。

6. 在街上发现丈夫和一位你不认识的女性一起散步,你会怎么办?

a. 当场问清楚那个女人是谁;
b. 回家后再问;
c. 除非丈夫对你说,否则你不主动问。

7. 丈夫参加公司的旅行,拍了许多照片,而旁边站了一位很漂亮的小姐,你的反应如何?

a. 问他那个人是谁;
b. 以后注意丈夫的行动;
c. 丢掉那些照片。

8. 假如听到丈夫和女同事的一些流言,你怎么办?

a. 去向丈夫的同事打听;
b. 质问丈夫;
c. 一笑置之。

亲爱的,怀孕了要少吃醋,吃醋多了会伤宝宝的心。

请照下面的计分表,计算出你的分数:

题	a	b	c
1	5	0	15
2	0	5	10
3	10	5	0
4	0	15	5
5	10	5	0
6	15	5	0
7	0	5	10
8	15	5	0

结论:

80~100分:非常爱"吃醋",这样会给你带来许多不必要的麻烦。

60~75分:比较爱"吃醋",要想生活得好,应该再收敛一些。

30~55分:偶尔吃吃醋,但又不过分。

0~25分:非常难得,但是适当地表示出吃醋也许会更可爱。

准爸爸必读

该为妻子做点什么

妊娠与胎教不仅是做母亲的事，和做父亲的关系也很大，夫妻二人是接触最多的、最亲密的，做丈夫的一举一动、情感态度，都直接影响到妻子，也影响到妻子腹中的胎儿。做丈夫的为怀孕的妻子应做好以下几方面：

为妻子做好后勤

妻子孕期需要大量的、全面均衡的营养物质，以保证胎儿的健康发育。营养不足可直接影响胚胎的发育，可使胚胎的细胞数目以及胚胎的核糖核酸的含量减少，从而影响胎儿的生长发育及胎儿的智力，要关心体贴怀孕的妻子，多陪伴妻子，帮助和分担部分家务，使妻子能有充足的睡眠和休息时间。

适宜地调节妻子的情绪

胎儿的发育需要适宜的环境，还需要各种良性的刺激和锻炼，胎儿除生理上需要各种营养物质供给外，还需要与神经精神活动有关的刺激和锻炼，丈夫对妻子可适度地开开玩笑，幽默风趣的会话，使妻子感情更丰富，陪伴妻子看电影看电视节目，让她与久别的亲人重逢，尽可能地让妻子情绪愉快，使妻子身体的内环境稳定，有利于胎儿的发育。

激发妻子的爱子之情

丈夫要多与妻子谈论胎儿的情况，多关心妻子妊娠反应的情况，与妻子谈论胎儿在母亲子宫宝殿中安详舒适、自由自在的形象。要经常和妻子猜想宝宝的脸蛋多么漂亮，眼睛多么明亮，增加母子生理心理上的联系，增进母子的感情，消除妻子因妊娠反应所引起的不愉快的情绪。

协助妻子进行胎教

怀孕第一周，胎儿教育已经开始，主要表现在母亲怀孕期间心情要平和，情绪要愉快，尽量避免抑郁、悲伤、烦躁、惊恐和愤怒，生活要有规律，环境清洁卫生，多欣赏自然风景。孕期第一个月的胎教重点是使母亲精神和心理愉快，身体健康，可对胎儿产生微妙的良性影响。

胎宝宝第2个月
亲爱的，我有了！

胎教要点

及时诊断是否正常妊娠

调整居室环境，宁静幽雅

预防流感、风疹等病毒感染

避免接触化学物理致畸因素

避免危险激烈运动

停经后切忌性交

Chapter 2

胎宝宝成长之旅

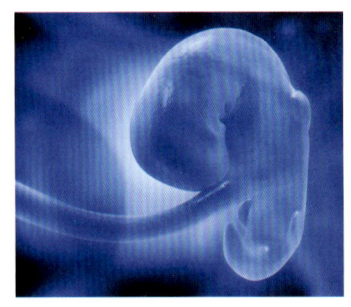

到妊娠第二个月末时，胚胎已与胚外组织分开，胚已初具人形，先出现两条胳膊，然后出现两条腿。头大，脸出现轮廓，可分辨出眼、耳、口、鼻。骨组织开始骨化。胚胎重约2克，身长2～3厘米，头体各占一半。

在受孕后30天左右，胚胎对各种致畸因素最为敏感。到第55～60天以后，敏感度下降，因此这一时期要特别警惕避免接触致畸因素。

❶ 此时尚在胚胎期。胚胎在胎囊中，泡在羊水里，胎盘与脐带开始发展成形，胚胎开始与母体相连。

❷ 第五周开始进入器官形成期，到第八周为止四肢发育完成。

❸ 头部器官如眼、耳、鼻、口已有初步外形。

❹ 生成血管，血液循环功能开始运作，并有心跳。

❺ 具备脑部、脊椎与神经系统雏形，心脏开始发育。

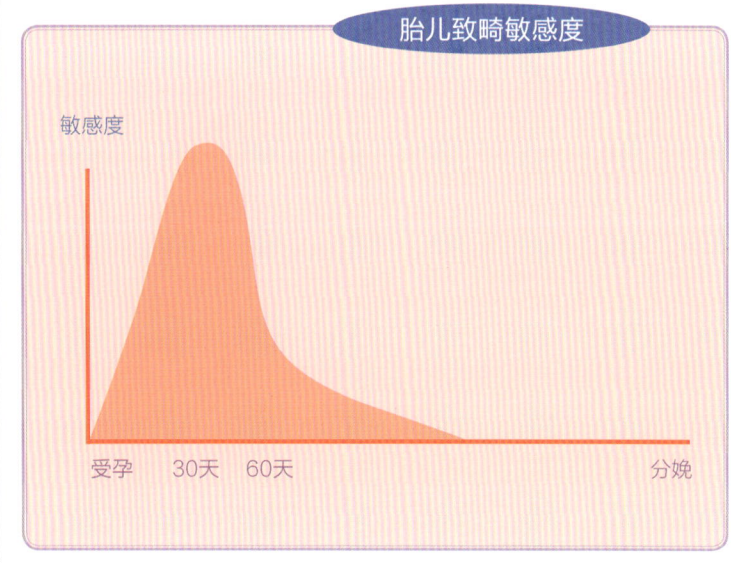

胎儿致畸敏感度

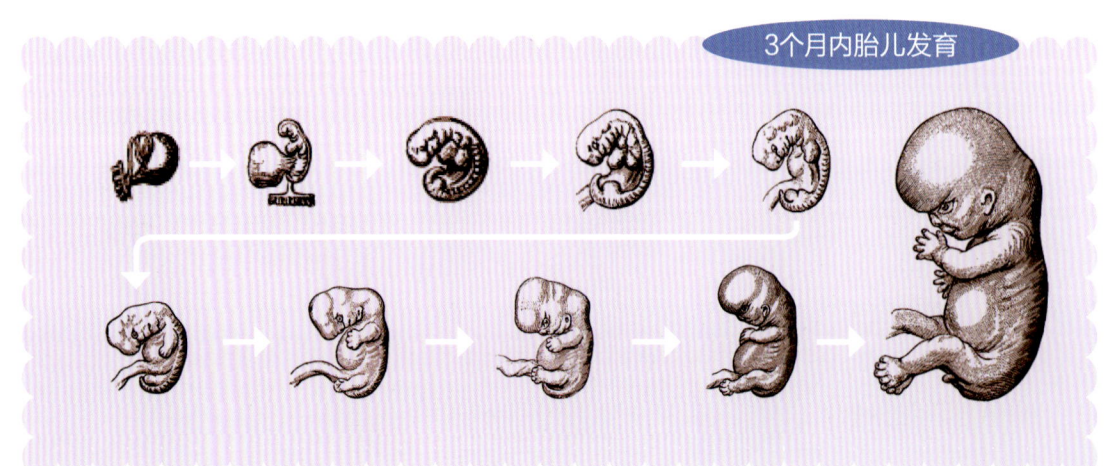

3个月内胎儿发育

你的身体变化

基础体温没有下降且呈现高温期状态，预定日也没有月经来潮，特别是月经周期正常的健康妇女，月经过期1~2周还未来潮时，怀孕的可能性很大，应及时到医院接受检查。

子宫内现在正发生着巨大的变化，一个小生命已经入住了。此时你的外表看不出有什么改变，但在你的体内却发生着翻天覆地的变化。由于雌激素与孕激素的刺激作用，身体会出现一些不适症状，常见的有：胃部不适、食欲差、胃口改变、恶心、呕吐、小便频繁等，这些就是所谓的"早孕反应"，俗称"害喜"。在这个时期你会像大多数女性一样，有时候不仅是在早晨，整个一天你都会随时呕吐。这些令人心烦的症状都是正常的，这只不过是孕早期的常见现象，大约在3个月之后你的恶心与晨吐就会结束。

此外，还有身体易慵懒困倦、发热、头晕、乳房发胀、乳头乳晕颜色加深、阴道分泌物增加等表现。当你的子宫成长时，你的腹部会感到有些痉挛，有时会感到瞬间的剧痛。这些都是初期特有的现象，不必过分担心。

这个阶段你的情绪变化会很剧烈，刚才还眉开眼笑，转眼间就会闷闷不乐，这时的喜怒无常是正常的情绪波动，这是激素变化引起的，孕妇要注意调整心绪，让自己顺利度过孕期。

孕妇腹部表面无明显变化，子宫如鹅蛋大。

到妊娠2个月末时，已停经2个月，此时妊娠反应明显，可确诊妊娠。在做妇科检查时，可发现子宫颈变软，子宫体增大、柔软。尿妊娠试验阳性，血绒毛膜促性腺激素（HCG）升高。做超声波扫描，可显示胎囊影像。

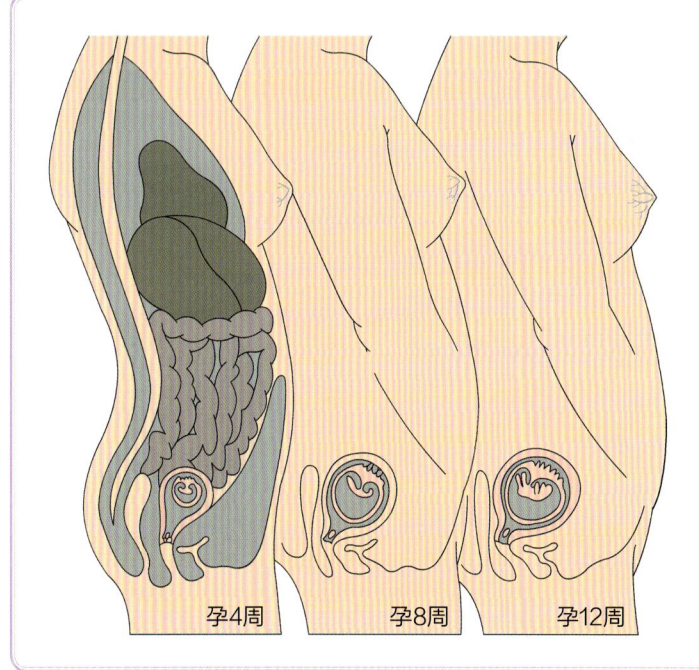

孕4周　　孕8周　　孕12周

必读小叮咛

一些有意受孕的女性能准确地知道自己已怀孕，而另一些女性则毫无所知，当她们得知自己怀孕的消息时，往往茫然多于喜悦。

尽管怀孕的征兆很多，但并不是每位女性都会经历所有的征兆，所以有些女性即使怀孕了，在刚开始时也是不知道的。

优境养胎

如何验孕

① 到药店买验孕棒：药店都有验孕棒，只要把尿液滴在试纸上，便能立刻判断怀孕了没。市面上卖的验孕棒除非过期，否则准确性很高，阳性反应一般呈"＋"或两条横线；若是阴性反应，则呈"－"或一条横线。

② 验血：怀孕之后，血液中的绒毛膜促性腺激素会上升，因此可借此判断是否怀孕。

③ 照超声波：直接用超声波看看胎囊长出来了没，这个方法还可以顺便估算预产期。

验孕失准的原因

怀孕最初的一个星期，是"空窗期"，验尿并没办法验出是否怀孕，此外，子宫外孕及葡萄胎也没办法用验孕棒分辨。有些女性太期待有小孩了，会让身体出现假性怀孕的现象，虽然验孕棒看起来怀孕了，但其实没有。

何时该怀疑自己怀孕了

觉得乳房肿胀、恶心、呕吐、嗜睡、饮食习惯改变，加上月经迟迟未来时，就该怀疑自己是否怀孕了。要尽快做相关检查确定。

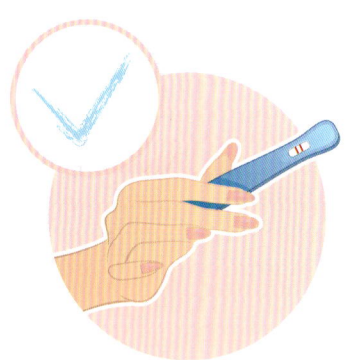

验孕棒显示已怀孕

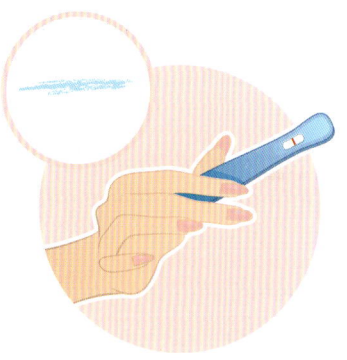

验孕棒显示未怀孕

本月产前检查特殊项目

脊髓性肌肉萎缩症（SMA）基因检测不是例行产检，是一项特殊产前检查。如果医生认为必要则应该去做。

- **建议检查时间**：在初期产检时（一般是怀孕第6~10周）抽血，多抽23毫升即可筛检。
- **重要性**：SMA是一种可以致命的遗传疾病，从出生到成年皆有可能发生。根据统计，脊髓性肌肉萎缩症的带因率为1/50~1/30。

若准父母皆为带基因者，则每一胎不管男孩或女孩皆会有1/4的机会成为患者。透过SMA基因检测的提早筛检，可确认父母是否为带因者，以避免出现遗憾，减少家庭庞大的医疗负担。

- **建议实施对象**：由于SMA带因率高达1/50~1/30，且带基因者没有任何症状，建议若打算生育或已经怀孕，最好都应接受筛检。

子宫外孕早诊断

宫外孕在医学上又称异位妊娠,是妇产科较常见的病症,大多发生于曾经生育过或者做过人工流产手术的年轻女性。宫外孕时,受精卵着床于子宫体腔以外并开始发育,这是无法孕育成熟的,它的结局只能是流产或者发生破裂。

近年来,宫外孕的发病率有上升趋势。值得注意的是,宫外孕的结果,几乎无一例外地要发生破裂,导致腹腔内大出血,而且发病又急又快,如果就医不及时,延误抢救,就可能因失血过多而危及生命。

宫外孕最常见的是输卵管妊娠,在全部宫外孕中约95%以上。这种类型的宫外孕在发生险情时,一个最典型的症状就是腹痛,在自我感觉方面一定要注意。如果输卵管未破裂,其腹痛往往表现为一侧隐痛或坠痛;如果已发生破裂,则下腹的一侧往往突然出现绞痛或撕裂样的疼痛,随着腹腔内出血的增多,患者会出现面色苍白、烦躁、脉搏加快、皮肤湿冷、血压下降等失血征象。这表明病情危急,必须立即送医院,千万不要拖延。

宫外孕也是怀孕,一些反应往往与正常妊娠差不多,如停经、恶心、呕吐、孕检尿液呈阳性反应等,有时还会出现阴道少量出血,好像是先兆流产。

值得一提的是,宫外孕患者大多都是因为腹痛才去就医的,并没有想到宫外孕的可能性。因此,有必要提醒育龄妇女:如果近期有性生活史、月经又迟迟没来、阴道有不规则少量出血,那么一旦出现腹痛,一定要想到宫外孕的可能性,并及时到医院就诊,以免延误救治而危及生命。

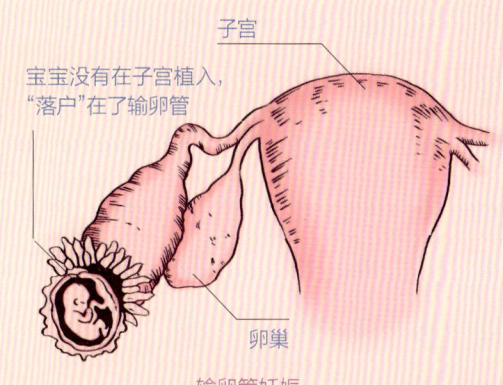

输卵管妊娠

输卵管妊娠破裂

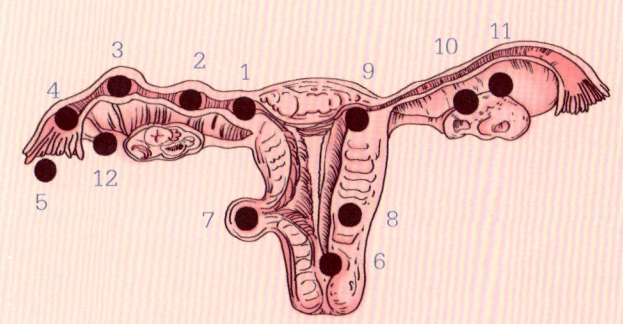

不同部位的异位妊娠示意图
1. 间质部 2. 峡部 3. 壶腹部 4. 漏斗部 5. 缴端
6. 宫颈 7. 憩室及子宫囊 8. 肌壁内 9. 宫角
10. 卵巢 11. 宽韧带内 12. 输卵管卵巢

Q&A

Q: 早期流产要不要保胎？

引起流产的原因是多方面的，有属于胚胎方面的，如孕卵发育异常，是早期流产最常见的原因，主要由于精子或卵子有缺陷，或两者都有缺陷所致。也可由于在胚胎分裂中，受到外界因素的影响，有疾病、辐射等，使其胚胎分裂发生异常所致。也可属于母体方面的原因，如内分泌失调，早期妊娠时卵巢、黄体功能不全引起分泌的孕激素不足，可以使子宫蜕膜发育不良，会影响孕卵着床及发育。甲状腺功能低下使甲状腺素分泌不足，细胞新陈代谢降低，从而影响胚胎的发育。生殖器官的疾病，如双子宫和双角子宫、子宫肌瘤，尤其是黏膜下的子宫肌瘤也影响胚胎生长的环境而致流产，早孕有流产先兆，应注意休息，适当观察，进行保胎，但不可盲目无限期地保胎，应通过B超来确定胎儿发育情况以决定进一步的处理。由于流产的胚胎中有不少属于孕卵染色体不正常，因此自然流产是一种自然淘汰现象，不应保胎。对有流产先兆的孕妇，除因母亲疾病引起的可适当保胎，若疾病痊愈可继续妊娠，若症状不见好转不要勉强保胎，以免生出异常儿。

孕早期出血"SOS"

早孕出血常常伴有腹痛，如果出现以下异常情况，应引起孕妇及家属的重视，及时到医院检查。

❶ 孕早期突然出现小腹剧痛，并伴有恶心、呕吐，甚至发生晕厥，或有阴道流血。遇到这种情况，应考虑到宫外孕。特别是输卵管妊娠，管腔破裂，出血会很急，严重者在短时间内大量失血休克，甚至死亡。因而遇到这种情况，一刻都不要停留，立即送医院检查。

❷ 怀孕早期的出血，常见的原因是流产相关的问题。除了生理性的胚胎着床出血外，怀孕早期有出血都可视为流产征兆，大部分的妇产科医生

会利用超声波检查确认胚胎的位置。若确定着床是在子宫之内，而且胚胎囊完整，应该还没有真正流产，此时会请孕妇多休息，密切随访。有时一些辅助性的安胎药物，如天然黄体素也会有所帮助，这一类的情况，大多数孕妇会转危为安。

然而若出血量逐渐增加且伴有子宫收缩、排出胚胎组织，就是真正的流产了。此时已经无法保住胎儿。医生会检查胚胎组织是否完全排出，若子宫腔内已经没有残余的胚胎组织和胎盘，医生常会开子宫收缩剂以减少子宫出血，再请孕妇多休息，准备下一次的怀孕。若组织没有排干净，会造成长期、不规则的出血。若症状持续太久，可考虑接受子宫内刮除手术以彻底解决。

流产常因胚胎未继续发育、萎缩卵、胎死腹中或染色体异常引起，但也有许多是找不出原因的。若重复发生连续3次以上的流产，则称为习惯性流产，有可能是免疫系统失调所致，需另外安排抽血检验免疫因子及其他检查。

调整居家环境

❶ 靠垫：为了撑起日渐隆起的肚子，孕妈妈的腰腹背部总是时常感觉不适，腰酸背痛的情况也随着孕期越近尾声越来越严重。其实孕妈妈可以多买几个靠垫，一方面可以给腰背部好的支托，另一方面也可以将腿部垫高，帮助下肢血液循环顺畅减缓水肿。

❷ 床垫：如果家中的床垫过硬会造成臀部跟背部悬空，而过软的床垫则会让整个人深陷进去，都不适合孕妈妈使用。毕竟我们每天可能有将近1/3的时间是躺在床上休息的，好的床垫也同样可以适度支托孕妈妈的肩腰背部，同时也让我们有更好的睡眠质量。

❸ 防滑品：防滑品也是孕妈妈很需要的，最好在浴室、厨房这两个容易有水的地方铺设防滑地垫，减少孕妈妈因为腹部隆起看不到地面，因而踩到水滑倒的问题发生。

❹ 维持环境清洁：勤打扫，避免真菌、蟑螂、尘螨的滋生，这一方面是基于卫生考虑，另一方面则是减少常见过敏原。到了怀孕中期以后应该尽量不要接触有可能导致过敏的东西，如尘螨、动物毛等，还有在饮食上也要避免食用虾、蟹这类带壳海鲜，或是芒果、花生、芋头这类常见的食物过敏原，未来宝宝出生后也比较不易被过敏体质困扰。

❺ 新居是胎儿杀手：现代居室的建筑材料、装饰材料往往散发各种有毒有害的化学物质，有些甚至是致癌物。根据美国环保部门对新建筑的抽样调查统计，新房内的空气中竟含有500余种对人体有害的化学物质。例如，建筑材料中都含有不同浓度的氡，氡向室内空气中扩散氡气和氡子体。氡子体能放射出对人体有伤害作用的射线。长期受氡子体的射线照射，人易患癌。新房空气中氡的浓度远远超过标准。环境专家认为，人在新房中生活，主要避害的方法是每5小时换一次室内空气。

室内污染除建筑材料外，还有新家具、地毯散发出的化学物质，宠物身上脱落的毛、皮屑，旧被褥衣物上的真菌，植物花粉及排出的二氧化碳等，都会对孕妇产生危害。

慎防致畸因素

遗传、物理、生物、化学因素，都可以导致胎儿先天发育异常，后3个因素是可以预防和克服的。

外出后也要洗手

❶ **防弓形虫感染**：孕妇在怀孕早期感染弓形虫可造成流产或死胎，后期感染可引起胎儿先天性疾病。因此孕妇不要吃生的或未煮熟的肉类；切生肉时不要让手接触口和眼，切后彻底洗手；不要玩猫及接触小动物，弓形虫常存在于猫粪内。

❷ **防病毒感染**：许多病毒感染后都会影响胎儿发育，甚至造成胎儿畸形。因此孕妇应避免到人群拥挤的公共场所；不要与患者接触；要注意个人卫生，勤晾晒衣服被褥；勤洗手，不要吃小摊上的食物。

❸ **避免放射物质**：胎儿对放射物质非常敏感，因此孕妇应避免接触各类放射性物质。怀孕早、中期不要做X线透视检查，其他如放射性磷、碘等检查也不能做，就诊时应向医生讲明妊娠情况。

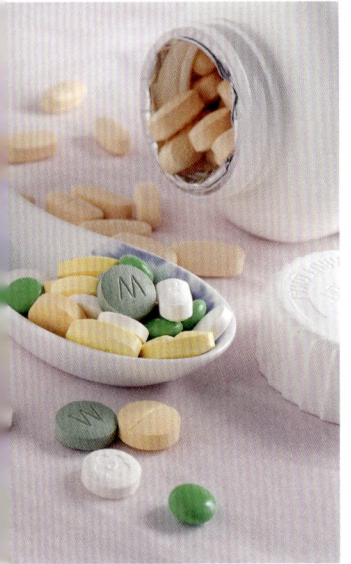

用药前要请教医生

❹ **谨慎进行预防接种**：常人在免疫接种后身体会发生各种反应，对孕妇来说则更为明显，严重的可引起流产。另外如风疹、麻疹、腮腺炎等疫苗，孕妇忌用。狂犬病、伤寒疫苗要在医生指导下使用。但如果生活在烈性传染病疫区，预防接种是必要的。

❺ **服用西药要小心**：西药是化学及生物制品，许多是对胎儿有害的，如四环素类、链霉素、磺胺类等。因此孕妇在孕早期尽量不要服药，或请医生指导。

❻ **不要接触农药**：有人认为孕妇只要戴上口罩、手套，喷洒农药后洗手就没危害了。实际上，喷药时的细雾布满空间，它们会通过呼吸道，通过皮肤黏膜进入人体，从而对胎儿造成严重危害。

❼ **慎用化妆品**：怀孕期间，由于内分泌的变化，孕妇面部易生出粉刺、蝴蝶斑等，人也比怀孕前憔悴。但这只是一段时间的变化，不要用化妆品掩盖修饰。化妆品可引起过敏，有些对胎儿有致畸作用。例如指甲油、口红唇膏、维生素A酸等都对胎儿有害。还有，孕妇涂口红和指甲油，掩盖了皮肤和指甲的本来颜色，医生在诊断是否有缺血现象和有无心脏病时很难作为参考依据。

慎用化妆品

❽ **要避开噪声**：噪声是一种污染，噪声刺激可损害胎儿听觉和神经发育，还会引起胎儿畸形、新生儿体重减轻，并且可引起孕妇子宫收缩，导致流产、早产，因此，孕妇应远离噪声。

避免电磁波威胁宝宝

生活环境中所测的磁场其实并不大，只要低于20×10^{-4}毫特斯拉，并不需担心。依据瑞典标准，在单一家电产品正前方50厘米处以仪表测量，所得强度不能超过2×10^{-4}毫特斯拉，如客厅中同时有电视、收音机、计算机等十样电器，总量在20×10^{-4}毫特斯拉以下，当然如果能控制在10×10^{-4}毫特斯拉或更低就更理想。

只要有转动的马达，磁场就比较强，包括冰箱、空调、洗衣机、果汁机、吸尘器、除湿机和电风扇等，要避免这些强磁场，以保持50厘米距离为安全原则。

最需注意的是电磁炉的使用，使用时其中心所测的电磁波可超过4000×10^{-4}毫特斯拉，因此使用时切记"勿让炉面空着"，并要保持50厘米以上的距离，只要锅子或茶壶离开炉面，一定要关掉开关。而如果在外面的自助火锅店用餐，最好手伸长些比较保险。

注意家电摆放位置

电风扇的背面所测的电磁波值可高达$250\times10^{-4}\sim300\times10^{-4}$毫特斯拉，所以使用时应尽量避免靠近电风扇后面。

家中水族箱上方的空气帮浦所释放的电磁波在800×10^{-4}毫特斯拉左右，其他电器如冰箱、洗衣机马达在后方，比较没有安全顾虑，而空调装置位置较高，也不需担心。

少量X线不影响健康

在医疗当中，放射线对人体的伤害比较大，它对细胞会有相当程度的伤害。至于X线片则要视张数而定，若只照一张腹部X线或看牙医时照一两张并无疑虑，一般在3张以下没什么关系。

避免长途且经常性乘机

搭飞机也有暴露于高空辐射的问题，如果孕妈妈只是偶尔乘机旅行还是安全的，无须担心；但若是经常从事商务旅行或怀孕的飞行员、空姐、领队或导游，可能会暴露于过量的辐射中，就必须多加斟酌，有时必须改变自己的工作时程，以免影响胎儿的发育。

高压电缆、高铁的辐射很吓人

高压电缆所产生的电磁场,会增加儿童罹患白血病的风险,欧洲有些国家已对高压电缆与住宅、公园、医院等老年人、小孩常停留的地方,予以立法规定应保持安全距离。

为了让乘客使用手机能畅通无阻,高铁每节车厢设有小型基地台,所以电磁波很强,特别是靠窗位置远比靠走道的电磁波来得强,本身比较敏感的人搭高铁就容易头痛,所以会穿着防护衣并围头巾来加以改善。

"无线"潜藏的危机

家中无线上网的IP、无绳电话以及无线上网的手机,都会有辐射问题。尤其是无线IP,就算没在使用,还是会不断释出比背景值高出几十万倍的超强电磁波;手机只有在通话时才有电磁波,但是有无线上网功能的手机,和无绳电话一样有较大风险。

防电磁波衣可抵挡电磁波

有些防范措施是可以参考的,最简单的就是利用导磁性材料,如铁条(只要磁铁吸得住即可),或到五金行买铁皮,甚至工地中废弃的钢筋都可以,只要放置于马达转动处即可。

此外,防电磁波的围裙、衣服等,原理也是应用导磁性材料制作成很细的细网,再织入布料中,穿上它可挡掉电磁波。竹炭会有一部分导磁功能,但效果有限。至于所谓的手机贴片是没有效果的,甚至像是在计算机旁摆仙人掌、水晶球等,都是不可信的。

上班孕妈妈更要小心防范电磁波

上班族孕妈妈要注意的是计算机摆放的位置,很多公司会把计算机排成一列,计算机后方刚好靠近另一排同事,而靠近计算机后方的人就比较危险,因为计算机终端机后方是电磁波最强的地方。

勿受不实报道影响

有些危言耸听的报告既夸大且无根据,例如,住家顶楼架设无线造成住户身体不适甚至罹患癌症等,以科学观点可证实这些是不实的指控,因为无线释放的电磁波以侧面最强,楼下根本不可能受影响。在无线周围6米所测的电磁波量,根本不超过标准的千分之一甚至万分之一。

传统和现代怀孕禁忌

Q: 孕妇将手举高过肩易流产?
孕妇因体型改变,重心也比较不稳,因此应尽量避免拿高处的东西。最好能将家中常用的物品放置在与孕妇肩膀同高的高度,避免发生重心不稳跌倒的意外。

Q: 晒衣服造成流产?
孕妇因为体型改变的关系,加上怀孕后期肚子明显隆起,重心改变,自然有许多行动上的限制,譬如说不适合踮脚尖拿东西,抱太重的物品等。

Q: 怀孕期间忌食螃蟹、甲鱼?
孕妇本身为过敏体质者,最好避免食用。许多海鲜具有活血的作用,食用后对早期妊娠易造成不良影响。就鳖肉而言,具有较强的通血路、散瘀血的功效,在早期曾被利用作为堕胎之药引。《本草纲目》记载:蟹爪,会堕生胎,下死胎,孕妇忌服。蟹爪的功用主活血、破胎,可以促进血液循环加速,因而容易引起流产。

Q: 忌吃柿子?
柿子属寒性,有收敛作用。脾胃虚寒者,或是有咳嗽(急性感冒)、消化不良的人要少吃。孕妈妈在产后不适合食用。

Q: 忌吃鸭肉?
螃蟹、柿子、鸭肉这些食材都容易诱发过敏,假使孕妇本身属于过敏体质,那么宝宝同样为过敏体质的概率也很高。

Q: 避免油腻与刺激性的食物?
太油腻的食物不容易消化,且容易加剧怀孕初期的胃肠道不适、害喜等症状。孕妈妈的饮食得把握饮食均衡以及烹调尽量清淡,太过刺激性的食物及调味料,容易刺激胃黏膜,加重怀孕末期的胃灼热感。

Q: 避免生食及过度加工的食物?
孕妈妈要尽量避免食用生鱼片、螺肉等未经加热处理的食物,或是市场贩卖的熟食。避免吃下已遭细菌污染、不新鲜的食物,危害母体及胎儿健康。而加工食品往往添加大量的盐和糖。摄取过多的盐分,对有妊娠高血

压的孕妈妈会使高血压及水肿症状加剧。假使食用过多的碳酸饮料、糖果、巧克力等，具有超高热量而营养素很少，反而会造成体重增加太快、超重的问题。

Q: 避免茶、咖啡、可乐等含咖啡因的饮料？

由于茶叶中的单宁酸会降低人体对铁质的正常吸收率，易造成缺铁性贫血，孕妈妈最好一天不超过饮用2杯。习惯每日一杯咖啡的孕妈妈，最好选择无咖啡因的咖啡或饮料，孕妈妈可以新鲜果汁、牛奶取代咖啡、浓茶，让身体健康又零负担。

Q: 怀孕期间可以服用蜂胶吗？

怀孕3个月以前，因为胎儿发育尚未完全，并不建议服用补品，因为在这段胎儿器官发育成长期，任何的药物或补品都要视孕妇的体质来给予调整，如果对饮食上有所疑虑，则建议和妇产科医师或专业营养师讨论后再决定。

Q: 怀孕可以喝西洋片+枸杞+红枣冲泡茶水吗？

怀孕过程中不宜饮用含有人参成分的补品，有些孕妇可能因此而引起子宫收缩，甚至需要安胎。依西医的观点来看，只要孕妇日常饮食摄取适当正常，胎儿超声波检查发育正常，一般就不再建议摄取其他补品。

Q: 孕妇吃珍珠粉，对宝宝的皮肤好？

珍珠粉的成分应以钙质为主，虽说孕妈妈适当补充钙质是必需的，但市售珍珠粉的成分难以掌控，所以补充时比较无法判断孕妈妈是否能从中摄取足够的钙质，因此仍建议孕妈妈还是在合格医师的处方下，以钙质的药物来补充，较为恰当。

Q: 其他还有哪些？

- 人造奶油含有色素以及添加剂，这种氢化植物油对心脏血管危害很大，以不吃为好。
- 冰淇淋、冰冻果汁露热量高，含各种添加剂，应少吃。
- 糖、花生酱、腌制物、沙拉酱、意大利面酱热量高，含各种添加剂，应少吃。
- 吃涮火锅可能感染弓形虫，发生流产、死胎，或影响胎儿脑的发育。
- 蛙肉会增加母体和胎儿感染绦虫病的机会。
- 龙眼对于孕妇，特别是对早孕妇来说，可引起腹痛、"见红"先兆流产症状，甚至引起流产或早产。除龙眼外，像人参、鹿茸、鹿角胶、核桃仁等性热的药物，孕妇也均应谨慎食用。
- 木薯容易导致胎儿畸形。
- 山楂对妇女子宫有收缩作用，如果孕妇大量食用山楂食品，就会刺激子宫收缩，甚至导致流产。
- 薏苡仁（薏米）也不宜食用。

怀孕初期所需的营养素

怀孕初期的前3个月是胎儿发育的重要阶段，胎儿的五官、心脏及神经系统都是从这时候开始形成。因此均衡饮食，补充蛋白质、矿物质及维生素对胎儿的健康成长发育是绝对必需的。

虽然孕妇需要补充适量的营养素，不过怀孕初期时，最需注意锌、铁质、叶酸及维生素A的摄取。除了可以帮助孕妈妈预防贫血现象产生，还能帮助胎儿神经系统的发育。

提供孕妇足量的锌，避免怀孕初期因缺乏锌所产生的孕期倦怠及早产。

① 蛋白质：
食物来源 海鱼、畜肉、禽肉、蛋、豆类及豆制品、奶类。

功效 未怀孕的女性所摄取的蛋白质是为修补体内组织用的，但怀孕妈妈是为了要供给胎儿、胎盘、子宫、乳房的发育以及母体血液容积量的增加所需要。此时，蛋白质摄取原是保留供给胎儿发育成长用的，若热量摄取不足的话，蛋白质将会被消化代谢来取代热能利用，这将会影响胎儿发育，因此孕期主食的摄入也很重要。蛋白质对于贫血的预防及治疗也很有帮助。

调查显示，蛋白质缺乏地区所生下的婴儿体重较为不足，成长发育过程更为迟缓。

② 钙质：
食物来源 牛奶、蛤蜊、小鱼干、苋菜、黄豆、黑豆、黑芝麻。

功效 可预防紧张、头痛、腿部抽筋、失眠、蛀牙、胎儿的骨骼及牙齿发育不良。

③ 铁质：
食物来源 肉类、蛋黄、肝脏、绿色蔬菜、全麦面包及完整谷类。

功效 可预防胎儿及母体贫血。

④ 维生素B_6：
食物来源 酵母、肝脏、小麦胚芽。

功效 怀孕期间所产生的各种不适，都与缺乏维生素B_6有关，如恶心、呕吐、抽筋、头痛、失眠等。

⑤ 叶酸：
食物来源 酵母、小麦胚芽、绿色蔬菜。

功效 缺乏时可能在怀孕期间出现点状出血，神经血管缺陷。

⑥ 维生素B_{12}：
食物来源 动物性食品(内脏、蛤、牡蛎、蟹、虾)。

⑦ 维生素A、维生素D、维生素E、维生素K，DHA：
食物来源 内脏类、小麦胚芽、深黄色蔬果、鱼肝油。

功效 可预防静脉曲张。

在我们现在生活条件下，不管是平时或是怀孕期间各类食物，只要不偏食、不挑剔，就是在难熬的"害喜"阶段，身体中所需要的营养素，都不会有严重缺失的情形产生。

> 词汇解读——妊娠剧吐
> 通常怀孕3个月以前容易出现严重孕吐，如果一天吐超过5次以上，那么则可称为妊娠剧吐症，会引起食道逆流、电解质失调、脱水现象。此时妈妈可吃些止吐药，补充电解质，吃维生素B_6都有助于减缓状况。不过孕吐是否会影响胎儿发育，要确认妈妈因为孕吐使得体重下降，甚至影响到妈妈输送养分给胎儿。需要验小便中的酮体，如果呈现阳性，代表妈妈已经无法从食物中摄取养分，糖类没有在代谢，妈妈开始在代谢自己的脂肪和蛋白质，此时需补充高蛋白质和输注葡萄糖溶液。

"害喜"怎么办

"害喜"症状轻微时

- 如果是有晨吐现象（早上起床后非得吐一吐才舒服的情形），可在起床前吃些淀粉质（糖类食物）来压抑恶心感，如饼干、吐司、甜味包子、馒头或是糖果。
- 一天中可选择水分含量较少的水果，如番石榴、苹果、香蕉、木瓜等。
- 避免油腻及油炸食物、调味料过重的食物、含大量咖啡因饮料（浓茶、重咖啡）或特殊及重味道的蔬菜水果，以免引起害喜情形更加厉害，凡是会让自己不舒服的食物就尽量避免它。
- 饮食可采少量多餐，而液体（流质）食物可选择在餐与餐之间食用。
- 通常空腹时恶心、呕吐的感觉会更明显，所以孕妈妈在家中或办公室可以准备一些简单方便、一口即可吃的食物，以减少恶心、呕吐的情况。

"害喜"症状严重时

- 当有胃口吃东西时，最好是慢慢地供应各类食物，饮食则以高糖、低油的食物较能适应，包括：吐司果酱、饼干、麦片、糖果、低脂牛奶或调味奶、清汤等。
- 空腹时恶心、呕吐症状相较严重，建议每2小时吃一些食物，而干品类食物比液态食物在胃中停留时间较长，可延缓胃空的情形。
- 水、饮品或汤，小口食用，建议每次以不超过150毫升为宜。
- 虽然液体食物容易引胃酸分泌，但是要避免水分摄取不够或产生脱水现象，所以水分的补充是不可以忽略的。
- 清淡多变化的食物舒缓不适，家人多费点心力，为孕妈妈准备一些清淡多变化的食物，怀孕初期的不适将会舒缓许多。如果孕妈妈有时候真的食欲不佳，也不要太勉强进食，一段时间之后孕妈妈会逐渐恢复食欲的，体重也将会随之增加。

如何治疗"害喜"

① 药物疗法：假如真的吐得太厉害，有时医师也会开止吐药来缓和"害喜"症状，或者打营养针或维生素B_6来帮助妈妈维持体力。但为了怕影响胎儿发育，怀孕期间，当然不要吃药最好。

❷ **中医疗法**：一些药膳可缓和害喜症状，孕妈妈可以尝试看看。
- 生姜10克，橘皮10克，加红糖，煮开当茶饮，可缓解孕吐。
- 生扁豆75克，晒干研细，每次10克，米汤煮开送服。
- 甘蔗绞汁，加生姜末少许，作茶饮。有治疗孕妇口干、心烦、呕吐的作用。
- 橄榄捣烂，水煎服。可治疗妊娠早期食欲不佳、心烦、呕心等。
- 糯米粥，随意食用。
- 柚子皮煎水服，可缓解孕吐。

改善胃肠道不适的穴位按摩

- **内关穴**：腕横纹上2寸，二筋正中间。可减轻害喜症状，改善胃部不适、止呕。
- **足三里**：外侧膝盖凹陷下3寸。能调理胃病，改善胃腹闷胀、反酸、呕吐等症状。

害喜虽然难受，但研究发现害喜妈妈比较不容易早产、难产，婴儿出生的平均体重还比没有害喜妈妈所生下来的宝宝重。所以看起来，害喜不全然是件坏事，孕妈妈只要好好调理饮食，其他不用太过担心。

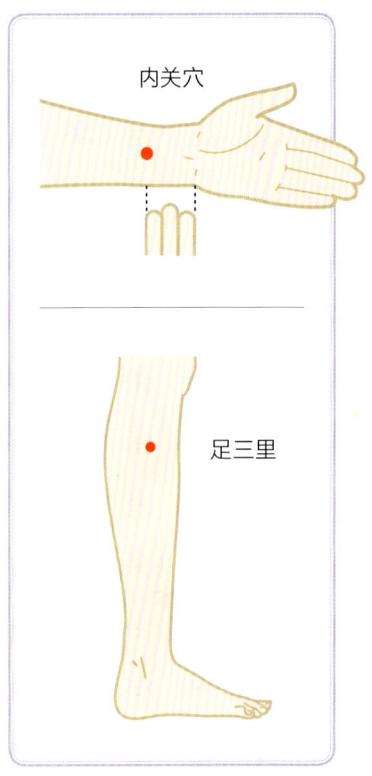

姜汁米汤

原料 糙米80克、老姜1块。

做法 ❶糙米泡水4小时后沥干，加水750毫升，以电饭锅蒸煮至熟，待凉后过滤取米汤。糙米可留着当主餐吃。❷老姜切块，以分离式榨汁机榨出原汁，取10毫升加入糙米汤中调匀即可。

功效 改善怀孕"害喜"、孕吐。

甘蔗姜汁

原料 甘蔗1段、生姜数片。

做法 甘蔗去皮切段，与生姜分别以分离式榨汁机榨出原汁，取300毫升甘蔗汁及10毫升生姜汁混合均匀，稍微加热后即可。

功效 改善呕吐。

快乐胎教课堂

散步是孕期最好的运动

散步是非常适合孕妇的运动，散步不仅有利于孕妇健康，而且能促进胎儿大脑发育，并具胎教的功效。虽然散步是孕妇最好的运动，但孕妇散步也不是毫无限制的。孕妇散步时要注意以下几点：

❶ 孕妇散步应选择风和日丽的天气，有雾、下雨、刮风及天气骤变时不宜外出，以免感冒。

❷ 选择在道路平坦、环境优美、空气清新的地方散步，也可选择乡间小路，由丈夫及他人陪同或自己缓慢而行。为了扩大胎儿学习范围，最好经常改变路线。

❸ 散步的时间最好是在上午10时到下午2时。这个时间是一天中子宫最放松的时间。

妊娠的前3个月是胚胎、胎儿发育的关键时期，除了神经系统和泌尿生殖系统外，其他所有器官均在此时期形成；同时此时期也是胚胎、胎儿对外界有害因素最敏感的时期，所以孕妇最好不要常去嘈杂的集市和繁华的超市，那些地方人口密度大且大多通风条件欠佳，空气中有大量的细菌、病毒，会在不知不觉中侵害腹中胎儿。

不适宜进行锻炼的孕妇

尽管运动能给孕妇和胎儿带来很多好处，但若是孕妇因为生理方面的原因不适宜进行锻炼就不必勉强自己。因为勉强自己锻炼时可能会有意想不到的问题出现。

- 孕妇有习惯流产史者不宜进行锻炼。
- 孕妇有心血管疾病者如高血压、妊娠高血压综合征、子痫等不宜进行锻炼。
- 多胎妊娠者不宜进行锻炼。
- 胎动不好者不宜进行锻炼。
- 贫血孕妇不宜进行锻炼。
- 妊娠中有前置胎盘者不宜进行锻炼。
- 孕妇宫颈呈闭不全者不宜进行锻炼。
- 如果孕妇的情况符合上述一条或几条，请勿进行锻炼或是等症状消失后再做锻炼。

康有为先生的胎教院

康有为先生在他的《大同书》中提出了胎教和胎教院的理论。他认为胎儿的性格、气质、品质、相貌、体质等，与孕妇所处的地理位置有关，例如在都市中，在平原广阔、土地肥沃之地，人容貌长得丰满端正，白皙明秀；温寒带的人，由于胎受寒气，人生得肤色红白明秀。他认为应在平原广野、水泉环绕、临海受风、风景秀美的地方建胎教院，这些地方出生的孩子"丰颐、广颡、隆准、直面、河目、海口"，性格"广大、高明、和平、中正、开张、活泼，而少险波、反侧、悲愁、妒隘"。

在康有为想象的胎教院中，孕妇应"高洁、寡欲、学道、养身"，应欣欢爱，中正无邪，仪容不体现情欲之感，举止不出现儿女私情，没有情爱和忧愁扰乱她的内心，这样生下的孩子便和平中正。在胎教院中，孕妇受到人们的尊重，孕妇的住所清洁整齐，每日有人给她们讲授分娩、育儿的科学理论，学习工艺、天文、乐律、图画。在胎院中，终日乐声缭绕回荡，这些优雅的乐曲可以涵养性情、启发神智。

康有为的胎教院虽然是乌托邦思想的反映，但他建胎教院的观点仍可以说是一种创见。

康有为先生提出的胎教院，其目的就是在于为孕妇创造一个良好的社会环境，重要的是孕妈妈要善于从自然界的山水、草木、花鸟中寻求审美趣味，以充实自己的精神世界。孕妈妈要明白，你对自然的美感，会通过你的神经系统和内分泌系统传导给胎儿，胎儿也能通过自己的神经系统直接感受自然的气息，这对胎儿的发育极为有利。因此，亲近和欣赏自然美，是一种自然优境胎教，是审美胎教不可缺少的组成部分。

中医胎教

古人说，妊娠2月"毋食辛燥，居必静处，男子勿劳"，"儿精成于胞里，当谨护勿惊动"。妊娠2月时已能确诊妊娠，虽然孕妇因生理上的变化会产生种种不快，心情抑郁，好闹小脾气，但要注意"孕借母气以生，呼吸相通，喜怒相应"，为了孩子，应使自己情绪稳定下来。虽然早孕反应很不舒服，但为了孩子，要打起精神，尽量使自己愉快地度过这困难的一段时间。

婆媳关系不紧张

有些孕妈妈是与公婆同住，怀孕之后长辈固然喜悦，但可能因为关心加上民间传统禁忌的影响，随之而来的是对于媳妇生活的诸多关心、限制，造成孕妈妈的压力和困扰。对此情形，建议孕妈妈先去理解长辈这些行为背后的出发点，试着去体谅长辈的心情和善意，偶尔亦可与长辈一起分享妈妈教室或是书上所学到的知识，以免去他们一些不必要的担心。但长辈的观念可能不易改变，建议孕妈妈还是尽量多配合长辈的期望，然后鼓励自己正面思考、保持心情愉快，千万不要落入意气之争，为反对而反对，那样反而会让自己的心情更加不好。

跟长辈沟通时，孕妈妈先想好怎么说，避免会引起长辈紧张的言语表达，将可有助于彼此的沟通。当然必要时，也可请丈夫居间协调，不过丈夫要留意自己的沟通技巧，可别帮倒忙哦！

虽然现在大多数长辈已比较开明，但仍有少数有重男轻女的思想。孕妈妈只要自己不在意宝宝的性别，就不必放在心上了。

孕期的压力多半是来自于对"未知"的担心害怕，因此孕妈妈跟老人在一起逐一安排宝宝诞生前后的诸多杂事，就能顺利度过孕期。而丈夫的行为态度是决定妻子能否开心度过孕期最关键的因素，因此准爸爸一定要在这段时间多陪陪妻子，给辛苦的老婆多点体贴和关心。

聪明男人这样做

许多男人最怕的情况就是夹在老妈和老婆之间，"里外不是人"，但偏偏某些情形却又非要自己出面协调不可。怎样才能与生命中的两个重要女人做好沟通，让自己不会成为炮灰呢？

建议丈夫们一定要私下个别听听双方内心真实的想法，谈话时"耳朵一定要打开"，用心倾听并同理对方感受。待听完双方的想法后，再试图从中找出双方各自能够妥协让步的地方，尽量避免只有一方"牺牲"，才能让双方达成圆满共识。

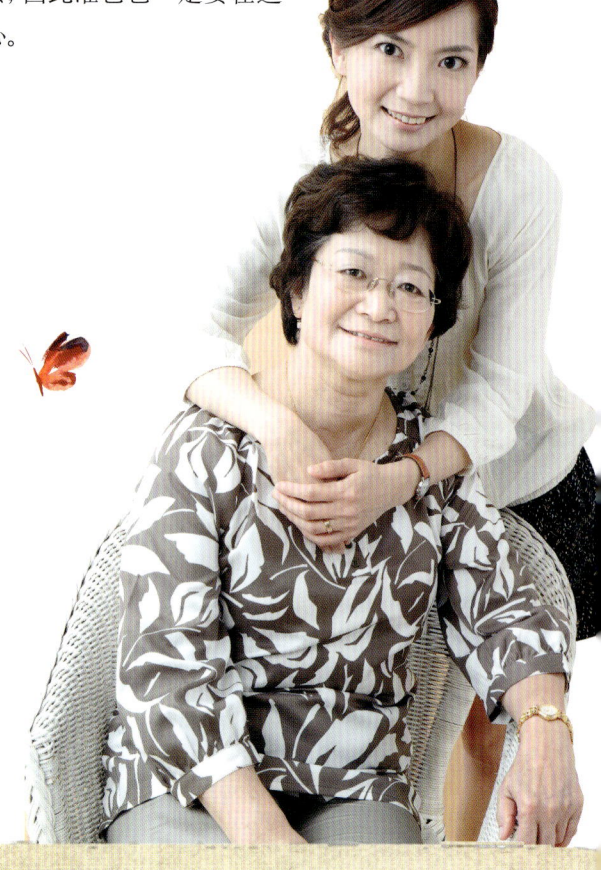

胎教故事——《女娲造人》

　　天地开辟以后，天上有了太阳、月亮和星星，地上有了山川草木，甚至有了鸟兽虫鱼了，可是单单没有人类。这时出现了女娲。女娲也感到非常孤独。有一天她在一个池子旁边蹲下来，澄澈的池水照见了她的面容和身影。她笑，池水里的影子也向着她笑；她假装生气，池水里的影子也向着她生气。她忽然灵机一动："为什么不创造一种像自己一样的生物加入世间呢？"

　　想着，她就顺手从池边掘起一团黄泥，掺和了水，在手里揉团着，揉团着，揉团成了第一个娃娃模样的小东西。

　　她把这个小东西放到地面上。说也奇怪，这个泥捏的小家伙，刚一接触地面，就活了起来，并且开口就喊："妈妈！"接着兴高采烈地跳跃和欢呼，表示他获得生命的欢乐。

　　女娲看着她亲手创造的这个聪明美丽的生物，又听见"妈妈"的喊声，不由得满心欢喜，眉开眼笑。她给她心爱的孩子取了一个名字，叫作"人"。

　　人的身体虽然小，但是因为是神创造的，所以相貌和举动也有些像神，和飞的鸟、爬的兽都不同，看起来似乎有一种管理宇宙的非凡气概。

　　女娲对于她的作品感到很满意。于是，她又继续动手做她的工作，她用黄泥做了许多能说会走的可爱的小人儿。这些小人儿在她的周围跳跃欢呼，使她精神上有说不出的高兴和安慰。从此，她再也不感到孤独、寂寞了。

　　大地上虽然有了人类，女娲的工作却并没有终止。她又考虑着：人是要死亡的，死亡了一批再创造一批吗？这未免太麻烦了。怎样才能使他们继续生存下去呢？这可是一个难题。

　　后来她终于想出了一个办法，就是把那些小人儿分为男女，让男人和女人配合起来，叫他们自己去创造后代。这样，人类就世世代代繁衍下来，并且一天比一天增多了。

"妈妈学分"怎么修

从前，人们总是说："我是当了爸爸之后，才开始学做爸爸。"现在，许多准爸爸、准妈妈们，在计划怀孕那一刻起，就开始进修"爸爸学分"、"妈妈学分"了！

事实上，安全孕产就是进修"妈妈学分"的第一步。如何优生、优育，让怀孕更安全？减少高龄怀孕、降低不孕及高危险妊娠风险？这是想当父亲、母亲的准爸妈们必须重视的课题。

进修"妈妈学分"的第二步则是"学会等待"。等，不是指消极的等待，而是尊重生活的态度。缓慢等待并非一无所获，相反的，才能让人从许多细节里，咀嚼到美味、观察到乐趣。

亲爱的孕妈妈，你是否也在耐心等、用心看呢？漫漫孕程280天，胎宝宝陪伴你一起修习"妈妈学分"！

"妈妈学分"，将是你一辈子的课题，只要耐心、细心、用心，你会和孩子共同成长，不仅all pass，更能教学相长，获得高分！

贝多芬钢琴曲《致爱丽丝》的故事

1791年的圣诞夜，21岁的贝多芬穷困潦倒，他没有圣诞节的喜悦。在维也纳著名的斯帝芬大教堂，贝多芬遇到了一个正在啜泣的小姑娘。这个小姑娘的名字就叫爱丽丝。原来，一直照顾爱丽丝的雷德尔老爹身处弥留，而老人夙愿还未达成。"他的愿望是什么？"贝多芬问。"他想去看看森林和大海，还想去阿尔卑斯山……"贝多芬和小爱丽丝来到了雷德尔老爹的身旁。他轻轻地打开了旧钢琴，一种特殊的情感油然而生，仿佛茂密的丛林和碧蓝的海水，还有阿尔卑斯山茫茫雪峰在他眼前浮出，在他手指间旋转……他忘情地弹奏着……"我看到了。我看到了森林，那是大海，美妙的阳光……你是神，带我找到了天堂的路……"雷德尔老泪纵横，"感谢您让我看到了我想看到的一切。""不，我们都要感谢这个天使般的女孩爱丽丝。请允许我把这支曲子送给你。"说完贝多芬又走进了圣诞夜凛冽的寒风中。

朱自清散文《春》赏析

《春》

盼望着，盼望着，东风来了，春天的脚步近了。

一切都像刚睡醒的样子，欣欣然张开了眼。山朗润起来了，水涨起来了，太阳的脸红起来了。

小草偷偷地从土里钻出来，嫩嫩的，绿绿的。园子里，田野里，瞧去，一大片一大片满是的。坐着，躺着，打两个滚，踢几脚球，赛几趟跑，捉几回迷藏。风轻悄悄的，草绵软软的。

桃树、杏树、梨树，你不让我，我不让你，都开满了花赶趟儿。红的像火，粉的像霞，白的像雪。花里带着甜味，闭了眼，树上仿佛已经满是桃儿、杏儿、梨儿！花下成千成百的蜜蜂嗡嗡地闹着，大小的蝴蝶飞来飞去。野花遍地是：杂样儿，有名字的，没名字的，散在草丛里，像眼睛，像星星，还眨呀眨的。

"吹面不寒杨柳风"，不错的，像母亲的手抚摸着你。风里带来些新翻的泥土的气息，混着青草味，还有各种花的香，都在微微润湿的空气里酝酿。鸟儿将巢安在繁花嫩叶当中，高兴起来了，呼朋引伴地卖弄清脆的喉咙，唱出宛转的曲子，与轻风流水应和着。牛背上牧童的短笛，这时候也成天在嘹亮地响着。

雨是最寻常的，一下就是三两天。可别恼，看，像牛毛，像花针，像细丝，密密地斜织着，人家屋顶上全笼着一层薄烟。树叶子却绿得发亮，小草也青得逼你的眼。傍晚时候，上灯了，一点点黄晕的光，烘托出一片安静而和平的夜。在乡下，小路上，石桥边，有撑起伞慢慢走着的人；还有地里工作的农夫，披着蓑，戴着笠。他们的房屋，稀稀疏疏的，在雨里静默着。

天上风筝渐渐多了，地上孩子也多了。城里乡下，家家户户，老老小小，他们也赶趟儿似的，一个个都出来了。舒活舒活筋骨，抖擞抖擞精神，各做各的一份事去。"一年之计在于春"；刚起头儿，有的是工夫，有的是希望。

春天像刚落地的娃娃，从头到脚都是新的，它生长着。

春天像小姑娘，花枝招展的，笑着，走着。

春天像健壮的青年，有铁一般的胳膊和腰脚，他领着我们上前去。

《春》是朱自清的散文名篇。作者采用了积极、乐观的感情基调，反映了作者写作时的心境。作者乐观感情的倾注，使得作品情景交融、诗情与画意结合。在朱自清的笔下，草是如此的天真烂漫、活泼可爱。春风、春雨都显得那么美。风中的柳枝是多么温柔，风中的乐声是多么动听，风中的气息是多么令人心旷神怡！那绵绵的春雨像牛毛、像花针、像细丝、像薄烟，表现了缥缈朦胧之美。读者似乎在春风中尽情地欣赏一部春天的乐章，一幅春天的写意画。体味作者对春天真挚的赞美之情。

与胎宝宝一起快乐

开心一笑

丈夫的画技

丈夫:"我想把这房间的墙壁粉刷一下,然后在墙上画些画。"

"我看你还是先在墙上画画,然后再粉刷墙壁!"妻子不以为然地说。

欣赏什么

妻子问丈夫:"亲爱的,你最欣赏我什么呢?是我的美貌还是我标致的身材?"

丈夫回答:"我欣赏你这种幽默感。"

🍃 心理游戏——测测你的审美观

根据下列10组测验题,选择最佳答案。

1. 某人身高1.63米,重91千克,怎么说他都是很肥胖的。你认为他该穿什么样花纹的套装呢?

a.大方格;b.暗细条子;c.间隔相当的粗竖条子。

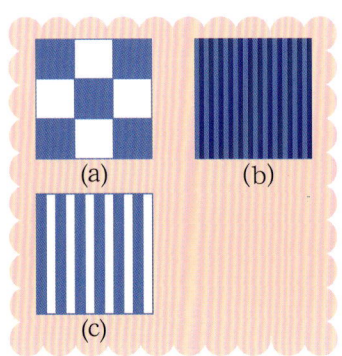

2. 为他选一套最适宜的服装。

a.宽松、随便的;b.不宽也不紧的;c.贴身的。

3. 在一间古色古香的房间里,再购置一套新式椅子和沙发,能算得体吗?

a.是;b.否。

4. 假设你有一间长方形房间,充满各种色彩,还挂有几副大花窗帘。你会用一块也有大花的彩色地毯与之相配呢,还是会选一块素色地毯?

a.彩色的;b.素色的。

5. 画家的真正使命并不是仅仅去作画,而是"把握照向大自然的镜子",也就是说,尽力、忠实地再现特定物体。

a.是;b.否。

6. 在穿着方面,人们应该迅速接受最新款式的时装,假如它们货真价实的话。

a.是;b.否。

7. 按照某一优秀古典建筑代表作的式样建造起来的一幢建筑物,将是永远风雅的。

a.是;b.否。

8. 在小房间里布置大家具, 会使房间显得大些。

a．是; b．否。

9. 矮个妇女穿齐腰短上衣, 要比高个妇女穿齐腰短上衣好看。

a．是; b．否; c．是的, 假如是件灰鼠皮短上衣。

10. 一般来说, 要使悬挂着的大小形状不同的图画显得好看些, 只有:

a．它们的镜框顶端连成一线; b．它们的镜框底端连成一线。

答案:
1.b; 2.b; 3.a; 4.b; 5.b; 6.b;
7.b; 8.b; 9.b; 10.a
每对一题得2分。累计你的得分后, 便可知你的审美观如何。
优: 15～20分; 良: 13～14分;
一般: 11～12分; 较差: 0～10分。

轻松小手工——万象更新

按照下图折叠小象, 可折叠一头或多头象。和胎宝宝一起想象大象在非洲大草原上自由的生活吧!

准爸爸必读

多点欢乐多点爱

妻子怀孕以后，家庭中会充满欢乐和希望，夫妻共同盼望着小生命诞生。但欢乐伴着酸甜苦辣。作为丈夫，应该为妻子做些什么？

• **更多理解更多情**：妇女在怀孕以后，性情往往发生变化。本来是温柔娴静的，此时会焦躁不安，喜怒无常；原来是开朗好动的，此时会忧郁懒散。这是因为妇女怀孕后，大脑皮质功能出现暂时的失调，兴奋和抑制不平衡，自制力减弱。所以她们或是趋向于抑制状态，表现为怠倦、嗜睡、对外界事物缺乏兴趣；或是趋向于兴奋状态，表现为易怒、激动、烦躁。总之，妊娠妇女在家中常常表现得特别挑剔，精神上更加脆弱。做丈夫的此时要理解妻子心理上的这种变化，不仅要避免与妻子发生冲突，而且要尽量迁就一些。在妻子与家庭其他成员之间发生矛盾，在她感到身体不适时多加照顾，使她感到体贴与爱。

• **帮助妻子料理生活**：妇女怀孕以后，需要别人的照顾。在孕早期，孕妇的口味十分怪，原来爱吃的，现在一看见就恶心；原来不爱吃的，现在却爱吃得不行。她可以忽然被什么味道所刺激而哇哇大吐，也可以吃起爱吃的东西没完没了。这时做丈夫的要理解妻子的这种生理反应，想方设法满足她的要求，帮助她寻找爱吃的东西，不要责怪她挑剔、娇气。

在孕早期，最好是丈夫下厨做饭，要选择清淡爽口、营养丰富、易于消化的食品，并注意少量多餐。有时可能千方百计为妻子做出来的食物，端到面前却被不屑一顾，这也不要灰心。要尽可能多准备几种小吃小菜，供妻子任意选择。

妊娠反应在怀孕3个月以后可自行缓解消失，这时妻子的胃口很好，食量大增，要注意给妻子增加营养，以满足孕妇和胎儿需要。所谓注意营养，不是在量上，主要是在质上；主要在于多种营养素的平衡摄入，而不在于高级与否。吃什么有利于孕妇和胎儿，做丈夫的还要找些书籍认真学习。

• **注意事项**：不要让妻子做过重的家务，如洗大件的衣物、搬重物、登高等。在孕早、晚期干重活易引起流产和早产。妊娠5个月后孕妇身体沉重。这时，要伴她出去散步活动。在秋冬季，更要抽些时间，多在室外活动，多晒太阳。另外，在孕期尽量避免性生活，特别是孕早期和孕晚期，更要小心谨慎。

Chapter 3

胎宝宝第3个月

为了你，妈妈吃什么都香

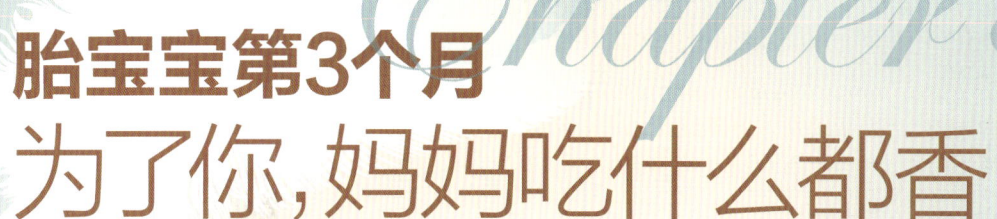

胎教要点

- 小心环境激素污染
- 预防流感
- 避免不良情绪刺激
- 对待妊娠反应，顺其自然
- 避免流产
- 本月做全面产前检查一次

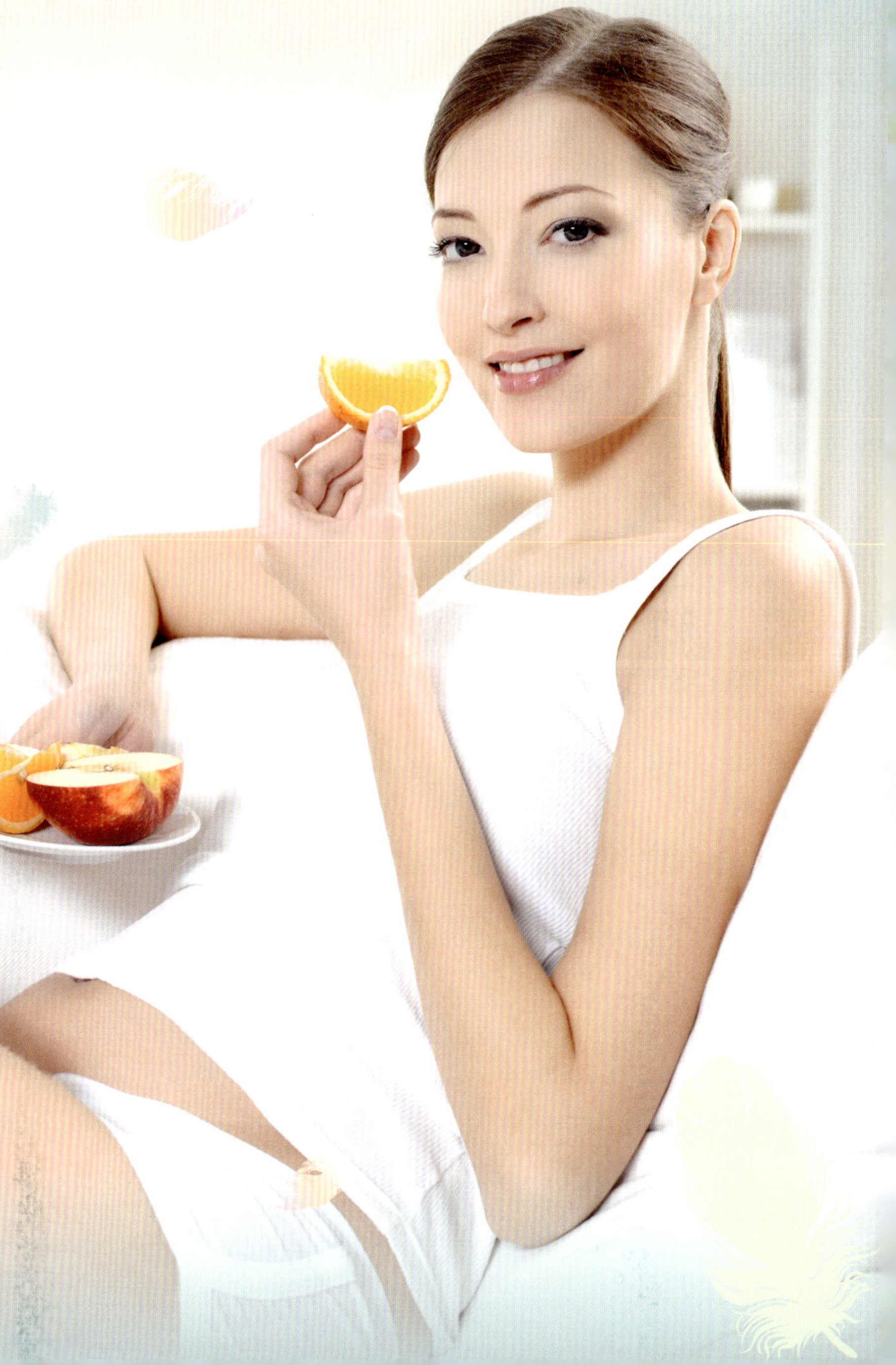

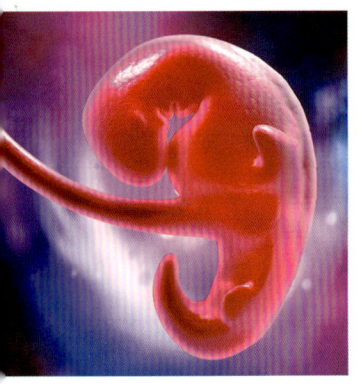

胎宝宝成长之旅

从怀孕第3个月即第9周开始，宝宝从胚胎期升为胎儿期。此时胎儿身体的各个系统已相当发展，生殖系统开始发育，到12周末胎儿躯体迅速增长，胎儿长7~9厘米，重21~22克，完全形成了一个小人形，但是头部圆大，占身体全长的1/2。9周时两眼闭合，12周性别分明。此期胎盘已形成，胎儿可以从母体吸取足够的营养，通过脐带直接输送到胎儿身体。

胎宝宝9周

- 左心房和右心房已划分开，每分钟可跳140下左右。
- 长尾巴逐渐变短。手和脚看起来像小短桨垂体和肌肉纤维在迅速成长。
- 胚胎的面部器官已经明显。

胎宝宝10周

- 羊膜腔里有羊水，胎儿好像漂浮在里面。
- 脐带开始形成。胎盘开始形成，占子宫腔容积的1/3。
- 胃、肠、肝等器官发育成形，原始的肝脏产生大量的红细胞。胸部移动，就像在呼吸。大脑发育迅速。
- 内外生殖器的原基已经形成，但性别无法辨认。
- 皮肤极薄，血管清晰可见。手指和脚趾间好像有蹼状物。头和躯体的区别渐清晰。骨骼还处于软体状态，富有弹性。
- 胎儿开始会动。牙和腭刚刚开始发育。嘴巴、眼睛、耳朵也出现了，眼睛长在两侧，但人脸的模样基本成形。小胚胎大小如蚕豆。

胎宝宝11周

- 所有的器官、肌肉、神经都开始工作。胚胎的小尾巴不见了。手腕开始有些弯曲，指（趾）间的蹼状物消失。四肢由小肉芽发育成软骨。

胎宝宝12周

- 生殖器官开始发育，能够分辨性别。
- 手腕已成形，脚踝开始发育，手指、脚趾清晰可见。手臂长了一些，肘部也变得弯曲。
- 手、脚、头以及全身都可以灵活地动了。
- 耳朵已经形成，但还没有作用。长出眼皮，眼皮黏合在一起，至27周后才能睁开。

你的身体变化

在孕3个月（9~12周），孕妇外观还没有变化。除了不来月经外，几乎和以前没什么不同，只是这时往往是早孕反应最痛苦的时期，容易心烦、抑郁，有时睡觉小腹有不适感。乳房仍然很胀，阴道分泌物增多，但没有痒痛等不适。早孕反应到接近孕12周时逐渐减轻。尿频、便秘是这个时期最常见的症状。

检查发现子宫如拳头大小，从腹部不易摸到，当憋尿时偶尔可摸到。在50~70天时流产最容易出现。

孕3月末，自己可在耻骨上方摸到子宫，尤其早晨有尿时更易摸到，医生用多普勒仪可听到胎心音。子宫如拳头般大。

怀孕第9周

体重没有增加太多，但是乳房更加膨胀，乳头和乳晕色素加深。你需要使用新的乳罩，让你的胸部感到更舒服一些。你的血液也在增加，到孕晚期，你会有比孕前多出45%~50%的血液在血管中流动，多出的血液是为了满足胎儿的需要。子宫增大到原来的两倍大小，尽管此时还看不到怀孕的迹象。

怀孕第10周

身体变化依然不大，有过怀孕生产史的孕妇腹部会稍有突出，初次怀孕的女性还看不出腹部的变化。孕妇要注意调整心绪，以顺利度过孕期。

怀孕第11周

孕妇血液循环加快，口渴感频繁。早孕反应开始减轻，食欲不振的现象欲结束。孕妇的腰围变粗，体重约增加1千克。

怀孕第12周

大多数孕妇恶心呕吐的症状已经减轻，疲劳嗜睡的阶段也已经过去，可能会感到精力充沛。你的皮肤可能有些变化，一些孕妇的脸和脖子上不同程度地出现了黄褐斑，这是孕期正常的特征，在宝宝出生后就会逐渐消退。这时你还可能看到，在你的小腹部从肚脐到耻骨还会出现一条垂直的黑褐色妊娠线。

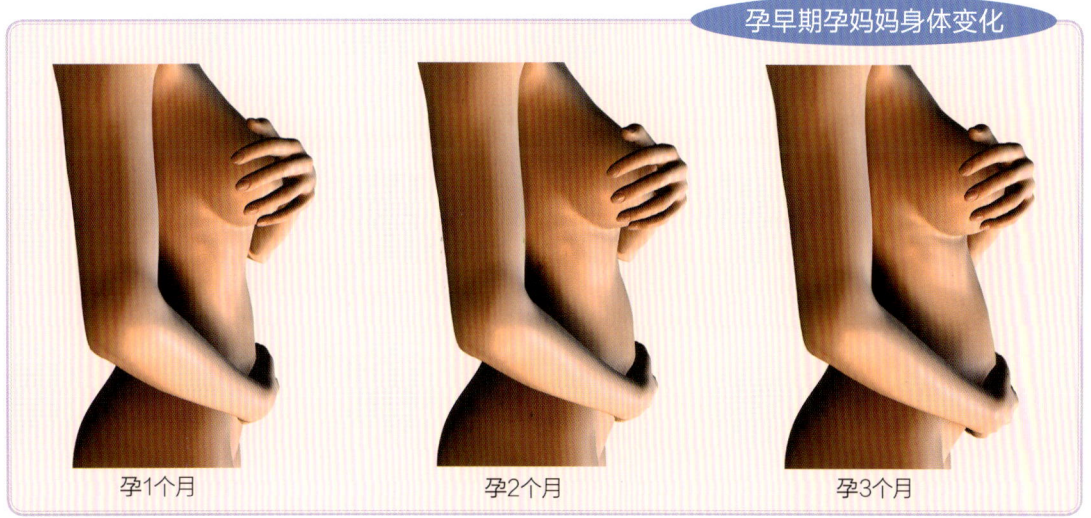

孕早期孕妈妈身体变化

孕1个月　　孕2个月　　孕3个月

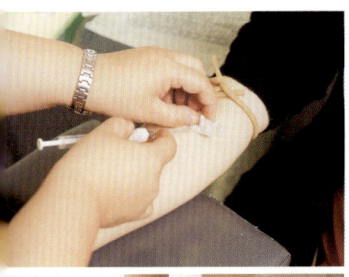
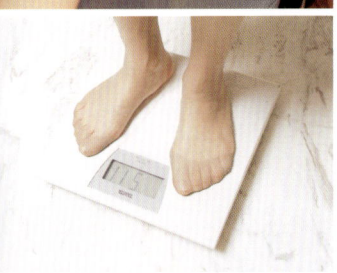
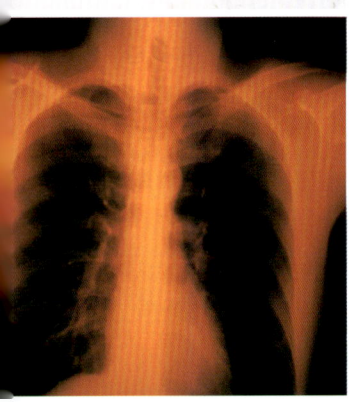

优境养胎

产前检查项目和时间

常规产检

怀孕第12周时做第一次产检，检查项目包括：

1. 医师问诊：孕期身体状况或不适症状、过去病史、怀孕及生产经验等。
2. 测量身高、体重。
3. 测量血压。
4. 身体检查：包括甲状腺、乳房、骨盆腔、胸部、腹部检查，以及测量腹长（子宫底高度）、听胎心音，检查有无水肿、静脉曲张等。
5. 验尿：主要检验尿蛋白、尿糖、酸碱度以及潜血反应，或有其他疾病。
6. 验血：检验白细胞、血红蛋白、确认孕妇ABO血型及Rh因子、贫血、血小板数量，或是梅毒、艾滋病等。
7. 超声波扫描检查：确认子宫大小、形状，以及胚胎着床位置、实际周数，了解是否有流产、子宫外孕的可能。

特殊产前检查项目

1. 胎儿绒毛膜检查：

- 建议检查时间：怀孕10周之后即可进行。
- 检查目的：期望及早发现胎儿染色体或特定基因的异常。

词汇解读——流产

流产的类型可分为以下5种：
1. 先兆性流产：虽然有流产的前兆，不过胎儿仍在子宫内，主要症状会有出血、肚子痛，其治疗方式为服用安胎药和卧床休息。
2. 不完全流产：虽然流掉了但仍有胚胎组织在子宫内，此时可使用药物增加子宫收缩，或者直接进行人工手术流产。
3. 过期流产：怀孕20周以内发生胎死腹中，已经可以看到胚囊、胚胎，但无心跳，必须以手术方式将其取出。
4. 无法避免的流产：代表胚囊、胚胎卡在子宫颈，子宫颈已开，大量出血，持续疼痛宫缩，甚至羊膜破水，必须要以手术取出。
5. 习惯性流产：连续3次以上的流产才算是习惯性流产，务必请医师详尽检查是否有内分泌、子宫异常的状况。

- 重要性与优点：因为胎盘的染色体与胎儿相同，因此可借由采集胎盘的绒毛组织，来早期诊断出胎儿重大染色体或特定基因异常。

　　最主要的好处是绒毛取样可以比羊膜穿刺提早6周进行，可大幅降低准爸妈的焦虑。万一胎儿不正常，需要终止怀孕，也可以早些进行，减少母体的身心伤害。
- 建议实施对象：有家族遗传病史，前一胎生出基因或染色体异常小孩，夫妻有染色体异常时。
- 风险：世界卫生组织曾追踪21余万位接受绒毛取样的孕妇，发现怀孕10周以后的绒毛取样不会增加流产概率（约1%）。

❷ 第一孕期唐氏症筛检：

- 建议检查时间：怀孕11～13周。
- 检查目的：从胎儿颈部透明带是否偏厚，以及鼻梁骨发育是否有缺损、发育不良等情况，来区别孕妇是否为唐氏症的高危险群。
- 重要性与优点：不具侵入性；筛检侦测率可达90%；不只可筛检出唐氏症（第21对三染色体异常），还可筛检出第18对染色体异常、第13对染色体异常。
- 建议实施对象：不论孕妇是否满34岁，均建议检查。
- 风险与考虑：胎儿颈后透明带厚度的测量需要一定的训练和经验，些微的误差容易导致结果偏差相当大。

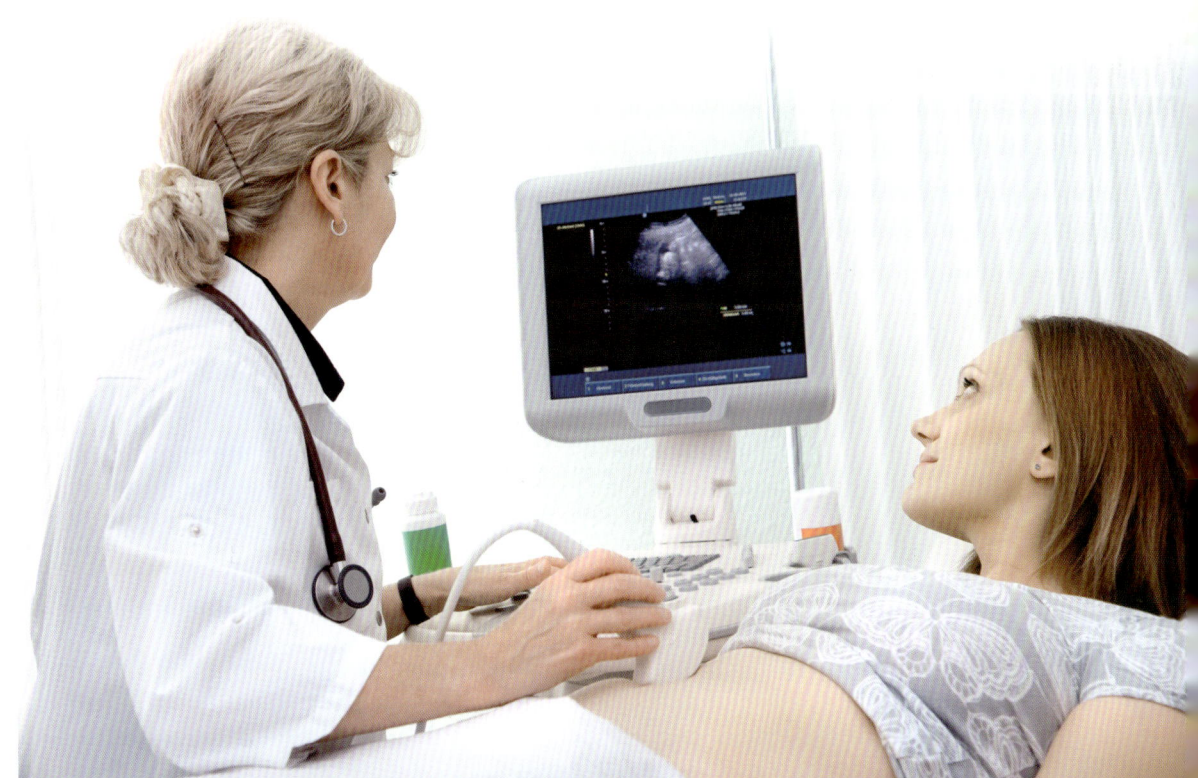

教你舒缓孕早期不适

🕊 孕期便秘

❶ 什么是便秘？

何谓便秘？怎样才算排便正常？没有便意、排便次数太少，3天以上才排便一次或每周少于3次，就可算是便秘。反之，即便是一天排便3次或是一周排便3次，只要是没有腹部胀痛或其他相关临床症状，如食欲不振、虚弱等，都算排便正常。

除此之外，精神过度紧张、生活节奏太快、工作过度劳累是主要原因。缺乏适度运动，使肠道肌肉逐渐松弛，蠕动功能减弱，最后就变成难以排出的硬便。饮食不均衡，长期不良的排便习惯，使神经变得迟钝，而造成习惯性便秘。水分摄取不足，也容易成为便秘一族。

❷ 原因：

孕妇容易便秘也是因为激素改变（如黄体素、雌激素）的关系，使得肠蠕动变慢，也跟肠道受子宫压迫有关。

❸ 改善对策：

- 多吃蔬果，尤其猕猴桃的效果不错。
- 适量饮水。
- 多散步，可刺激胃肠道蠕动。
- 维持良好的睡眠。

以上方法大多能解决便秘的问题，若还是不行，请医师开便秘药，这对胎儿是不会有影响的。

❹ 预防便秘这样吃：

牛蒡泡菜

原料 牛蒡1条、黑芝麻粒适量。

做法 ❶牛蒡去皮刨细丝，马上浸入盐水中，半分钟后捞起，再用沸水氽烫1分钟后沥干。❷牛蒡丝与寡糖、柠檬醋、盐及冷压麻油拌匀，撒上黑芝麻粒，放入冰箱冷藏半天即可。可当作正餐的佐菜。

功效 帮助排便。

荸荠西瓜汁

原料 荸荠10粒、西瓜（连皮）300克。

做法 ❶荸荠去皮切半，用沸水氽烫30秒后捞起。❷西瓜去绿色外皮，将西瓜肉与白色内皮用分离式榨汁机榨出原汁。❸将西瓜汁与荸荠以果汁机拌匀即可。宜趁鲜饮用。

功效 改善排便不顺、水肿。

🌿 易累、嗜睡

① 原因：

孕妇容易累、嗜睡最常见的原因也是因为激素改变（黄体素上升）的关系。此外，孕妇为提供胎儿及本身的养分，新陈代谢增加也会导致容易累、嗜睡。黄体酮造成的头昏、嗜睡现象会在胎盘形成并且稳定后消失，大约是满3个月过后。

② 改善对策：

- 多休息。
- 不要勉强工作。
- 请家人帮忙分担家务。
- 不要吃不易消化的食物或吃太饱。
- 摄取足够的铁质：红色肉类，如猪肉、牛肉、猪肝，均有丰富的铁质，植物性食物中则有紫菜、黑芝麻、莲子、红苋菜、红豆等，但以动物性来源较佳。

③ 按压妙方：

- 印堂穴：穴位在面部，两眉之间中点处。

功效：醒脑提神。

- 百会穴：穴位在头顶部，两耳尖连线与头部前方正中线之交叉点处。

功效：提升阳气（阳气指的是身体的能量）。

- 风池穴：在后颈部，后脑勺发迹之上（耳后凸起骨头和颈窝的中间处）。

功效：调和气血，清头目。

除了手指按压之外，有几个方法可以更省力、有效：

- 用圆珠笔的笔头按压；
- 将红豆、绿豆、生米切半粘在穴位，只要不舒服就可以手按压；
- 请准爸爸以上述方法帮忙按压。

穴位按摩

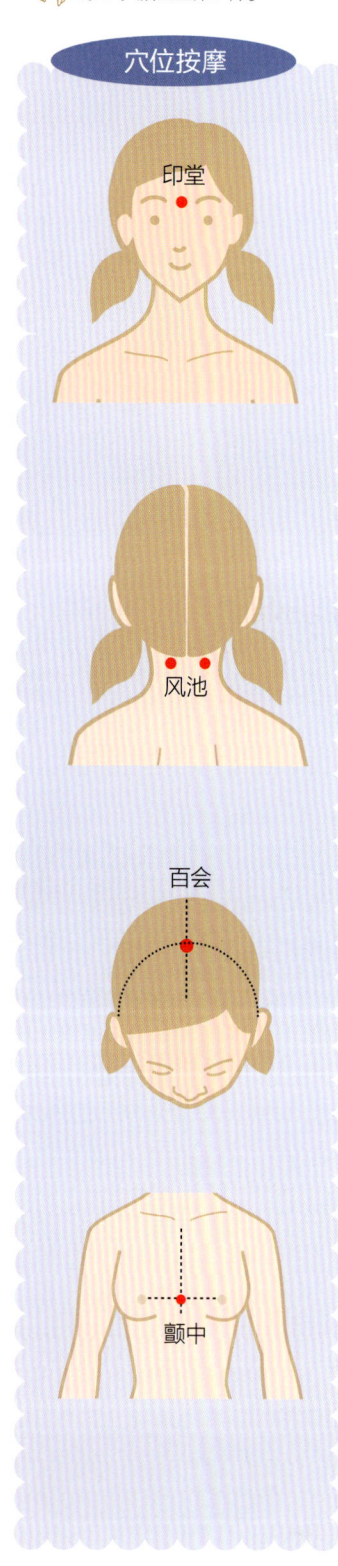

🌿 尿频

① 原因：怀孕初期的子宫还在骨盆腔内，日益胀大的子宫压迫膀胱而造成尿频。

在怀孕初期，子宫的位置在骨盆腔，子宫变大后就会压到膀胱，等到3~4个月之后，子宫会离开骨盆腔进入腹腔，膀胱不再被压迫，一直到怀孕后期约9个月时，胎头往下降时又再度压迫到膀胱，就会再产生尿频的问题。

② 改善对策：

- 适量饮水，不要喝太多。但也不要因此不敢喝水，以免造成尿道炎。
- 睡觉前避免喝过多水或是饮料。
- 切勿憋尿，憋尿容易造成尿道发炎。如果有长途旅行的需要，也尽量要在途中解尿。

🌿 胃灼热

① 症状：有些孕妇从第2个月开始直至分娩，经常感到胃部不适，有烧灼感，出现"心口窝"痛，并在胸骨后向上放射，有时烧灼感加重，变成烧灼样痛，病痛的部位在剑突下方，医学上称妊娠期胃灼热症。

② 原因：这是由于孕妇血液中孕激素的水平逐渐上升，高浓度的孕激素可促使食管下段的括约肌松弛，以致胃液反流到食管下段，含有胃酸的胃液刺激食管下段的痛觉感受器，于是出现了烧灼感。

③ 改善对策：一般轻微的胃灼热，多数孕妇能够耐受，不需要药物治疗，如果胃烧灼加重，可在医生指导下用药。为预防胃灼热症，孕妇在生活中应注意少吃多餐，禁烟戒酒，避免肥胖，谨慎服药。

④ 按压妙方：

- 膻中穴：穴位在胸前部，两乳头连线中点。
功效：降气止逆、通力气机。
- 足三里穴：穴位在小腿前外侧面的上部，膝盖下四指胫骨旁。取穴时以坐姿或斜卧姿，膝盖下垂弯曲呈90°，如此可引气下行。
功效：调理胃肠道。按压此穴道亦有助缓解孕吐。

挑选舒适寝具

怀孕后,孕妈妈的生理及心理状况也会受到影响。因此在寝具布置的颜色及材质的挑选上,提供下列几点建议:

🍌 无刺激性、舒缓色调为主

春夏以浅色系、原色系为主,譬如淡黄、鹅黄、浅绿、浅蓝、淡粉红、淡紫,都有舒缓心灵、安定身心、减压的功能;应尽量避免有构图复杂的花纹,或是太过浓艳、强烈对比的色彩。

🍌 天然棉麻的材质优先

春夏季节来临,家中寝具的材质也要换季。由于孕妈妈体内激素改变,皮肤变得较为敏感,因此,寝具材质以透气的棉、麻为主。任何新添置的寝具,最好都先经清洗、曝晒于阳光下之后再使用,避免附着于新寝具上的化学物质,造成孕妈妈的肌肤过敏。

🍌 床垫不宜过度柔软

随着怀孕周数增加,孕妈妈乳房胀大,肩膀重心向后移,再加上宝宝在子宫内成长,整体重心的改变,让躺在床垫上的孕妈妈腰酸背痛更明显。当床垫太硬,孕妈妈翻身时,容易压迫到骨头,造成酸痛;床垫太软,支撑力又不够。该如何判断床垫的柔软度及支撑力呢?

第一,在硬地板上,加上两床垫被的感觉;第二,在榻榻米垫上加一层垫被的感觉。选购床垫的时候,千万不要客气,直接躺下去,用身体感受就对了!

选对床垫后,还是觉得腰部少了点支撑力?试试看把枕头或是大抱枕垫在大腿下方吧!这是运用将下肢垫高,增加腰部脊椎圆弧度的原理,如此一来,整个背部及腰部就能完全服贴在床垫上了。

孕期做家务应注意事项

孕期适当地做些家务,参加劳动,对母子都是有益的。劳动可改善睡眠,增加食欲,增强体力,预防过胖,减少便秘。总之,孕期只静不动是不可取的。

但孕期家务劳动要适度,要有选择,并且孕妇要感觉愉快才好。

① 在孕早期,妊娠反应使孕妇吃不下饭,这个时期不要做饭,也不要下厨房劳动,以免加重孕吐。

② 冬天不要使用凉水,以免着凉诱发流产。

③ 不要用搓板洗衣服,搓板顶着腹部,撞击腹部,对胎儿不利。洗衣不要过多,不要端盛水的盆。洗衣宜用肥皂,不宜用洗衣粉。不要用力拧衣服,最好不洗大件。晒衣服可低矮些,不要用力高举。

④ 不要登高、抬重物,不要干弯腰下蹲的劳动。

⑤ 不要站立过久,过劳过累。

⑥ 心情不愉快,不愿干时不要勉强。

女工妊娠期的劳动保护

劳动条件对孕妇健康至关重要。有资料表明,女工的流产、早产及死产的发病率高于家庭妇女。电离辐射(包括各种射线)、电离辐射(包括红外线、紫外线、微波无线电波、视屏显示终端等)、噪声、振动、化学物质(包括铅、汞、锡、锰、砷、有机溶剂、高分子化合物等)均有害于孕妇和胎儿。因此,厂矿企业应改善劳动条件,使毒物浓度降低到国家标准以下。

工作中长期接触有毒物质的女工,近期有中毒、损伤者,应治愈后再怀孕。接触高浓度铅的作业女工,应经检查后再决定是否怀孕。在怀孕以后,女工应调离有毒有害作业环境。特别是孕早期,是胎儿致畸敏感期,更应加倍注意。同时也不要安排孕妇长时间站立、连续巡回、弯腰、负重、攀高等作业,孕妇也不宜在阴冷潮湿、高温暑热等环境中工作。同时,应禁止孕妇加班加点及打夜班。对妊娠反应较重的孕妇,应尽量减少工作时间给予工间休息。在孕末期,胎儿发育迅速,孕妇机体负担过大,因此在产前更要注意照顾孕妇休息。

克服孕期感冒有妙招

感冒是由病毒所引起的，一般会有打喷嚏、鼻塞、流鼻水、咳嗽、喉咙痛、发热等上呼吸道症状，目前医学界尚没有办法用药物杀死病毒，因此一旦感冒，只能顺着病毒的生命周期，直到自然痊愈，而服药只是为了减轻不舒服的症状。

如果怀孕初期3个月内染上感冒，可以用非药物的方法来缓解不适症状；在怀孕的中后期（4~10个月），必要时可以请医生开较安全的药服用，让准妈妈能顺利安全地娩下健康的宝宝。

孕期舒缓感冒不适的建议

① 多休息。

② 舒缓鼻塞：每天3次、每次15分钟以喷雾器由鼻吸入蒸汽；或以1/4茶匙盐融入240毫升温水中，每日数次滴数滴到鼻孔中，停留5~10分钟后，再让其流出，可以协助减缓不适。

③ 睡觉时垫高头部：呼吸会比较顺畅。

④ 洗热水澡：可让鼻子较舒服，血液循环较好，身体舒畅，但水温不可超过41℃，以免过热影响胎儿健康。

⑤ 饮食方面：

- 多喝水、新鲜果汁、清鸡汤等可使鼻水稀释，较易擤出；如有发热，更应该多喝开水，让毒素排出。
- 有发热症状、食欲变得较差时，用带须的葱白熬煮稀饭，可以发汗退热，是民间的食疗方；稀饭搭配几片酱瓜，唤醒初愈的味觉，能提供水分、盐分及热量；无油的鸡肉粥、皮蛋瘦肉粥、葱花蛋包汤等能提供清淡、低油、高蛋白质的饮食，使身体加速复原。
- 咳嗽是最恼人的症状，严重时还会造成流产，古老流传的食疗方法，如梨去核、注入蜂蜜炖煮，或白萝卜丝浸泡蜂蜜服食，因为是食物，对人体无大碍，可姑且试之；必要时，可去找中医师寻求医治。

秋冬是感冒好发季节，孕妈妈须早晚注意天气变化，身体一流汗（尤其是背部）就要擦干，小小的动作，可以让孕妈妈免于感冒之苦。请记住，预防优于治疗是健康的金科玉律。

小心塑料制品污染

塑料产品是日常生活中不可或缺的用品，小如塑料袋，大至各种塑料容器，从厨房到客厅，餐桌到书桌，幼儿玩具到衣服饰品，几乎通通和塑料有亲密关联。

什么是"环境激素"

环境激素，又被称作"内分泌干扰物质"，是指一种来自环境的人工合成化学物质，其作用可以影响人类体内正常激素运作。日本对日常生活用品经常使用到的聚碳酸酯（PC）以及聚苯乙烯（PS）餐具进行试验发现，装盛高温食物，时间愈久，愈容易产生双酚及单体，亦即"环境激素"。这些化学物质足以扰乱生物体内的内分泌系统，同时也会影响生物的生殖功能以及引发恶性肿瘤，对于孕妈妈怀孕初期的胎儿发育影响极大。

食物慎用塑料容器加热

利用微波炉加热食物，假使使用方式不正确，会对人体产生不良的影响。有些人习惯将放置在冰箱中以保鲜膜覆盖的菜肴，直接放进微波炉加热，从微波炉拿出后，保鲜膜遇热收缩，反而紧紧包覆住食材。这就表示，装盛食物的塑料容器或保鲜膜已经超过耐热的范围，当然就会产生不良的化学毒物，影响身体健康。孕妈妈还是把食物放在微波炉专用盘中加热比较安全。

事实上，无论是PVC材质或是其他塑料材质，在高温下，本身就易产生毒素，应尽量避免以塑料容器装盛食品加热。此外，孕妈妈家族内，假使有癌症、肿瘤病史者，或是肾脏、肝脏功能不好者，应该尽量少吃微波食品，以免影响胎儿发育。

塑料分类代码及辨识

名称	用途	辨识方法
PET（聚乙烯对苯二甲酸酯）	大多用来包装碳酸饮料，以及清洁剂、洗发精、矿泉水、食品用油、调味品、药品、化妆品等	瓶身一体成型，无接缝，瓶底有一圆点
HDPE（高密度聚乙烯）	PE（聚乙烯）一般分为高密度聚乙烯（HDPE）与低密度聚乙烯（LDPE）两种。目前市面上的塑料袋及各种半透明或不透明的塑料瓶几乎都是ＰＥ材质，如清洁剂、洗发精、沐浴乳、食用油、农药等	容器不透明，手感似蜡，塑料袋揉搓或摩擦时有沙沙声
PVC（聚氯乙烯）	多在用水管、雨衣、书包、建材、塑料膜、塑料盒等等产品制造。在食品容器上以矿泉水为主，部分色拉油瓶也是使用PVC材质	圆的ＰＶＣ瓶底部为一条直线。PVC用力折会有白色痕迹
LDPE（低密度聚乙烯）	多呈半透明像牛奶瓶、胶卷盒	LDPE做成的塑料袋较柔软，易撕，揉搓时较不会发出沙沙声

(续表)

PP（聚丙烯）	最常见的是豆浆瓶，另有部分色拉油瓶及乳品瓶罐。此外，餐厅使用的粉红色塑料碗，以及盛装微波食品的塑料盒，就是以 PP 做成的	和PE材质比起来，PP的硬度较高，且表面较有光泽
PS（聚苯乙烯）	未发泡的PS在食品容器上有养乐多、酸奶、布丁盒等。发泡后制品多半用于一次性餐具。此外，部分泡面碗及咖啡杯、冰淇淋盒、蛋糕盒等也是，以聚苯乙烯为原料的餐具不适合盛装100℃以上的食品，尤其是刚炸好的食品	一折就有白痕出现，通常以手即可撕裂

塑化剂依然存在

塑化剂是无色无味的液体，常被运用在化妆品与玩具的原料中，不法厂商将塑化剂添加在食物与饮料中。塑化剂其实是一种环境激素，当进入人体时，会干扰我们本身的激素分泌。

塑化剂对人体的影响

塑化剂会造成小女孩性早熟与月事提早来潮；会造成小男孩的青春期延迟，并出现女性化特征；还会抑制男性激素，造成精子数目稀少，活动力下降，质量不佳，容易造成不孕。孕妇如果吸收到塑化剂，恐使男婴生殖器变成畸形（如尿道下裂）、患有隐睾症、肛门与生殖器距离缩短。

塑化剂在我们日常生活里

我们日常使用的塑料制品、塑料袋、塑料容器（包括环保杯）与保鲜膜都含有塑化剂。由于日用品、容器甚至是部分医疗器具都有这种添加物，所以可以说在我们的日常生活中，无论是食、衣、住、行，塑化剂都是无所不在的。需要避免的是塑化剂经由保鲜膜等塑料材质物品渗出，污染食物，尤其注意微波加热时影响更大。

定香剂也含塑化剂

定香剂的功能是使该物品长久芳香，被使用于部分化妆品、香水、清洁沐浴用品、精油与空气芳香剂中。并不是所有芳香的物品都有添加定香剂，但如果是价格较便宜，且持久芳香，就有添加定香剂的可能。

饮食对策

虽然塑化剂可以借由皮肤涂抹，甚至经由呼吸进入体内，但主要的管道仍是透过饮食。在饮食方面，宜减少加工食物摄取，多吃天然食品，如大豆类。此外要多喝白开水，新鲜蔬果不可少；吃饭前则需勤以肥皂洗手，可以避免将手上沾到的塑化剂吃到肚子里面去。

孕妈妈进补须知

孕妈妈也可以进补吗

怀孕的妈妈,虽然可以进补,但在怀孕不同阶段(初、中、末期)各有不同的体况与条件下,进补食材的选择应该要谨慎小心。

怀孕初期加强脾胃

在怀孕初期,也就是怀孕第12周以前,此时妈妈可能还在适应刚怀孕造成的生、心理转变,不宜食用大热、大寒的食品。除此之外,有些孕妈妈消化系统的运作会变得比怀孕前差,可选用陈皮、橘皮、砂仁或是橘皮竹茹汤来运脾,再以山药、莲子肉、白木耳等来补润脾胃,常用加味逍遥散或香砂六君子汤来强化脾胃的功能。

怀孕中期不宜食用偏寒食物

怀孕中期,妈妈的状况较为稳定,主要是由于怀孕的时候,容易转变成较燥热的体质,不仅身体代谢变快,对于较寒冷的天气与温度,反应也比怀孕前来得迟钝。但是仍然要尽量避免偏寒凉性质的食物(如冰品、瓜类、绿豆等),以减少子宫收缩或间接造成母体盆腔循环不良。

怀孕末期补筋骨、润心肺

怀孕末期(即第29~40周)的孕妈妈,这时已有明显突起的肚子、脊椎曲弓加大、易喘、忽冷忽热,甚至会有水肿的状况出现,造成孕妈妈容易筋骨酸痛及心肺功能相对不足。这时候除了前段所提及的偏寒凉食物不宜食用外,香蕉也不适合多吃,特别是筋骨酸痛的孕妈妈不要食用过多。

怀孕末期可以选用杜仲粉、党参、独活、桑寄生等药材熬制成的独活寄生汤,以减缓腰酸背痛所带来的困扰;心肺功能较差的妈妈,则可食用麦冬、红枣或是生脉散(党参、麦冬、五味子等)。需注意中药不可多吃,应咨询医生后再食用。

药材中的当归、川芎,有活血功效,孕妈妈不要吃,以免引发出血;高丽参会导致孕妈妈在产后出现乳汁减少的状况;牛蒡子与杏仁则可能造成动胎气、滑胎,甚至流产的状况。同时要避免重口味、辛辣的料理(注:牛蒡子与牛蒡不同,牛蒡可食)。

🌿 医师推荐的简易料理

杜仲首乌药膳

原料 杜仲、枸杞子、首乌、红枣各9克，鹌鹑1只

做法 将全部材料及适量水放进电饭锅中炖煮1小时，加少许盐调味即可。

功效 有手足冰冷、腰膝酸痛问题的孕妈妈可喝，也有软便、帮助排便的功效。

龙眼柏仁药膳

原料 夜交藤、龙眼肉、柏子仁各6克，大米50克

做法 将全部材料及适量水放进电饭锅中煮至粥烂即可。

功效 孕期容易烦躁、多梦、口干舌燥等情形的孕妈妈可以食用。

水果蔬菜与胎儿发育

  蔬菜和水果都含有水溶性维生素、无机盐及微量元素。膳食纤维和碳水化合物，常归为一大类，其实它们之间不能等同，蔬菜中的碳水化合物含量约2%，如扁豆、胡萝卜、豌豆、马铃薯等含量较多，而水果中碳水化合物约10%，如香蕉、枣类含量高些，西瓜含量低些，水果中的碳水化合物不仅高于蔬菜，而且还含有能直接被吸收到消化道的单糖，通常一次进食量比蔬菜多，使体内糖吸收量增加，孕期活动量减少，进食的水果多，使过多的糖储蓄于体内，增加体重，出现肥胖，多余的糖也可通过胎盘进入胎儿体内储存，使胎儿也偏胖，促成体重增加，导致难产、产伤、手术等。水果中的无机盐含量比蔬菜低，因此不能代替蔬菜。从优生的角度考虑，提倡孕妇每天吃500克的绿色蔬菜，根据主食量的多少再进食水果，但不要以水果代替主食和蔬菜，选择水果要选含碳水化合物较少的为好，孕早期膳食可清淡些，不要偏食，要考虑全面均衡的营养素，才有利于胎儿正常生长发育。

快乐胎教课堂

宁静即胎教

温馨的家庭是孕妇心情舒畅、心境平和、情绪稳定的良好保证。妊娠期孕妇生理上有许多变化，有时可能烦躁，遇事易激动，所以家庭中要营造良好的外环境，妊娠时心情激动，内分泌发生改变，孕妇的血液循环和内分泌系统均与胎盘紧密相连，可使母体内环境改变而直接影响胎儿。科学研究表明，孕妇心情平和、情绪稳定，可以增加血液中有利于健康的化学物质，血液循环内分泌和心理都处于一种平衡和谐的状态。专家认为"宁静即胎教"，早期妊娠孕妇的胎教，情绪和心理素质是最大的关键因素，正常母亲有节奏的心音是胎儿最动听的音乐，母亲规律的肠蠕动声也给胎儿以安稳的感觉，处在良好的子宫内环境中，胎儿能得到理想的生长发育。当孕妇生气、焦虑、紧张不安或忧郁悲伤时，此时母亲的血液中，内分泌激素浓度改变，胎儿立即能感受到，表现为不安，通过B超可观察到胎儿的身体活动增加，而且持续的时间比孕妇情绪反应的时间还长。有大量研究发现，孕妇经常焦虑和紧张，胎儿出生后患多动症的机会增多，出现挑食，经常呕吐、腹泻和不安，体重减轻，还发现孕早期不良情绪易导致胎儿畸形发育，对胎儿的生理心理都会产生不良影响。要给每个新生命提供一个充满爱的生活环境，家庭成员都要努力协调自己的行为方式，共创和睦健康的家庭人际关系，有利于优生。

蔡元培先生的公立胎教院

近代学者蔡元培先生做过胎教的论述，他说：照我的理想，要从公立的胎教院与育婴院着手。公立胎教院是给孕妇住的，要设在风景佳胜的地方，不为都市中混浊的空气、纷扰的世事所沾染。建筑的形式要匀称，要玲珑，用本地旧派，略掺希腊或文艺复兴时代的气味。凡埃及的高压式、哥特的偏激派，都要避去。四面都是庭园，有广场，可以散步，可以做轻便的运动，可以赏月观星。园中奇葩异草，使四时均有雅丽之花叶，可以悦目。选毛羽秀丽、鸣声诸雅的鸟类，散布花木中间，须避去用索系猴、用笼装鸟的习惯。引水成泉，勿作激流。汇水成池，蓄美观活泼的鱼。室内糊壁的纸，铺地的毯，都要选恬静的颜色、疏秀的花纹，应用与陈列的器具，要轻便雅致，不取笨重或过于琐巧的。一室中要自成系统，不可混乱。陈列雕刻图画，都取优美一派，应用健全体格的裸体像与裸体画。凡有粗犷、猥亵、悲惨、怪诞等品，即使描写个性，大有价值，这里都不好加入。过度刺激的色彩，也要避去。备阅览的文字，要乐观的、和平的，凡是描写社会黑暗方面，个人精神异常的，要避去。每日可有音乐，选取的标准，与图画一样，刺激太甚的，萎靡的，都不取。总之，要孕妇完全生活在平和活泼的空气里面，才没有不好的影响传到胎儿。这是胎儿的美育。

蔡元培先生的理论，实际上也很适于现代家庭，在家庭中是可以努力做到的。

好心态使快乐无处不在

有这样一个故事:一天,某富人携家人游玩乡村,父亲想让儿子感受一下穷人的生活,就用了一天一夜住在一个非常贫困的农民家里。

游玩结束后,父亲问儿子:"我亲爱的孩子,旅行怎样?""棒极了,爸爸。""看到穷人怎么生活了吧?"父亲再问。"是的。""你从中学到什么?"儿子回答道:"我家只有一条狗,他们家有四条。我们家花园中间有游泳池,他们家的小溪没有尽头。我们的花园有进口灯具,他们那里有满天星星。我们的天井只有到前院那么大,他们却拥有全部的旷野。"等小男孩讲完,父亲无言以对。小男孩最后说:"谢谢父亲让我知道我们多么贫穷。"

你会有这样的心态吗?如果没有平常心,是不会有这样的感悟的。

衡量价值的尺度是什么呢?财富?才华?数数我们拥有的吧:心中的爱、家庭的和睦、朋友的援手、健康的体魄等,这些都是物质换不来、金钱也买不到的。

我们能够创造物质财富,但是这不等于有了幸福。所以,一旦你精神贫困了,就真的一无所有了。记住那句箴言:态度决定一切!

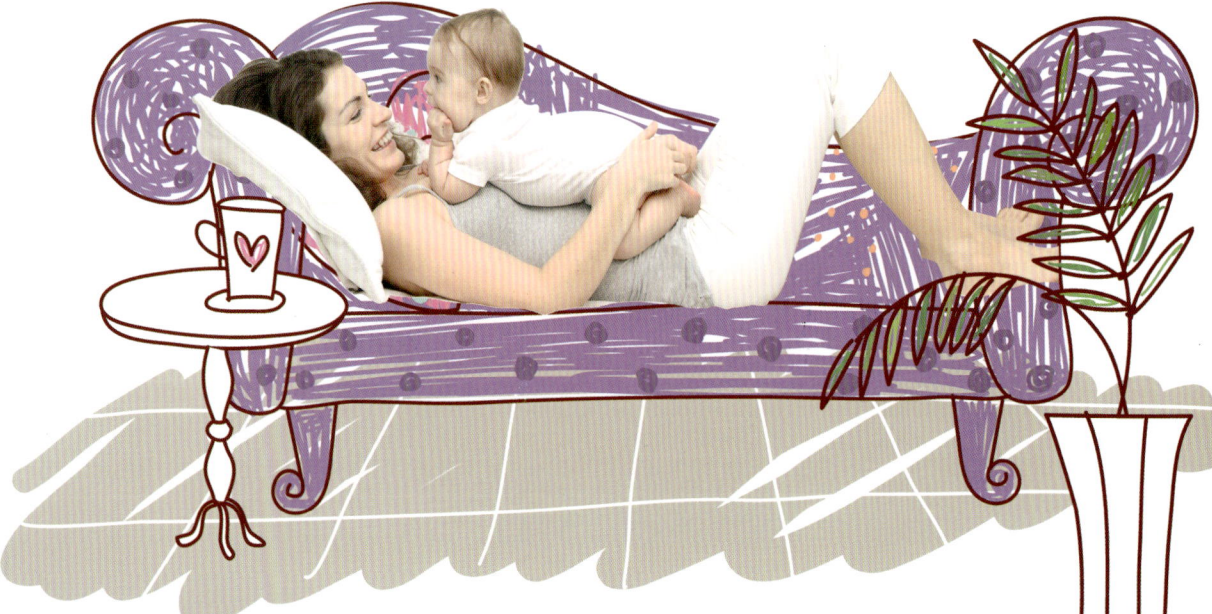

胎教故事——《百鸟朝凤》

很久很久以前，凤凰只是一只很不起眼的小鸟，羽毛也很平常，丝毫不像传说中的那般光彩夺目。但它有一个优点：它很勤劳，从早到晚忙个不停，将别的鸟扔掉的果实都一颗一颗捡起来，收藏在洞里。

有一年，森林大旱，鸟儿们觅不到食物，都饿得快支撑不下去了。这时，凤凰打开山洞，把自己多年积存下来的干果和草籽拿出来分给大家，和大家共渡难关。

旱灾过后，为了感谢凤凰的救命之恩，鸟儿们都从自己身上选了一根最漂亮的羽毛拔下来，制成了一件光彩耀眼的百鸟衣献给凤凰，并一致推举它为鸟王。

以后，每逢凤凰生日之时，四面八方的鸟儿都会飞来向凤凰表示祝贺，这就是百鸟朝凤。

中医胎教

古人说，妊娠3月，"当此之时，未有定仪，见物而化"。"欲子美好，数视璧玉；欲子贤良，端坐清静。是谓外象而内感者也。""无悲哀，无思虑、惊动"。这时孕妇仍要注意休息，使身体和情绪适应妊娠的变化。在休息时可听听音乐，读读散文。虽然不一定要像古人那样多看璧玉使孩子漂亮，端坐清静使孩子品性贤良，但是可以通过母亲对美的追求、心情的愉悦恬静，对胎儿的形神完美发育起到积极的作用。

他会是什么模样

作者加布里埃拉·密斯特拉尔(1889—1957)是智利女诗人。14岁开始发表诗作,曾任中学校长,后进入外交界。晚年还出任过智利驻联合国特使。在1945年获诺贝尔文学奖。《他会是什么模样》是她的代表作。

他会是什么模样?
我久久地凝视玫瑰的花瓣,
欢愉地抚摸它们:
我希望他的小脸蛋
像花瓣一般娇艳。
我在盘缠交错的
黑莓丛中玩耍,
因为我希望他的头发
也长得这么乌黑卷曲。
不过,
假如他的皮肤像黏土那般
黑红,
假如他的头发像我的生活那
般平直,
我也不在乎。
我远眺山谷,
雾气笼罩那里的时候,
我把雾想象成女孩的侧影,
一个十分可爱的女孩,
因为也可能是女孩。
但是最要紧的是,
我希望他看人的眼神
跟那个人一样甜美,
声音跟那个人对我说话一样
微微颤抖,
因为我希望在他身上寄托
我对那个吻我的人的爱情。

双语胎教——May

In the merry month of May,
all the little birds are gay.
They all hop and sing and say,
winter days are far away.
Welcome, welcome, merry May.

五月

欢乐的五月,
所有的小鸟都欢乐。
他们纵情跳舞,
快乐唱歌和鸣叫,
冬天已远远离去。
欢迎,欢迎,欢乐的五月。

胎教音乐《春江花月夜》赏析

民族管弦乐曲《春江花月夜》全曲共分八段，由引子、主题、主题的六次变奏及尾声构成。

第一段是《江楼钟鼓》。主要运用了琵琶和箫。琵琶清脆而短促并逐渐加快，隐隐约约传出阵阵鼓声，紧接着以箫声轻巧优美抒情。描绘出夕阳映江面，熏风拂涟漪的江南美景。

第二段是《月上东山》。描写宁静的夜晚，美丽的春江上，一轮明月慢慢升上天空，月光照在江上，粼粼的微波，一浪接一浪。

第三段是《花影层叠》。描写江边的景色。一阵阵晚风迎面轻拂，江面倒映着江边鲜花摇曳，凄美动人。

第四段是《水深云际》。描写的是赏心悦目的江上晚景，万籁俱寂，一片宁静。水深云低，天水一色，一望无际。

第五段是《渔歌晚唱》。夜幕下，渔夫一边摇橹一边神态闲适地哼唱着渔歌。然后音乐突然转快，描写归舟点点，渔歌四起，声势浩大，渔人乘兴而归。

第六段是《回澜拍岸》。合奏旋律气势宏伟，浪越来越大，如一阵风随浪袭来，江水拍岸，浪花飞溅。

第七段是《欸乃归舟》和尾声。"欸乃"是摇橹声。乐曲由慢而快，由弱到渐强，似摇橹声，掀起了全曲的高潮。群舟竞归，浪花飞溅，波澜壮阔。随后，音乐在高潮中戛然而止，回复平静，进入尾声。

夜深了，月光淡淡，潮水退去了，一切恢复了平静，春江之夜幽静安详。

春江花月夜（节选）
作者：张若虚
春江潮水连海平，
海上明月共潮生。
滟滟随波千万里，
何处春江无月明。
江流宛转绕芳甸，
月照花林皆似霰。
空里流霜不觉飞，
汀上白沙看不见。
江天一色无纤尘，
皎皎空中孤月轮。
江畔何人初见月？
江月何年初照人？
人生代代无穷已，
江月年年望相似。
不知江月待何人，
但见长江送流水。
白云一片去悠悠，
青枫浦上不胜愁。
谁家今夜扁舟子，
何处相思明月楼。

与胎宝宝一起快乐

开心一笑

补心肝

妻子正在厨房做饭,忙得满头大汗,丈夫却坐在餐桌边悠闲地说:"讲到吃,我最有研究。譬如吃猪脑补头脑,吃猪脚可以补脚筋,吃……"

这时,妻子端来一盘炒猪肝,一盘炒猪心,放在餐桌上,丈夫各夹了一块放进嘴里,边吃边问妻子:"你知道这猪肝、猪心是补什么的吗?"

"是补那些没心肝的人的。"妻子不耐烦地答道。

心理游戏——你是个好妻子吗

你常常抱怨丈夫爱你爱得不深吗?其实,那不一定全是他的错,也许倒是因为你对某些事情处理不当而造成的。你不妨从下列几种类型里寻找一下,看有没有自己的影子。

母老虎: 她一发现有谁太靠近她的公老虎就迅速地猛扑过去。

母鸡: 她喜欢把爱人紧紧地抱在翼下,爱抚得他连气都喘不过来。

鸵鸟: 她把头埋在沙堆里,以为只要自己不看,就天下太平了。

驴子: 她脑袋僵化,死守原则,在需要灵活时仍然顽固不化。

狐狸: 要点小聪明而欣然自得。

准爸爸必读

关爱孕妻饮食守则

妻子怀孕,对丈夫来说,首当其冲的问题,就是孕妇的饮食该如何准备?平时喜欢吃的食物,突然间变得不喜欢吃,而且看了就吐。

以下列举孕妈妈常见的饮食问题,帮准爸爸提供为孕妈妈准备饮食的方向。

Q: 如何帮孕妈妈准备饮食?

孕妈妈的饮食,其实与一般人差不多,五谷根茎类、蛋豆鱼肉类、蔬菜类、水果、油脂、奶类等食物都要均衡摄取。特别是怀孕期间,孕妈妈对于蛋白质与钙质需求量增加,奶类的补充相对重要,建议每天喝2~3杯。一杯相当于240毫升鲜奶。或以泡奶粉来说,一次3~4汤匙的量。

Q: 胃口差时饭该如何准备呢?

胃口差的情形可以分怀孕初期与后期。初期可能因孕吐而吃不下,准爸爸可以准备干一点的食物,像饼干、面包,等到孕妈妈孕吐舒缓后再进食;后期是因胎儿长大会顶到胃,使孕妈妈吃不下。两者都可以采"少量多餐"的方式,把营养一点一点地补回来。

Q: 怀孕是否有饮食禁忌?

假使孕妈妈或准爸爸有过敏体质,也必须注意避免食用致敏食物(如带壳海鲜、花生、蛋、牛奶等)。必须注意卫生问题,以免造成肠胃炎或食物中毒。

水果可提供丰富的维生素及纤维质,建议一天可摄取1~2份的量,每份水果为一个拳头的大小,并无特别的禁忌。不过水果干、蜜饯因经过加工处理,维生素几乎消失了,只是在吃糖分及盐分而已,对于营养的补充并无帮助。

Q: 怎样准备饮品?

理论上,孕期喝白开水最好,若一定要喝有味道的饮料,食用枸杞子、红枣、桂圆等中药材熬的汤汁是不错的选择;若想喝冰凉的饮品,不妨喝一杯鲜奶或酸奶,不但补充水分也补充营养(蛋

白质跟钙质）；若担心热量太高，试试低脂或脱脂的奶类制品，就可以减少油脂的摄取了。

Q: 孕妈妈需要吃夜宵吗？

如果三顿正餐吃得好、分量足，就不用再补充夜宵，以免发胖。如果孕妈妈习惯晚睡或是半夜突然醒来时，感觉肚子饿了想吃东西，这时可以吃一点水果或喝一点牛奶，让胃里有一点东西会比较舒服。

另一种情形是孕妈妈原本胃口就不是很好，每餐只吃一点，那就要吃些点心，不然母体跟胎儿会血糖过低。

Q: 是否可用酸奶及钙片来补充钙质？

酸奶虽然也是奶类制品，可是蛋白质与钙质的含量只有牛奶的1/3，相对热量也比较高；酸奶含有益生菌，有助肠道健康，也是不错的选择。孕妈妈不喜欢或不能喝牛奶时，可以通过食物补充钙质，除非觉得无法吃到这么多的钙质，像是高钙食物吃得不多，就可以补充钙片。但必须注意，若水喝得不多，或家族体质是属于容易结石的，那么食用钙片一定要多补充水分，以免增加罹患结石的机会。不过，还是建议以天然食物来补充钙质较佳。

Q: 孕妈妈吃鱼要注意什么？

大多数鱼类都可以吃，而深海鱼类（如鲑鱼、鲔鱼等）提供的DHA，有助胎儿脑部及视网膜的发育。建议孕妈妈一个星期可以食用340克的鱼。另外，也可服用DHA胶囊，但要按照建议剂量服用为宜。

吃鱼有一项顾忌，鱼类若遭受环境的汞污染，可能会造成神经系统的病变。美国食品药物管理局建议孕妈妈、可能怀孕的妇女和幼儿，不要食用鲨鱼、旗鱼、青花鱼和马头鱼，因为它们所含的汞，有可能损害胎儿和幼儿的脑部，但对一般人不会有什么影响。

Q: 孕妈妈在外就餐时的注意事项？

在外吃饭要吃得健康，要注意营养是否均衡，不可以挑食，口味不要太重，要把握"三低一高"的原则，也就是"低盐、低油、低糖、高纤维"，实际做法如下：

要求厨房大师傅少放一点盐、油、味精。如果觉得放得太多，可以准备一碗开水，把食物过水以后再吃。

少吃油炸食物，因为除了热量及油脂含量高之外，烹调过程也容易产生自由基等有害身体的物质。

肥肉等动物性油脂含量高的食品应节制。

尽量不要吃勾芡的食物，因为里面含有油脂、淀粉，热量太高。

饮料方面应选择低脂牛奶及无糖或低糖的豆浆或饮料。

设法多摄取蔬菜、水果，以补充不足的维生素、矿物质及纤维素，而且最好是买新鲜水果来吃，削好的水果因为担心卫生及添加物问题，不建议食用。

可以吃五谷饭、糙米饭来代替白饭，因其维生素、矿物质及纤维素含量较高。

Q: 素食孕妈妈要注意什么？

素食者因为食材的限制，要注意营养是否均衡。一般而言，素食者比较容易出现蛋白质吃得不够、维生素B_{12}不足，以及为了增加口感时，用了高油的烹调方法等问题。

由于维生素B_{12}主要存在于动物性食物中，这时孕妇可以调整为蛋奶素，若孕妇全吃素，就要靠综合维生素来补充。而豆类制品提供丰富的蛋白质来源，可以多加利用。

胎教要点

进入孕中期,增加营养,加强运动

避免过敏

适度修饰打扮,增加美感

经常散步,呼吸新鲜空气,心情舒畅

胎儿进入急速生长期,注意营养均衡

本月产前检查一次

胎宝宝第4个月
宝贝,你是人间四月天

胎宝宝成长之旅

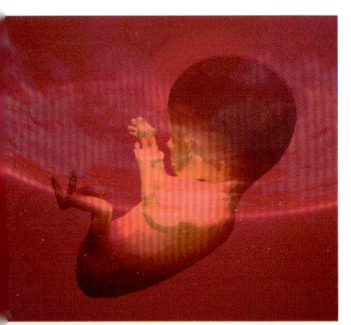

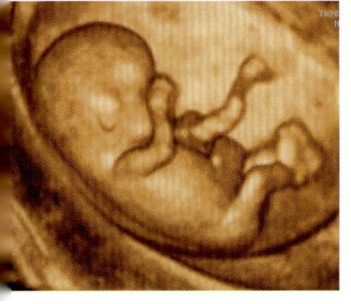

妊娠4个月（16周），胎儿身长可达15～18厘米，体重120克左右，胎儿皮肤颜色更红，也加厚了，脸上长出细细的毫毛，由于骨骼和肌肉均已发达，胎儿的胳膊、腿能活动，胎动使母亲感觉逐渐明显，心脏搏动更加活跃，内脏发育也完成，消化器官与泌尿器官已开始发生功能，并有尿意，从由肝脏制造血而转移到脾脏制造血，中枢神经发育趋向完善，大脑产生最初的意识，面部五官端正，嘴型已完成，牙龈已出现雏形。第12、13周时性器官已发育70%，超声波可略微窥见胎儿性别。

🌿 胎宝宝13周

- 脊神经开始生长，能看到脊柱的轮廓。
- 胎儿开始做吸吮、吞咽动作。手脚大致形成，从B超能看清5只手指。
- 两腿交替伸出做出"走"的动作和"蹬"的动作，被称为"原始行走"。

🌿 胎宝宝14周

- 绒毛发育成胎盘。脐带变长。
- 排泄系统逐渐形成。男孩形成睾丸，女孩形成卵巢，但还无法从外表以超声波扫描识别性别。
- 皮肤仍是透明的，从外观可以看到皮下血管和心脏，听觉开始发育。
- 软骨发育出固化的中心，骨骼开始变得坚硬，并出现关节雏形。
- 胎儿在羊水中会改变身体方向，有走路、跳跃、惊吓等动作。
- 鼻和嘴唇的周围以及声带、齿根开始生成。下颌和两颊开始发育，从面部特征上看与人脸很相似，头占身体全长的1/3。

🌿 胎宝宝15周

- 肝脏开始分泌胆汁。肾脏开始分泌尿液。
- 手指可与手掌握紧，脚趾和脚底可以弯曲。胎儿手脚细小，能看出头部和腹部。胎盘比胎宝宝身体大，脐带连接胎儿和母体，输送营养和氧气。
- 条件反射的能力加强。
- 眼睛开始突出，两眼之间的距离拉近。

🌿 胎宝宝16周

- 手指上出现指纹印。胎儿可以用自己的手摸脸。

你的身体变化

从孕4月到孕7月是妊娠中期，孕妇的早孕反应大多已消失，此期间是整个妊娠期间最舒服的时期。在妊娠中期，孕妇腹部膨隆，从外表上已可看出孕妇的模样，此期孕妇增重6~7千克。

痛苦的孕吐已结束。孕妇的心情会比较舒畅，食欲也于此时开始增加。尿频与便秘现象渐渐恢复正常，但分泌物仍然不减。

这个阶段结束时，胎盘已经长成，流产的可能性已减少许多，可算进入安定期了。

这时子宫如小孩子头部般大小，已能由外表约略看出"大肚子"的形态。基础体温下降，会持续到分娩时，都保持低体温状态。

子宫的大小和新生儿头大小相当，子宫底高9~13厘米。

怀孕第13周

腹部和乳房的皮下出现了暗红色的妊娠纹。有的孕妇在臀部和腰部也出现了妊娠纹，这时应进行适当的锻炼，增加皮肤对牵拉的抗力。对局部皮肤可以使用祛纹油进行适当的按摩。怀孕期在补充营养的同时也要注意避免体重增加过快或过多。有条件的话，可以开始参加孕校学习了。

怀孕第14周

阴道和宫颈的分泌物开始增多。如果分泌量多而且颜色、性状有异常，应请医生检查。这时应注意保持外阴部的清洁，内裤应选用纯棉织品，并坚持每天清洗。孕中期一些孕妇开始感到精力有所恢复，这时更应注意仪容。

怀孕第15周

孕妇牙龈多有充血或出血，有可能引发牙周炎。早孕反应过去了，孕妇胃口好了很多。孕妇腹部膨大，可以考虑穿孕妇装了。

怀孕第16周

孕期令人兴奋的时刻到来了，胎动会在16~20周时逐渐明显起来，你可以感到子宫在蠕动，胃里发出类似饥饿时的咕噜声。当你感觉到第一次胎动时，一定要记录下时间，下次去医院体检时请告诉你的医生。请丈夫帮忙做胎动家庭监护，爸爸的关爱会通过妈妈的感受传达给胎儿。

> 亲手为宝宝做些小东西
> 亲手为宝宝做些婴儿用的小东西，是怀孕期间的一大乐事。喜欢手工的妈妈开始努力就能完成很棒的作品。不擅长手工的妈妈凭借母爱也能轻松做出尿布袋、奶瓶袋、布娃娃等作品，还可以给宝宝的用品上绣一些记号。

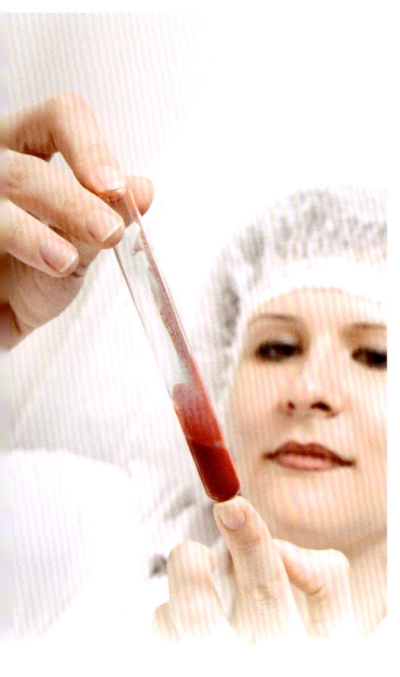

优境养胎

产前检查时间表

第4个月除了例行产检，还要做母血唐氏症筛检，若胎儿的唐氏症概率大于1/270，建议进一步做羊膜穿刺检查。

母血唐氏症筛检

建议检查时间：怀孕16~18周。

重要性与优点：① 准确率可达约80%；② 只需抽血即可检查，简单风险低；③ 能初步预测胎儿罹患唐氏症、爱德华症、神经管缺损的概率。

建议实施对象：不论孕妇是否满34岁，均建议检查。

超声波检查

超声波检查胎儿的身体构造是否正常，如果构造有问题，功能通常也有缺陷，不过，超声波无法判别功能是否异常，如视力、听力、胃肠道蠕动功能，而小耳症、无肛症等疾病也必须等到宝宝出生后，才会得知。

另外，有些染色体异常也会表现在器官或外观上，因此若超声波检查发现了两种以上胎儿形态上的异常，就会建议抽取羊水确认。

检查时间与次数：建议在怀孕初、中、末期各做一次超声波检查，也就是整个孕期至少做3次超声波检查。

① 怀孕初期：要确认胎儿的周数、胎儿数目、胎儿心跳，以及子宫颈、卵巢有无病变。

② 怀孕中期：在20~22周时，此时胎儿的器官都已大致发育成形，胎儿大小也可在超声波之下看到全貌，此时检查胎儿是否发育正常较有意义。检查项目包括胎盘位置、胎儿大小、羊水量、胎儿构造中枢神经、颜面、唇、心脏、胃、肾、膀胱、四肢、脐动脉血流等。

③ 怀孕后期：了解胎儿后期的生长状况、大小并确认胎位，为生产做准备。

因此，理论上并不需要每次产检都做超声波，但如果孕妇有特殊的需要或处于较危险的状态，再加上医生个人的诊断习惯、不同医院的规定等都会使超声波检查的次数有所不同。

产检可以检查出所有异常吗

尽管血液分析、超声波以及抽取羊水可以检查胎儿是否有异常,但检测率却不可能达到100%。超声波的使用上有其局限,而医生的技术与经验也会影响诊断结果,再者,超声波只能检查出器官构造上的异常,而血液检查则是检测最有可能发生或是重大的疾病,不可能检查每一种疾病,因为这样会导致检查成本太高。即便胎儿的染色体均正常,也不代表宝宝出生后就一切正常,例如,自闭症、部分心智障碍等疾病的染色体都是正常的;也有很多疾病必须等到宝宝出生后才会发现,例如器官功能的异常、新生儿溶血性贫血、不明显的心脏异常、生殖器异常等疾病。不过,孕妈妈也不必为此过于担心,因为在重重的检验之下,通常都能检测出重大的胎儿异常,而有些细微的异常状况也不需要终止妊娠。

🌿 7种胎儿异常B超查不出

几乎所有胎儿的内脏器官,在出生前都会持续不断地成长变化,因此并非在早期检查时正常状况的器官,就能保证在出生后也一定正常。另外超声波受限于妈妈肚皮及子宫的阻挡,因此无法获得某些角度的影像。以下是超声波检查不能发现的情况:

❶ **听障**:在胎儿5~6个月大时,听力已有发育,但目前不能知道胎儿是否有先天性听障的问题。

❷ **失明**:胎儿在子宫内因为没有光线的刺激,因此不会睁开眼睛,所以无法诊断出先天全盲的状况。

❸ **先天心脏病**:心脏的卵圆孔及动静脉导管,都是在出生后才会逐渐关闭,因此无法在出生前诊断。

❹ **肠胃道阻塞**:会出现在怀孕24周之前,因为胎儿在怀孕前期,很少大口地吞进羊水。

❺ **指、趾端异常**:因为胎儿常处于握拳状态,几乎无法由超声波确切诊断。

❻ **先天性代谢异常**:绝大部分的生化代谢异常疾病,都要等到宝宝出生进食后,才会逐渐发病。

❼ **侏儒症**:有部分的侏儒症状,无法在早期诊断出来。因为胎儿在6~7个月大的时候,就会逐渐停止骨头的发育生长。

孕妈妈小心过敏

降低过敏发生

1 避开过敏原：大家多会注意食物方面的过敏原，其实食物过敏的影响程度要比吸入性过敏原来得小，过敏患者应特别重视家中尘螨、蟑螂等过敏原，做好居家清洁，保持湿度在60%以下，因为湿度太高会加重过敏的不适症状，所以必要时应使用除湿机。

2 保持适当运动：每周运动3次，每次持续30分钟。

3 适当使用保健食品：如益生菌、鱼油等，都能提高身体抗发炎的效果。

过敏应寻求医师诊治

孕妇对于过敏要比一般人更加注意，由于怀孕后免疫系统会改变，有1/3过敏可得到改善，1/3没有差别，1/3怀孕后反而加重，这时候更应该寻求医师诊治。有些孕妇出现过敏症状，却一直拖延不愿吃药，其实孕妈妈过敏，容易增加宝宝将来过敏的机会，所以要提醒孕妇，不要担心药物影响胎儿，只要在医师指示下使用合乎安全等级的药物，对胎儿不会有伤害。

积极防过敏更重要

过敏妈妈最晚在怀孕第4个月就要开始防范过敏，做法包括：

- 调整饮食，尽量避免摄取容易过敏的食物，例如牛奶、草莓、巧克力、带壳海鲜等，并尽量避免吃加工食品。
- 居家环境应保持清洁，避免蟑螂、尘螨滋生，必要时室内可使用空气净化器，并且要远离二手烟的危害。
- 怀孕期间应尽量食用平时已习惯的食物，饮食形态不要有太大改变。
- 孕妇平时也可适当饮用以下两种药膳：

1 黄芪、防风、白术熬水喝；

2 紫苏、冰糖加水煮饮用，以降低过敏发生的机会。

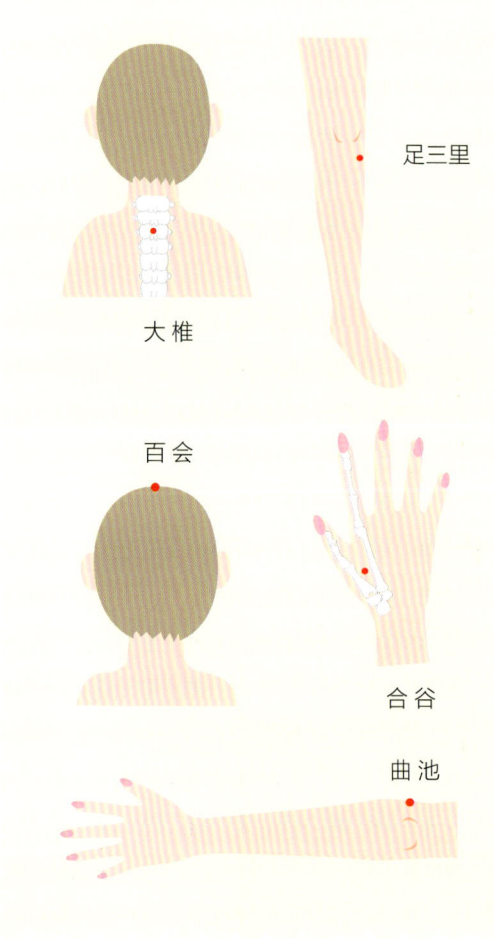

穴位按摩可增加免疫力

可以针对几个穴位做按压，包括：足三里、合谷、曲池、大椎、百会等，以针灸或按压都能达到效果，不过孕妇在按压时记得要降低力道

爱美习惯要改变

爱美是女人的天性。但孕妈妈自从怀孕以后,却会有好多以前喜欢的打扮会被迫暂时舍弃,比方说不能穿高跟鞋,不能擦指甲油,不能烫染发等。

避免穿着高跟鞋

有的高跟鞋鞋跟又细又高,孕妇如果重心不稳可能会跌倒。再加上腹部日益增加的重量开始逐渐造成双腿的负担,如果足部肌肉紧绷还勉强穿上高跟鞋,就很容易引起腿部抽筋。

不能擦指甲油

在指甲上涂五颜六色的指甲油虽然漂亮,可是指甲油中却含有化学物质、有机溶剂甚至是甲醛或环境激素,所以如果怀孕后还继续使用,可能会在妈妈体内累积并透过胎盘传给胎宝宝,带来的伤害难以预期。

宽松衣物比紧身衣物合适

怀孕期间妈妈的肚子圆鼓鼓的,穿宽松一点比较不会觉得被束缚着,再加上怀孕期间黄体素升高,所以孕妈妈自然会比以前怕热一点,保持通风会觉得比较舒适。

使用A酸有致畸胎危机

治疗痘痘的维生素A酸,已被证实会增加流产的风险且有导致畸胎的危机,所以女性应该在计划怀孕前两月就要停止A酸的使用,如果有疑虑建议就医,请医师做进一步的诊断确认。

孕期不宜染发或烫发

孕期最好是不烫发、不染发。怀孕早期头发比较脆,缺乏弹性。这时烫发,对头发损伤较大。烫一次发要2~3小时,在妊娠期,孕妇很难在理发店里坚持这么长时间,因此最好不要烫发,剪一剪就可以了。

染发剂、增黑剂等都是化学制品,容易引起过敏,孕妇最好不用。孕期头发发干、较脆,分娩以后稍加保养即可恢复。

孕期不要把看电视当消遣

电视机通电开启以后,会产生射线、高压静电,改变周围环境,影响胎儿,使胎儿白细胞数量下降、畸形,甚至发生早产、流产。也影响孕妇,引起色斑、头痛等不适。因此孕期看电视要注意以下问题:

① 每次看电视不超过两小时。
② 人与电视的距离要超过两米。
③ 不要看影响孕妇情绪的节目。看电视是为了消闲,如果看电视造成紧张、恐惧、烦闷则不利于孕妇情绪及胎教。
④ 看电视时坐姿要端正。
⑤ 看电视时少吃零食。
⑥ 看电视时室内要通风。
⑦ 电视音量不要放得太大。常在声音过大的环境中能使孕妇内分泌腺体的功能紊乱,从而使脑垂体分泌的催产素过剩,引起子宫强烈收缩,导致流产、早产或新生儿体重减轻,还会影响胎儿大脑的发育。

预防妊娠纹按摩有一套

怀孕中期开始,胎儿快速长大,有些孕妈妈便会开始出现妊娠纹。其实妊娠纹跟体质比较有关,但若孕妇胖太快、胖太多,妊娠纹也会变多。

• 孕期体重增加不要超过12千克,初期限1千克以内,这时胖太多都是胖在孕妇身上;中期增加3~5千克,也就是平均每个月增加1~1.5千克;后期增加5~6千克,也就是大约每个月增加2千克。这样不只妊娠纹会比较少,产后身材恢复也会比较快。

• 可以擦乳液来滋润腹部肌肤与减少干痒,最好是使用经过检验的乳液比较安心。

按摩的诀窍及部位

腹部:以肚脐为起点,以顺时针方向不断画圈,画圈时应由小至大,由内向外扩散。可增加腹部皮肤的延展性。

臂部:涂抹时,将手放在臂部下方,用手腕的力量由下往上推,由内至外轻轻按摩。

大腿:以膝盖窝为起点,由后侧往上推向臀线。

乳房:以乳沟为起点,用指腹由下往上、由内至外轻轻按摩,直到推近下巴、脖子为止。

背部:双手由脊椎的中心往两侧推,增加背部皮肤的延展性。可请丈夫代为涂抹。

正确姿势远离孕期身体伤害

怀孕后,孕妈妈身体的姿势也在不知不觉中跟着改变,在累积一段时间之后,身体就开始出现各种不适,像腰酸背痛、肩颈酸痛等。

🌿 站姿

正确姿势:
- 勿耸肩。
- 脊椎保持延伸、拉长,亦即抬头挺胸。
- 勿翘臀且将腹部向前推,应保持坐骨朝向地板。
- 双脚打开,两只脚的脚板彼此平行。
- 膝盖微弯、放松。

错误姿势:驼背、腰椎向前推(肚子向前)、膝盖死锁(膝盖头往后压)。

影响:驼背与腰椎向前推会过度压迫腰椎,长期下来容易产生腰酸背痛。

🌿 拿取高处物品

正确方式:
- 取物的高度以手臂能微弯,且在视线范围内为佳。
- 脚板应平放在地板或平面上。
- 若需拿取伸手不可及的高处物品,应在地上放凳子、小椅子等,或请他人帮忙。

错误方式:踮脚并且手伸直拿取放在高处的物品。

影响:重心容易不稳,容易造成一些意外。

工作时的坐姿I

正确姿势：应有垫子或枕头等物品支撑腰部、脊椎拉长。

- 勿耸肩。
- 勿将身体往前倾。
- 让手臂靠在桌面上有所支撑，勿使手臂悬空如使用鼠标时。
- 多起身活动，保持下半身血液循环畅通。

错误姿势：

- 腰部悬空没有物体支撑。
- 手伸过直。

影响：

- 腰部悬空易造成腰部酸痛，同时驼背也会挤压胸部与腹部的空间。
- 手伸过直会造成肩颈不适，容易酸痛。

工作时的坐姿II

适用情境：坐时拿取后侧物品。

正确姿势：坐在椅上时，若要拿取后侧物品，请起身拿取。

错误姿势：直接坐在椅子上扭转身体拿取。

影响：此举容易在瞬间扭伤腰、背部，使腰部韧带或肩膀受伤。

工作时的站姿

适用情境：站着工作，工作场所不拘，包括办公室、厨房等。

正确姿势：若需要在工作台前长时间站立，应注意以下几个事项：

- 保持在手可微弯的工作距离。
- 勿让身体前倾，保持身体与地板垂直。
- 可以采取轮换双脚站立或单脚站立。
- 单脚站立时，可将一只脚踩在凳子上或是有支撑的地方，使腰部保持直立不歪斜，且双脚轮流交替。
- 多移动位置，以增加身体活动，保持下半身血液循环畅通，减少下肢水肿。

错误姿势：将肚子靠在工作台上。

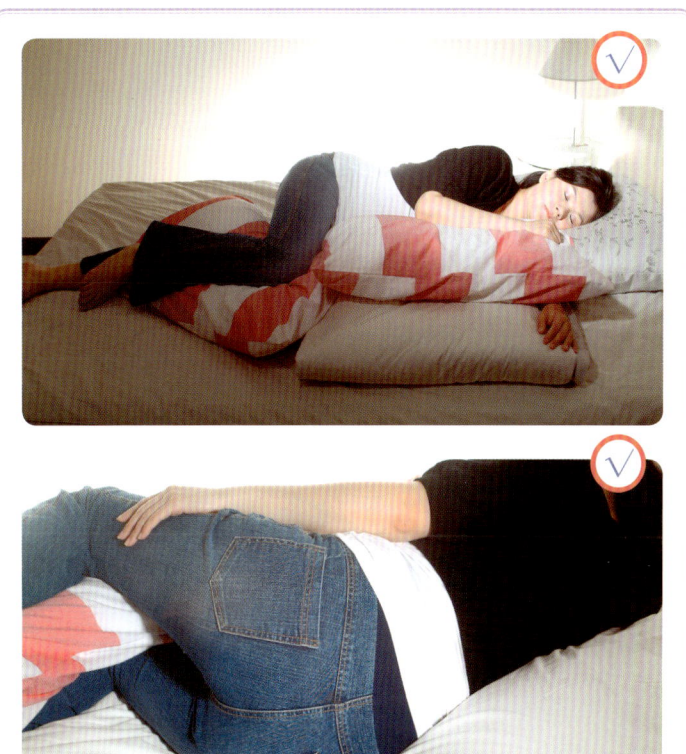

休闲坐姿

正确姿势:
- 应保持脊椎拉长。
- 腰部应有支撑。
- 多起身活动。
- 有下肢水肿者,可抬高下肢。

错误姿势: 腰部悬空没有物体支撑。

影响: 会压迫到颈椎与腰椎。

勿躺在沙发上或床上看电视、看书,此举除了会压迫到颈部血管,长期下来会伤害颈椎,造成椎间盘脱出。

舒服的睡姿

可采取侧睡姿势,并运用枕头、被子等工具让身体彻底放松。

方式:
- 腹部以上加垫大被子或毯子,以支撑腰部与腹部。
- 上方的腿跨在枕头上,使脚、腰部放松,同时不会压迫到腹部。
- 双手抱枕头,使手、腰部放松。

性生活也是一种生活

怀孕了，还能持续拥有性生活

性是应爱而起，夫妻之间的一个深吻，一个拥抱，都能为对方带来莫大的幸福。那种更为贴近的肢体接触，还有在耳边呢喃的细语、眼神的交流，就好比夫妻生活中的润滑剂，让彼此的关系更紧密。不过，当另一半怀孕，开心之余，许多夫妻也开始担心，那我们还可以持续拥有美满的性生活吗？答案当然是"肯定的"。除非孕妈妈有前置胎盘、早产、早期破水、出血、严重感染、上一次怀孕有流产经验、子宫颈闭锁不全外，其余的孕妈妈，在身心状况许可的条件下，其实都可以享受孕期性生活。

不过一般认为怀孕初期（12周前）和后期（36周之后）最好不要有性生活，因为初期较为不稳定，流产的概率较高；而后期则是有早产的危险。有些人会开玩笑说如果爸妈怀孕性行为太激烈，那宝宝生出来头顶会有一个脓包。事实上胎儿只会感觉到环境改变，好像有人在动，胎儿可能因为受到环境影响而被吵醒，但对胎儿的外观是不会有影响的。

孕妈妈对性的欲望降低

怀孕后有些人会改变性生活，等宝宝出生后还可能面临生活模式的重大变化。其实怀孕本身对性欲的感觉度不会变得低落，但有趣的是，生产后的两年，外遇机会大幅增加，因为孩子反而是一较大变量，生活秩序

孕期性生活，仍最好戴避孕套

- 精液含有前列腺素，因此射精会刺激短暂子宫收缩，不过影响的程度不大。
- 孕妈妈分泌物较多，阴部较为潮湿，较容易受感染，因此戴避孕套可避免感染。

改变，妻子更有借口推开丈夫的性需求。因此，夫妻性生活的经营，是有延续性的，否则一方冷却，另一方可能也随之放弃。

对于这种害怕孕期性行为的心态，并不能以性冷淡来称之，因为性冷淡是对一切有关性的活动都无兴趣，包括勃起、手淫都出现障碍。孕妈妈对性的欲望降低有几种可能原因：

❶ 教化影响：有的人在教育中认为孕期性行为对胎教不好，道德观较为严谨，属于一种自我压抑的感受。

❷ 以孩子为中心：不想要打扰肚中的宝宝，或担心流产、早产、受伤，希望一切以孩子为重。

❸ 自卑心态：怀孕后身材逐渐变形、水肿，担心自己失去魅力。不过特别的是，有些妈妈怀孕初期因为胸部胀大，反而会让双方的视觉感受更为兴奋，借此获得行房的特殊经验。

❹ 第三者窥视：认为怀孕后行房，好像会被宝宝看见一样。

❺ 不方便：到怀孕中期之后，肚子逐渐变大，可能会让行房的困难度增加，因为感觉不方便而放弃，因此正确的技巧变得格外重要。

孕期性爱要注意安全

孕期性爱一定要注意孕妈妈和胎宝宝的安全，不论采取什么姿势，应做到以下三点：

❶ 妈妈最好不要在下方平躺太久，因为怀孕超过24周容易压迫下腔静脉。

❷ 务必考虑妈妈的体能，不要让妈妈感到太累或过于激烈。

❸ 过程中，务必告知对方感受，不要不好意思指正，妈妈可以主动说"我觉得这样比较好"，爸爸也要顾及对方感觉，多问："这样子还OK吗？会不会不舒服？"

用心关怀对方就是爱的展现

我们常说夫妻关系是要经营的，甚至需要刻意经营，毕竟双方需要经由不断的沟通、磨合，才能找到生活中的平衡点，甚至对于性生活的经营，双方也必须达成共识，才能越来越好。

不过除了性之外，依旧可以把握最后的两人甜蜜时光。性生活就是一种生活，其中蕴含了拥抱、按摩、抚摸、热吻，孕期中需改变的是性行为的方式，而非性行为的频率，双方互相体谅、关心对方，才是夫妻间持续拥有热恋感受的主要因素。

孕期推荐性爱体位

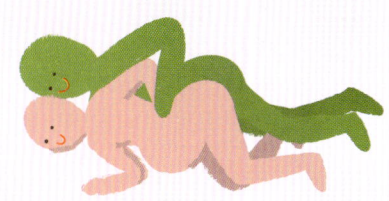

第1招：汤匙式
侧躺，女在前男在后

第2招：女在上位
女性肚子较大时不建议，因为不容易调整姿势

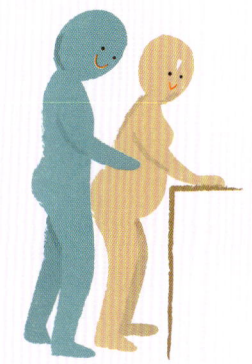

第3招：双方站姿
女在前扶着桌子，男在后

怀孕中期饮食营养须知

怀孕中期是指妊娠13~28周（4~7个月），孕妈妈在此期间必须增加总热量的摄取，每日平均增加1254千焦（300千卡）的热量，每周就可以增加0.5千克的体重，以提供母体组织增建、胎儿成长和胎盘发育。

怀孕中期需增加的营养素

建议怀孕中期除热量增加以外，需增加的营养素还有蛋白质、镁、碘、硒、维生素C、B族维生素、叶酸、维生素D、维生素E。

*蛋白质：为了让胎儿正常发育和预防孕妈妈贫血，必须摄取足够量的铁质及钙质，但蛋白质更是不可缺乏，因蛋白质若摄取不够易引起全身性水浮肿，这是代谢不完全的缘故。

富含蛋白质的食物：鱼、肉、蛋、豆、奶类等。

*镁：镁除了构成牙齿与骨骼的成分外，并参与糖类代谢，是一种能量代谢因子；还与钠、钾、钙共同维持心脏功能、肌肉细胞与神经系统的正常运作。胎儿的成长，如骨骼发展、胎动及毛发生成，需要足够的"镁"来参与作用，逐日而成才能有健康的宝宝。

富含镁的食物：干果类、深绿色和黄色蔬果。

*碘：碘是合成甲状腺激素的主要成分，也是维持正常生长发育、增进肌肉神经代谢率、调节细胞氧化作用的重要成分。为避免胎儿生长过程中影响头发、指甲、皮肤、牙齿的完整性，碘的摄取是不可忽略的。

富含碘的食物：含碘食盐、海带、紫菜、鱼类（海鱼）。

*硒：硒是营养素中的微量元素，具有抗氧化、抗癌、增添免疫力的功能。

富含硒的食物：洋葱、西红柿、菜花、小麦胚芽、小麦麸皮。

Q：不爱喝牛奶，我该如何补钙？

牛奶中提供的钙是任何食物都无法相比的。如果孕妈妈不喜欢喝牛奶的话，可以通过以下的方式来补钙：

- 不接受奶的口味可以选择酸奶和奶酪。
- 乳糖不耐症的孕妈妈可以选用羊奶和酸奶。
- 不爱喝牛奶者可每天喝杯孕妇配方奶粉。
- 补点钙产品，以乳钙产品为最佳。

***维生素C**：维生素C可维持体内结缔组织、骨骼、牙齿生长。在怀孕期间，维生素C还有助于将叶酸变成活化型，增进对铁质的吸收。

富含维生素C的食物：新鲜蔬菜水果。

***B族维生素**：怀孕中期，要增加的B族维生素有维生素B_1、维生素B_2、维生素B_6、维生素B_{12}，这些都是构成辅酶的重要成分。由于B族都属于水溶性物质，而且又不能由身体自己制造或合成，都要由食物摄取来获得，故选择多样性的食物种类是我们必须知道的。

富含维生素B_1的食物	糙米、全谷类、坚果类、豆类、猪肉、内脏、新鲜蔬果
富含维生素B_2的食物	全谷类、绿色蔬菜、牛奶、蛋
富含维生素B_6的食物	未精加工的谷类、鱼、肉类、水果、干果类、蔬菜，只要餐餐都有吃到各类食物，就不用担心会有缺乏的情况发生
富含维生素B_{12}的食物	肝脏或腰子（每周补充一次）、牛肉、猪肉、蛋、牛奶、乳制品

***叶酸**：孕中期应继续补充叶酸。

富含叶酸的食物：肝脏、蛋、酵母粉、深绿色蔬菜、豆类、柳橙类、香蕉。

***维生素D**：缺乏钙易有骨质密度松散，缺乏维生素D则易有佝偻病及严重蛀牙发生。维生素D的摄取很简单，在阳光不刺眼的

Q：吃海鱼好还是淡水鱼好？

淡水鱼里含的鱼肝油、维生素A、维生素D相对海鱼要少一些，但是淡水鱼肉质比较细腻，较易吸收。海水鱼肉质较为粗糙，但是脂溶性维生素、DHA的含量相对多一些，特别是深海鱼污染少。

情况下，晒一晒太阳，就可以将皮肤上的脂肪转换成维生素D，外加轻松的运动，到公园、学校、郊外走路，散步顺道享受日光浴，就可得到了。

富含维生素D的食物：鱼肝油、体型大的鱼类、沙丁鱼、牛奶及乳制品。

*维生素E：属于脂溶性维生素，很好的抗氧化物质，可增加皮肤弹性及延迟皮肤老化、增强红细胞壁的弹力。

富含维生素E的食物：肝脏、鱼肉、鸡肉、蛋黄、鱼油、油脂、蔬菜、干果类、全谷类。

为两个人吃好，而不是吃两倍那么多。现在你可以为两个人吃，但不要吃双倍的巧克力，相对来说多喝一杯牛奶则更好。孕期营养的需要仅比平时多300千卡，这些营养通常分布于所有食物中。需要提醒妈妈们的是，必要的钙（主要构造胎儿强壮的骨骼）来自牛奶或奶制品是最佳选择。在孕中期脂肪仍然要有所限制。在怀孕期你的铁需要加倍到30毫克，缺铁会引起贫血症。每天你应该喝至少8杯水，你的尿应白到在马桶里看不见它。

由于饮食普遍太油、太咸，蔬果摄取太少，所以建议每天能有一餐，或每星期有一天改吃素食，以植物性蛋白质取代动物性蛋白质。

有些孕妈妈怕胖而选择素食，这时候要特别注意很多素食常用到椰子油或棕榈油。它们其实含有大量饱和脂肪酸，容易使胆固醇升高，所以被称为"植物中的猪油"，孕妈妈在吃素的时候要注意避免过量，而且要有变化，最好选择蛋奶素，比较能够有均衡的营养摄取。

冬令进补孕妈妈必知

孕期冬令进补怎么吃

鸡肉：味甘性温，温中益气，补精添髓，治虚劳羸瘦、中虚胃呆食少、泄泻、消渴、水肿、尿频、崩漏带下、产后少乳、病后体虚。

羊肉：味甘性温，补虚益气，温中暖下，治虚劳羸瘦、腰膝酸软、产后虚冷、寒疝腹痛等症。

鸭肉：味甘、咸，性微寒，滋阴养胃、利水消肿，治痨热骨蒸（发热）、咳嗽、水肿。

孕妇饮食温和为宜

虽然孕妇大多是燥热体质，但也不可以因为这样就吃很多凉性食物，不然生出来的宝宝体质容易变成寒性（也就是所谓的"冷底"）。所以孕妈妈饮食应以温和为主，不要太燥或太寒，并记得多喝水，促进新陈代谢。

燥热食物和凉性食物说明如下：

燥热食物：如油炸食物、姜、辣椒、蒜头、龙眼、荔枝、榴梿。

凉性食物：如水果中的瓜类、香蕉、柚子，不要大量吃。至于常听到的萝卜、大白菜，没有煮之前属寒性，只要不要生吃就好。螃蟹也是寒性，尤其是蟹脚肉最寒，吃多可能会造成流产，但少量没关系，或煮螃蟹时加些姜以中和寒性。

快乐胎教课堂

怀孕后,你更宠爱自己吗

只要是可以使自己心情愉悦的方式,就是宠爱自己的方法,何况"宠爱自己,也是宠爱baby",不能只关心腹中胎儿,反而忘了自己。毕竟,母亲健康,胎儿才能健康啊!

怀孕后,80%的孕妈妈更宠爱自己,毕竟怀孕很辛苦,所以更要宠爱自己!有的准妈妈没有更宠爱自己。因为她们只关心腹中胎儿健康,没想到自己,不知如何宠爱自己,自己觉得没必要。其实,可以使自己心情愉悦的方式,就是宠爱自己的方法!

爱孩子,也要爱自己,大家的认识依序是:

1. 注意饮食调理,补充孕期营养。
2. 家事分工,减少辛劳。
3. 换穿适合孕妇的鞋子,让孕期更轻快。
4. 穿孕妇内衣,让内在美舒适实用。
5. 选购多套孕妇装,让自己美丽又舒适。
6. 勤擦除纹霜,远离妊娠纹。
7. 上下班,请先生专车接送。
8. 每天注意装扮,让自己容光焕发。

你要经常称体重,但不要紧张,秤上的刻度不是最终数字,称只是一个指示器,如果它走得太快,你就得检查营养摄入并且增加锻炼。如果它走得太慢,你需要检查营养是不是合理。请记住:你可以回到你原来的身材;可能花一年时间就减去所有增加的重量而恢复肌肉的弹性。

事实上,以上不代表哪一种方法最好,只要孕妈妈自己喜欢,就是宠爱自己最好的方法。

孕妈妈快乐处方

❶ **尽量不让原先的生活受到太多影响**：这是指孕妈妈在怀孕之后，会因为健康因素做些生活上的调整，但不要因此而限制了自己原先的生活圈、兴趣或活动。维持心理健康很重要的三项要素就是：自我实现、身心活动、社交联结。因此即使怀孕了，孕妈妈仍然可以继续工作、运动、上课、和朋友出去走走，不要因为怕东怕西而整天窝在家，这样反而容易使自己陷入沮丧忧郁的情绪。

❷ **和丈夫多聊天**：丈夫是妻子能否快乐度过孕期的关键因素，若是丈夫能常常陪在身边（建议准爸爸最好在这段时间能尽量减少出差），对孕妈妈来说，心里的力量将会增加不少，且身心上若有任何不舒服，或是工作压力等，另一半的了解体谅，是最能安慰鼓励的。

❸ **社交活动不可少**：怀孕之后可以和姐妹出去散心。不妨去各大"妈妈教室"走走，结识一些"同期"的孕妈妈，可以吸收到孕期产后的专业知识，交流心得，也许你会发现很多孕期不适或烦恼原来别人也会有，而且问题也没有自己想得严重。

❹ **安排旅游**：怀孕中期因为胎儿较为稳定，许多怀孕初期会有的不适也都比较缓解了，因此是最适合安排旅游的时候。若是要坐飞机出国，建议可以在登机前就穿上防静脉曲张袜，以避免腿部水肿不适。不过不管是在国内或国外，选择旅游景点或游玩方式时，最重要的还是安全第一，且行前最好也先咨询过妇产科医师。

❺ **其他妙招**：参加一些会让自己心情愉快的活动，例如：阅读喜爱的书籍杂志、逛街、看展览、听音乐、轻度运动；或是看一些可爱宝宝的照片、跟肚里的宝宝说说悄悄话。也有的孕妈妈会借着布置婴儿房、逛婴儿用品店，来转移自己的孕期不适，因为只要想到宝宝出生后穿上这些可爱衣服的画面时，当下的烦恼压力似乎都抛到九霄云外去了。

和胎宝宝一起去旅行

在妊娠中期，孕妇已大致能习惯怀孕中的生活，胎儿亦逐渐地在稳定中成长。在行动上，不似初期必须有所顾忌。到了妊娠晚期，由于濒临生产时刻，大部分时间都待在家里，顶多动动身子外出一下换换环境气氛，让胎儿生活得更舒适。胎儿一生下来，妈妈便得每天忙碌地照顾，很难得有空暇。倒不如在孕中期做一下短程旅行，让生活充满闲情逸致，对胎儿而言，亦不失是一个不错的胎教方法。

在旅行之前，先做好旅行计划，不要让孕妇及胎儿太劳累，避免人多、复杂的地方，事前先排好周全的计划，不但能让孕妇和胎儿达到寓教于乐的功能，同时亦让家人不至于太过麻烦、疲惫。对胎儿来说，空气清新、宁静的地方较理想。旅行不一定要离家很远，可以去离家较近的场所，如绿色草原、温泉等都很适合孕妇。孕妇愉快地吸收新鲜的空气，肚子里的胎儿也会感觉心旷神怡。如果能边进餐边和丈夫讨论肚子里的胎儿，不但可以充分享受野外用餐的乐趣，也能增进彼此的感情。制定旅行计划时，必须考虑到胎儿是否也能愉快地参与，比如在旅行中，夫妻一起讨论胎儿的命名，也许这种经历会成为日后的美好回忆，行程不要安排得太紧凑，千万不要让孕妇和胎儿过度劳累。不要将"旅行"想象得过于盛大，回娘家、回婆家住几天也不错，享受悠闲的生活，既对消除孕妇的疲倦很有帮助的，也可以从现在起，和即将成为爷爷奶奶和外公外婆的长辈多接触，培养三代之间的感情。

适合孕期旅游的地方

❶ 孕妈妈最好选择短途旅游，避免过度疲劳。

❷ 避开过热的旅游景点，而选择人少方便而舒适的旅游地区，比如度假村就是很好的去处。

❸ 去海边度假可以让"宝宝"进行日光浴，达到自然补钙，但不要在旅游旺季，防止人多口杂使孕妇传染疾病。

❹ 如有条件最好选择"双飞旅游"，可以缩短行程时间。

儿童乐坛中的"世界名曲"

《春天在哪里》

春天在哪里呀,春天在哪里
春天在那青翠的山林里
这里有红花呀,这里有绿草
还有那会唱歌的小黄鹂
嘀哩哩嘀哩嘀哩哩嘀哩哩
嘀哩哩嘀哩嘀哩哩嘀哩哩
春天在青翠的山林里
还有那会唱歌的小黄鹂
春天在哪里呀,春天在哪里
春天在那湖水的倒影里
映出红的花呀,映出绿的草
还有那会唱歌的小黄鹂
嘀哩哩嘀哩嘀哩哩嘀哩哩
嘀哩哩嘀哩嘀哩哩嘀哩哩

爱的乐章

《春天在哪里》的曲作者是潘振声先生,他是蒙古族人。1955年就开始从事儿童音乐创作。他当过小学音乐教师、少先队辅导员、编辑等,曾任音协宁夏分会主席、宁夏文联副主席、中国音协第四届常务理事。潘振声先生一生创作儿歌千余首,主要作品有《小鸭子》《一分钱》《好妈妈》《春天在哪里》《祖国祖国我们爱你》等。歌词作者是李望安先生,他是一位高级教师,是中国音乐家协会代表大会第四届代表。他们创作的《春天在哪里》,已成为世界儿童乐坛中的"世界名曲"。

《春天在哪里》是一首深受孩子们喜爱的歌曲,它以天真活泼的语气歌唱美丽的春天,抒发心中无限欢乐的感情,给人以明朗、亲切之感。

爱的乐章

懂英文的孕妈妈可以给宝宝听一些英文歌曲或者亲自给宝宝哼唱一曲,孕妈妈不必担心自己英文水平不佳或发音不准确,只要心中有爱,胎宝宝就能感受到乐曲的优美。

双语胎教——

I Can Say My ABC

1=C 2/4

1	1	5	5	6	6	5 —
A	B	C	D	E	F	G

4	4	3	3	2	2	1 —
H	I	J	K	L	M	N

5	5	4	4	3	3	2 —
O	P	Q	R	S	T

5	5	4	4	3	3	2 —
U	V	W	X	Y	Z

1	3	5 —	6	1	5 —
X	Y	Z	Now	You	See

4	4	3	3	2	2	1 —
I	Can	Say	My	A	B	C

胎教故事——《海的女儿》

海底居住着美丽的人鱼，他们长着漂亮的鱼尾，柔软的长发，拥有着美丽的舞姿和动人的歌喉。小美人鱼是人鱼王国的七公主，她有着一条粉色的鱼尾，优美的歌喉，海藻般浓密的金色长发和善良的心灵。

一天，人鱼公主在海面游玩时遇到暴风雨，一艘船遇难，船上的王子掉落到海中，被她所救，她将王子放在岸边，躲在礁石后，看到某个国家的公主将王子带走才离开。

王子醒来，他以为自己是被公主所救，决定娶公主为妻。而海底的人鱼公主也爱上了一面之缘的王子，但是她不是人类。她决定要将自己的鱼尾变成双腿，去岸上寻找英俊的王子。她找到了女巫，女巫让她用美丽的歌喉作为交换，人鱼公主同意了。

人鱼公主变成了人类，她来到了王子和公主举行婚礼的大船上，见到了王子，她想告诉王子，救了他的人其实是她，而不是公主。可是她已经变成了哑巴，无法说话了。王子可怜她，收留了她。她每天都为王子跳舞，虽然那双脚踩在木板上是如此的疼痛，但她一直都在为她心爱的王子跳舞。有一天夜晚，她被她的六位姐姐呼喊，人鱼变成人类将会受到惩罚，六位姐姐得知了她的事后用她们的长发换取了一把匕首，让她将匕首插入王子的胸膛，将王子的鲜血浇洒在自己的双腿上，否则她将在日出之时变成泡沫。

人鱼公主如此深爱着王子，她在第二天清晨带着匕首一起跳入海中，身体变成了泡沫，但灵魂得到永生，永远守护着她心爱的王子。

美文赏析《你是人间的四月天》

林徽因

我说你是人间的四月天；
笑响点亮了四面风；
轻灵在春的光艳中交舞着变。
你是四月早天里的云烟，
黄昏吹着风的软，
星子在无意中闪，细雨点洒在花前。
那轻，那娉婷，你是，
鲜妍，
百花的冠冕你戴着，
你是天真，庄严，你是夜夜的月圆。
雪化后那片鹅黄，你像；
新鲜初放芽的绿，你是；
柔嫩喜悦，
水光浮动着你梦期待中的白莲。
你是一树一树的花开，
是燕在梁间呢喃，
——你是爱，是暖，
是希望，
你是人间的四月天！

> 《你是人间的四月天》赏析
> 《你是人间的四月天》是女诗人林徽因的名作，此诗表达了作者对春天的热爱、赞美，表达了心中对儿子的希望和儿子出生带来的喜悦，因此特别适合孕妈妈朗读欣赏。
> 情感用排比的手法一波波袭来，伴以音乐般的明快节奏，使作品不仅美而且易于吟咏，朗朗动人。诗人选择了轻风、云烟、星子、花儿、燕子……一系列轻灵典型的春天的意象，景营造了明丽柔美的意境，描绘了生机勃勃、万物复苏的春天。

中医胎教

古人说，妊娠四月孕妇"当静形体，和心态，节饮食"。意思是说在妊娠四月，孕妇应该心情恬静，心态平和，节制饮食。为什么要节制饮食呢？因为妊娠四月时早孕反应消失，孕妇对妊娠早期出现的心理、生理变化已逐渐适应，心情好转，食欲增强。此时提醒孕妇不要乱吃乱喝，注意休息。另外，这时胎儿脑发育很快，孕妇应积极给予胎儿各种良性刺激，如唱歌、朗诵等。有些胎教磁带，收录些儿歌、小诗，很温馨，对母胎都有益。

古人说，凡女怀孕之后，须行善事，勿视恶色，勿听恶语，省淫欲，勿咒诅，勿骂詈，勿惊恐，勿劳倦，勿妄语，勿忧愁……遂令男女如是聪明智慧，忠真贞良，所谓教胎者也。

这些都是孕妈妈应该悉心体味的。

与胎宝宝一起快乐

开心一笑

担心

某人很丑。妻子经常背着他和别的男子约会。
妻子快分娩了,她看了看丈夫的面孔,说:"唉,我很担心这孩子会像你。"
丈夫说:"我更担心这孩子会不像我。"

孕妈妈更聪明——专注力

看看你能不能在3分钟内,从下面图中找出有关联的东西,在圆圈中填上相同的序号。

准爸爸必读

激发妻子的爱子之情

　　丈夫除了让妻子多看一些能激发母子情感的书籍或影视片外，还要常与妻子谈谈胎儿的情况，如询问胎动，提醒妻子注意胎儿的各种反应，与妻子一起想象并描绘胎儿在"宫廷"中安详、活泼的形象，一起猜想孩子的小脸蛋是那么漂亮逗人，体形是那么健壮完美。你可别小看这些，要知道，这对增加母子生理、心理上的联系，增进母子感情都是非常重要的。尤其是丈夫要注意引导妻子去爱护腹中孕育着的胎儿，切不可因妊娠反应、妊娠负担或因肚子大起来影响了外貌、体形，面部出现色素沉着损害了自己的容颜等，就怨恨腹中胎儿。许多实验都证明，母胎之间有着密切的心理联系，母亲对胎儿有任何厌恶情绪或流产的念头，都不利于胎儿的身心健康。

　　做丈夫的对妻子要始终保持良好的情绪。如前所述，孕妇的情绪能影响胎儿的身心发育。情绪过度不安，可能导致胎儿脑积水或腭裂、唇裂。在怀孕后期受到恐惧、惊吓或严重刺激，能引起胎盘早期剥离而导致胎儿死亡；若孕期经受长期情绪压力，胎动次数比正常胎儿多数倍，胎儿出生后不但体重轻，而且消化功能失调，喜欢哭闹，易受惊吓，不爱睡觉，此类孩子长大后，往往对环境适应性较差。

重视胎教的爸爸

　　小津津的父亲是位医生，他吸取中国古老质朴的胎教学说中的科学成分，同时结合了现代医学知识，对小津津施行胎教。他非常注意给妻子调节饮食，让妻子多吃充足的高蛋白食物和维生素含量高的水果。另一方面也相当注意环境对优生的影响，他们选了一个青山绿水、空气清新的地方度假，并且注意调适心情，阅读轻松愉快的小说，看轻松又有益的电视或电影。小津津出生时并不哭只是笑，正因为他那副对任何事都津津有味的模样，大家才都叫他"小津津"。到他半岁多时，当人们以汉语或英语说出他近处的物体，他就能用眼睛示意或用手准确地指出来；在1岁左右，他就知道自己身体各部位的名称与位置，并能指出心脏的位置；到1岁半时便能听懂英文及中文的一些常用语，并且认识英语字母表，数字能从1数到10，并会辨认16种不同的颜色；两岁半时懂得加减乘除及平方根等数学符号；3岁时已认得1万以内的数字；4岁半时，他的智商测定在140以上。

胎宝宝第5个月
胎动，天使颤动着翅膀

胎教要点

胎宝宝听觉发育，可进行音乐胎教

为哺乳做准备，开始矫正或锻炼乳头

可使用腹带保护胎儿，以免受震动

本月开始监测胎动、腹围、宫底高度

注意补铁补钙

本月产前检查一次

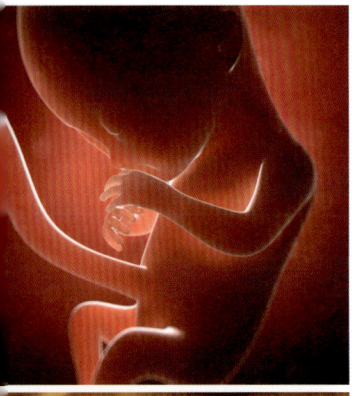
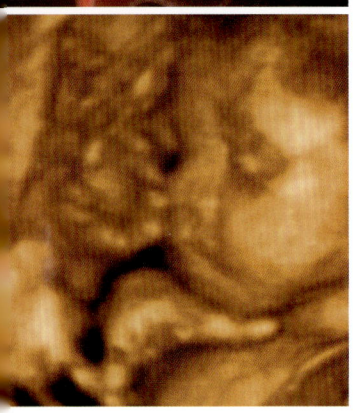

胎宝宝成长之旅

这个月胎儿身高20~25厘米，体重250~300克，全身长出细毛(毳毛)，开始长头发，眉毛、指甲等也出齐。头的大小像个鸡蛋，头重脚轻，身体比例终于显得匀称。耳郭外突成外耳形状，骨骼钙化逐渐扩展，胳膊腿的活动开始活跃。此期明显感到胎动。心脏的活动也活跃，可以听到强有力的胎心。在B超下观察胎儿，已能做些细小的动作。两手在脸部前面相握，手指一指指地动，做抓的动作，跳跃动作，踢脚力量大，偶尔可踢到子宫壁，动作频繁地在羊水腔内改变身体姿势和玩耍。当母亲兴奋激动时，胎儿能感应到母体环境、心态等的变化。

胎宝宝17周

- 可以握拳、挤眼、皱眉、吮手。
- 皮肤表层覆盖了一层薄薄的细绒毛。
- 味觉已初步发育成熟。
- 眉毛开始长出来了，头发也在生长。

胎宝宝18周

- 胎盘形成，母亲和胎儿紧密连成一体。胎盘成为半圆形，占宫腔一半。
- 羊水量达200毫升左右。胎儿在羊水中的行动如太空人一样自由。
- 皮肤增厚，变得红润有光泽。
- 听觉日渐发达。强烈的阳光照射腹部，胎儿会用手挡。
- 可用超声波装置听到胎心音，心脏的搏动更加活跃。
- 手指甲完整地形成了，关节也开始运动了。
- 腿长超过了胳膊的长度，头部偏大。外表和构造逐渐呈人形。

胎宝宝19周

- 胎宝宝的循环系统和尿道进入了工作状态。肺已开始工作了。
- 胎儿开始在妈妈的肚子里抓拉脐带，不过不会做得太过分，他懂得小心地保护自己。子宫对于他来说还很宽敞，有空间旋转身体，自由活动。

胎宝宝20周

- 胎儿已能听到外界较强的声音。
- 胎儿的骨骼变硬，开始骨化，此时需要较多的维生素D和钙、磷。

你的身体变化

由于胖瘦、高矮、体形不同的原因，孕妇的身体外观有明显差异，有的孕妇肚子开始显形，有的似乎和孕前没有多大变化，但触摸其腹部时，发现子宫的轮廓已经很清晰。孕妇会有一个震撼的感觉——胎儿在踢你了，这是小宝宝在向你介绍他的存在，这就是胎动。经产妇早些，初产妇要到第18~20周才能感觉到。初时很轻微，就像肠子动了一动，如果不是细心体会，可能被忽略。慢慢地动作越来越明显，有时是一下一下地动，有时却是叽里咕噜一连串的翻动。胎动证明胎儿是充满活力的，如果胎动消失或减少，就必须马上找医生检查。如果此时胎位不正，不用管它，因为这个时期的胎儿常在滚动，还会纠正过来，所以不必担心。

怀孕第17周

孕妇的体重增加明显，此时孕妇体重最少已增加了2千克，有些孕妇也许会增加5千克。孕妇的子宫长得很大，有时腹部会有阵阵的剧痛，这是由于腹部韧带拉伸的原因。由于子宫上升，尿频消失。经产妇会感觉到第一次胎动。

怀孕第18周

孕妇的子宫不断地长大，身体的重心也在发生变化，孕妇可能感觉行动有些不便，此时注意不可穿高跟鞋。此时由于孕妇胃口大开，精神高涨，精力恢复，不少孕妇出现性欲增强的现象。这是由于体内雌激素大量增加，使性欲提高，并更易达到高潮。此时动作温柔的做爱不仅是可行的，而且对孕妇也会产生较好的影响。

怀孕第19周

新陈代谢加快，腰身变粗，动作开始显得笨拙。乳晕和乳头的颜色加深了，而且乳房越来越大，这很正常，是在为哺育宝宝做准备。现在应注意适时地开始乳房、乳头的保养按摩，可使乳头坚韧、挺起，利于将来宝宝吸吮。

怀孕第20周

本周做一次产前检查。孕妇的腹部已经适应了不断增大的子宫，初产妇可能在本周感觉第一次胎动。

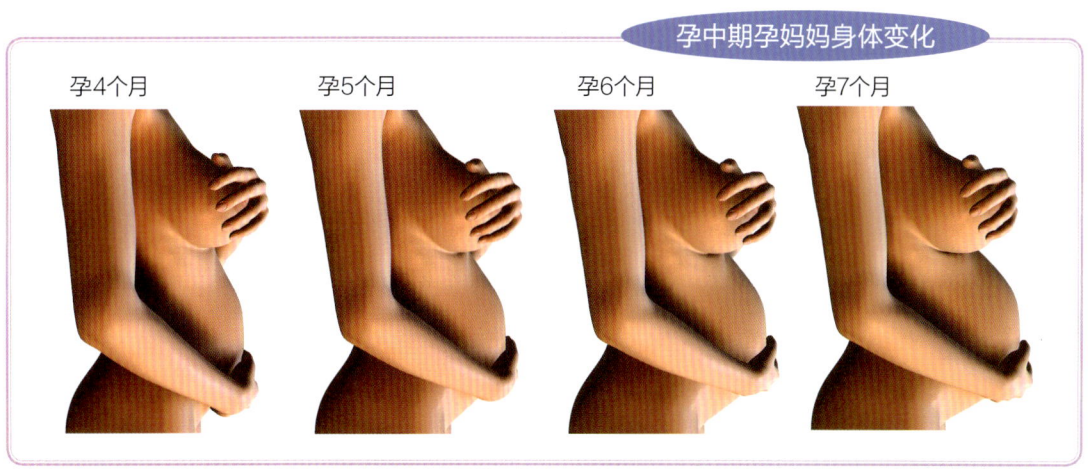

孕中期孕妈妈身体变化

孕4个月　　孕5个月　　孕6个月　　孕7个月

优境养胎

本月产检特殊项目

本月除了常规产检以外，如果需要还要做以下筛查：

🌿 羊膜穿刺

建议检查时间：怀孕16～18周（最晚21周）。

检查目的：诊断各种胎儿染色体构造或数目的异常，或是透过基因分析来知道胎儿是否有特定基因的疾病。

重要性与优点：对胎儿本身伤害极低，流产风险概率为0.2%～0.5%。

准确度几乎高达99.9%。

建议实施对象（即高危险群）：

❶ 大于34岁的孕妇。

❷ 曾生育过先天异常儿者。

❸ 有家族遗传病史。

❹ 胎儿有畸形之可能者。

❺ 曾怀过染色体异常胎儿。

❻ 母血唐筛为高危群者。

❼ 父母本身有染色体异常。

风险：对胎儿本身并无伤害，只会稍微提高破水及流产概率（约1/200）。

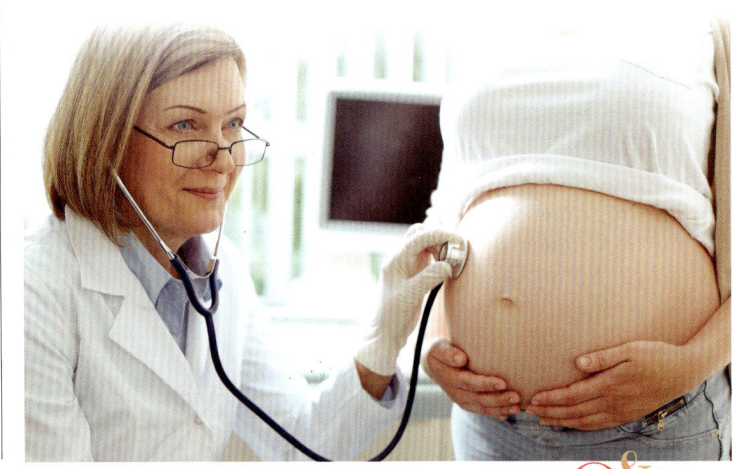

Q&A

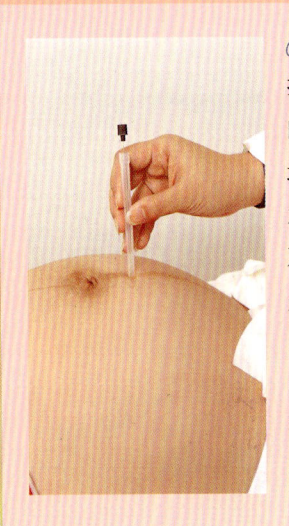

Q: 做羊膜穿刺对母胎有害吗？

按一般来说，受精卵在第7天开始形成羊膜腔，便生成与胎儿直接接触的羊水。羊膜腔穿刺以妊娠16～22周进行为好。这时，可在膜壁外清楚地摸到子宫，羊水量为200～400毫升。对于280克的胎儿来说，相对羊水较多，不仅容易抽出，还不易损伤胎儿。这时抽取20～30毫升羊水，对继续妊娠、对胎儿都没太大影响。如果过早抽取羊水，子宫小，羊水少，对胎儿影响较大；过晚则羊水中的细胞老化，培养不易存活。

羊膜腔穿刺前，先用B超做胎儿、胎盘定位，然后避开胎盘，在羊水较多处，麻醉后穿刺抽取羊水。这种检查方法是一种安全、简便、可靠的方法，但对母体和胎儿来讲终究是一个刺激。因而，有先兆流产的孕妇及有盆腔、宫腔感染的孕妇，不适合进行这项检查。

测量子宫底高度和腹围

子宫底高度随孕周的增加而增加,可以比较准确地提示胎儿生长发育情况。过去用脐孔做标记测量宫底高度,比较简便,但脐孔与耻骨联合间的距离因人而异,并不十分准确,因此现在多用软尺测量。在测量前,孕妇应排空小便,平卧,两腿放平,腹壁放松。软尺的一端放在耻骨联合上缘,一端放在子宫底顶端,测量这一段的弧形长度。软尺要紧贴腹壁皮肤。在孕20~24周,子宫底平均每周增长1厘米。到孕34周以后,增长较慢,平均每周增加0.8厘米。孕40周时,子宫底的平均高度为34厘米。

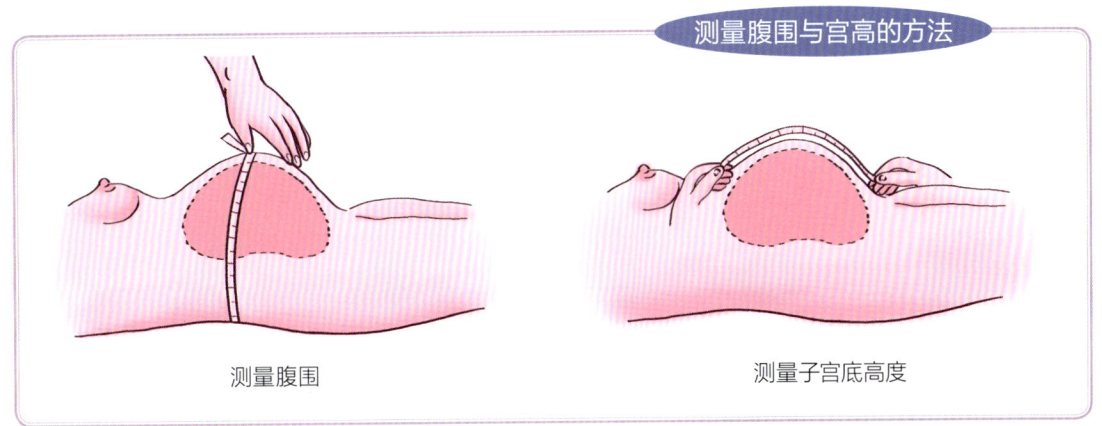

测量腹围与宫高的方法

测量腹围　　　　　　测量子宫底高度

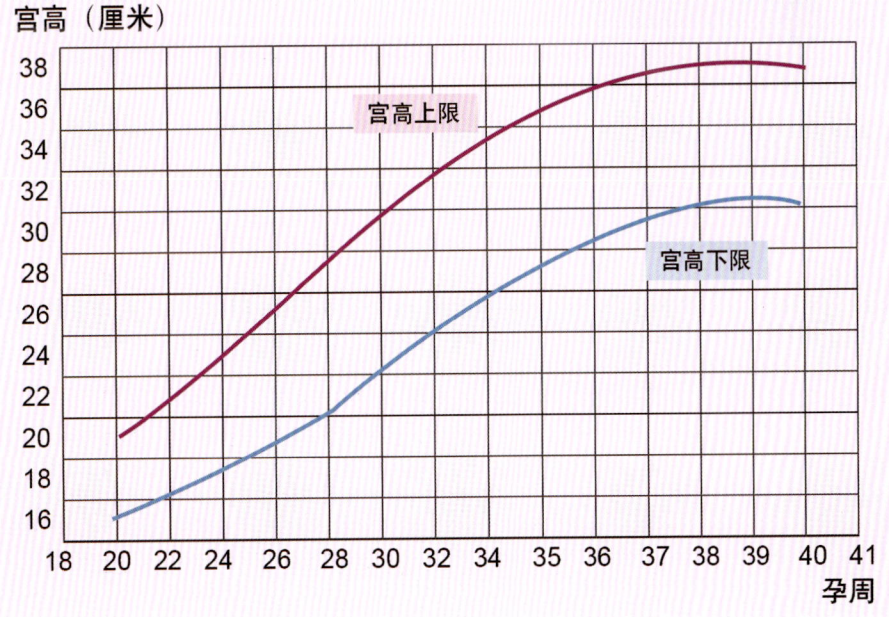

孕期宫高量表

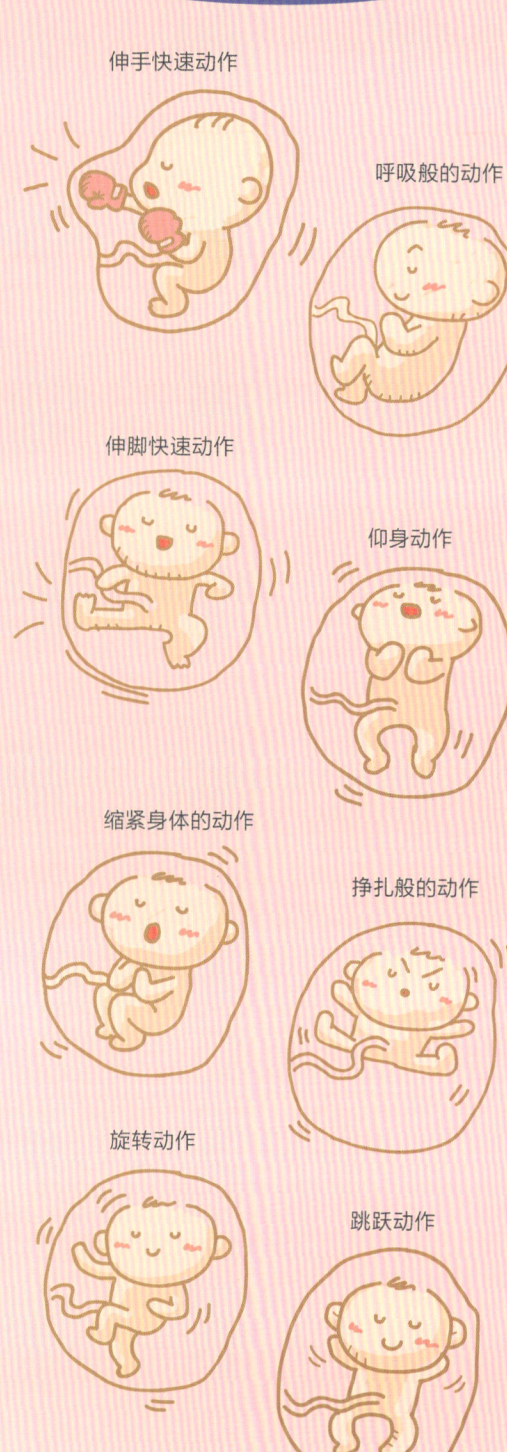

宝宝胎动示意图

胎动的监测

对孕妈妈来说，除了按时产检之外，平时就是借着胎动来掌握宝宝状况。初次怀孕的妈妈，在怀孕20周左右，就会开始有比较明显的胎动；怀第二胎或以上的孕妈妈，可能因为有过经验、比较敏锐的关系，在怀孕16～17周时就可感受到胎动；不过有时也可能会因为胚胎着床的位置离肚皮太远或是因为被胎盘挡住，而造成胎动不太明显。

如何测量胎动

国外很多学者提出不同方式：

- 最常用的方式是白天一整天下来，胎动超过10次就算正常，可以从早上开始数。
- 随机取3小时的时间测量，每1小时有3次以上胎动，或3小时加起来有10次以上胎动皆属正常。
- 选择晚餐后开始计算，在2小时内达到10次胎动就算正常，如果3小时都未达到10次，就需要接受检查。

建议每天做记录，原则上今天的胎动若超过昨天的一半以上，大致上是没问题的。

从胎动看胎儿健康

胎动是胎儿健康的重要指标，胎动与子宫内环境、胎儿生长状况以及健康情形有关联性。正常健康的胎儿在子宫内一定会有适度的胎动，有时候一天可能高达几百次胎动，只是妈妈没有感觉那么频繁。

能从胎动感觉胎儿健康是否良好，妈妈在心理层面可以比较安心。假如胎动太少，有可能是一种预警信号，包括胎儿缺氧、窘迫、出生异常的机会会升高，所以注意胎动可及早发现问题，并妥善处理。

怀孕后期，胎动逐渐减少

越到怀孕后期，胎动越会逐渐减少，这是正常现象，主要因为怀孕后期羊水变少、胎儿变大，子宫内空间有限造成。很多孕妈妈自觉胎动减少而就医，检查结果其实是正常的。当然，少部分是真的有异常，必须进一步检查。

胎动多，宝宝出生后较活泼

胎动频繁或胎动很少，和宝宝出生后的好动程度有关。不过研究发现，生后发展较良好的孩童，胎儿期有较频繁的胎动。所以有好的胎动，宝宝出生后发展比较好；相反的，胎动异常的少，宝宝未来出生后可能有潜在问题。

不是动得越厉害越好

并非胎儿动得越厉害越好，如果胎儿一直都是特别好动，当然属于良性胎动。但如果突然动得特别频繁，就要注意可能是个警讯，如受外力撞击，或胎盘剥离，这时候胎儿会有暂时性激烈的活动，没多久便安静下来，胎动很明显减少，甚至没有胎动，这种情形应该立即就医。

若是胎动过少，可能因为子宫内环境不好，胎儿缺氧或营养受到压抑所致。不过，孕妈妈本身若属于肥胖、羊水太多，或是胎盘在前方，都会使妈妈对胎动感觉不明显，当这些因素被排除后，确定胎动太少才需做进一步的检查。

胎儿怎么动有差别吗

有些胎儿真的超爱动，转身、滚动等大动作都可能发生，无论怎么动都属正常，而且这些自主性活动并不具特别意义。此外，有些胎儿会把背鼓起，将子宫撑紧，妈妈误以为是子宫收缩，其实是胎儿在运动。

一天当中哪个时间胎动最频繁并不一定，不过大部分妈妈感觉晚餐后、睡觉前胎动较多，

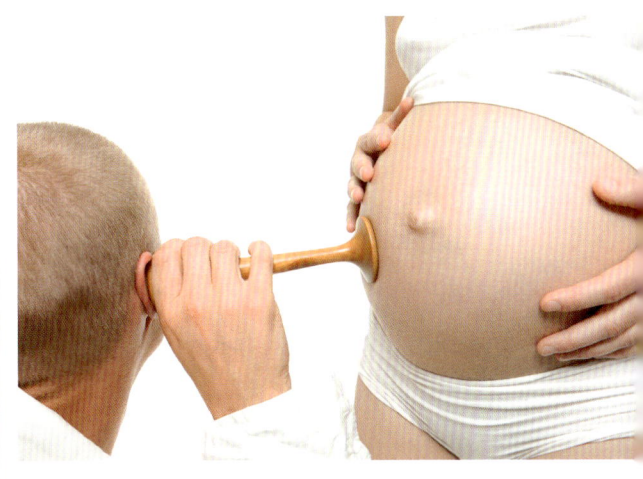

早上反而不明显，可能因为妈妈下班回家休息时比较会注意到胎动，而且晚餐后血糖升高，胎动也会增加。

胎动异常的原因

孕妈妈或胎儿有问题，都会使胎动异常：

- 孕妈妈问题包括：妊娠高血压、妊娠糖尿病、系统性红斑狼疮、心肺方面疾病等，如孕妈妈自身条件不理想，会影响胎盘功能，血流供给受阻碍，造成胎儿缺氧、营养不足，胎动会特别少。
- 胎儿问题包括：畸形、先天异常等，都会呈现胎动异常的情形。

胎动异常怎么办

孕妈妈发现胎动太少时，可以推推肚子，或喝杯果汁让血糖升高，观察胎动是否正常。假如胎儿仍旧不太动，且持续3天皆如此，就要接受检查。医师会观察是否有脐带绕颈、子宫动脉血流是否正常、羊水是否减少，或胎儿是否有活动等。

如果只是孕妈妈自己感受不灵敏，测试结果都正常，就不需太担心。假使检查确实有异常，若发现胎儿心跳已经很不好，医师会建议提早让宝宝出生，若有特殊状况甚至要采取剖宫产。

注意胎儿宫内发育迟缓

凡有妊娠并发症、不良分娩史的孕妇，如发现胎儿大小与妊娠月份不相符合，应请医生检查，是否胎儿宫内发育迟缓。通过以下几种方法，可以判断胎儿的生长状况。

❶ 测量子宫底高度。如果子宫底高度在4周内一直在正常限度以下，应怀疑发育不良。

❷ 测量孕妇体重。孕妇体重应随妊娠月份的增加而增加，到妊娠中后期平均每周增加350~400克。如果每周称一次体重，连续3次没有明显增加，表示有胎儿发育不良的可能。

❸ 用超声波检查。用超声波检查胎儿坐高、胸部、胎头等，推算胎儿体重，是比较可靠的方法。

❹ 检查孕妇尿中雌三醇含量。如果胎儿宫内发育迟缓，经检查没有先天性疾病，应给予及时的治疗。

首先，孕妇应增加间断性休息和左侧卧位休息，使全身肌肉放松，减低腹压，减少骨骼肌中的血容量，使盆腔血量相应增加。其次，要增加营养，增加高蛋白高热量饮食，严禁烟酒。要积极治疗孕妇的并发症，如有贫血应尽早纠正。如有条件应每日给孕妇吸2~3次氧，每次1小时。同时，请医生给予药物治疗。

胎儿宫内发育迟缓的孕妇，要密切观察自己宝宝的情况，出现胎儿危象及时救治。宫内发育迟缓的胎儿出生以后，生长和发育通常较同龄婴儿差，但经过精心科学的喂养，大多是能赶上同龄儿的。

胎儿发育与孕妇体重

在妊娠期，母体要孕育小生命成长，需要大量的营养，母体血量大量增加，以供应胎儿的需要。随着妊娠月份的增长，孕妇体重随之增加，其中除了胎儿的肌肉、骨骼、内脏及其他组织不断生长外，还有胎盘、羊水、母体的脂肪、乳房等。到分娩前，不论孕妇孕前体重是多少，孕妇体重比孕前平均增加11~13.5千克，不得少于9千克。其中妊娠期前半期增加总量的1/3，后半期增加约2/3。即妊娠1~12周增加2~3千克，妊娠13~28周增加4~5千克，妊娠29~40周增加5~5.5千克。一般情况下，妊娠早期因早孕反应，孕妇厌食、挑食，甚至呕吐，体重增加不明显。到孕13周以后，孕妇食欲增加，食量大增，体重逐渐增加，平均每周增加350克左右，不超过500克，直到足月。

如果体重增加数明显少于平均数，则胎儿在宫内发育迟缓、早产、死胎的危险性增加。如果体重增加过多，则有羊水过多、多胎妊娠、葡萄胎等可能。

孕妇可每周测量体重，然后将增加的体重数填在表内，用线连接，可供医生参考。

双胞胎健康全攻略

异卵双胞胎和同卵双胞胎

异卵双胞胎，顾名思义就是两个不同的受精卵分别在子宫着床，而双胞胎本身也拥有不同的基因，性别可能相同或不同，当性别不同时，就是俗称的"龙凤胎"。同卵双胞胎是指两人源自同一个受精卵，两个婴儿的基因来源相同、性别也必定相同。

容易发生妊娠疾病

❶ **妊娠高血压**：怀双胞胎也会提高罹患妊娠高血压综合征的概率。
❷ **贫血**：容易产生缺铁性贫血，也可能缺钙与缺电解质。
❸ **产后大出血**：因为怀了双胞胎，子宫会被撑得比较大，也容易收缩不良，造成产后大出血的概率是单胞胎的2倍。
❹ **产后忧郁症的概率增加**：由于同时需要照顾两个婴儿，妈妈的困难加大，得产后忧郁症的概率也随之增加。
❺ **羊水过多**：双胞胎的羊水通常比单胞胎来得多。双胞胎羊水过多的概率约为25%，若持续羊水过多，胎儿异常的概率相对较高。
❻ **本身负担变大**：因子宫容量变大，容易压迫到肺部，妈妈易喘，也会比较不爱动，也会影响到心肺功能。除了以上各种问题以外，孕妈妈早期破水的概率也比较高。

关于多胎妊娠的建议

❶ 平时要注意多补充铁质，蛋白质也别忘了要多摄取，每天也要多摄取一些热量[建议1254千焦（300千卡）左右]。
❷ 如果羊水过多，平躺较困难，建议妈妈睡觉时可以朝左方躺，让子宫往左边倾斜会比较舒服。
❸ 若因为子宫压到肺部易喘，则建议睡觉时枕头可以垫高一点，比较不容易喘。
❹ 为了尽量避免早产，怀双胞胎的妈妈应多卧床休息。照阴道超声波时若发现子宫颈有变短的现象，更需多卧床休息。双胞胎早产的概率相当高，所以定期产检与充分休息为保住胎儿的必备条件。
❺ 由于双胞胎胎儿的异常概率较高，所以必须要做高层次超声波，先行了解婴儿的生理形态与构造。
❻ 双胞胎建议剖宫产。因为第一个宝宝出生后，第二个宝宝在妈妈子宫内的位置可能会改变，若胎位不正，严重可能导致子宫破裂或胎盘剥离，恐怕会危害到第二个出生的宝宝及母体安全。

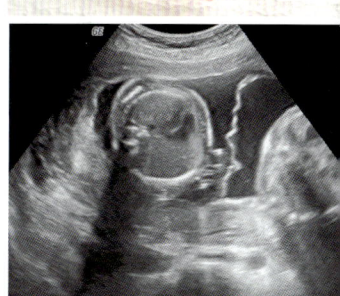

双胞胎妊娠18周超声波图：左侧为胎儿心脏部位横切面，右侧为腹部横切面，两个胎儿中间由羊膜隔开成两个羊膜腔

孕妈妈必知的补血问题

🌿 哪些孕妈妈容易发生贫血

怀孕到中后期，母体血流量增加了50%，以应对逐渐长大的胎儿所增加的营养素及氧量需求，有些状况会促使孕妈妈容易发生缺铁性贫血：

- 有妊娠孕吐症者。
- 二胎间隔小于2年。
- 多胞胎怀孕。
- 孕前月经期的经血量多者。
- 不喜食用富含铁的食物者。
- 饮食不均衡。

🌿 贫血有何影响

孕期贫血对孕妈妈的影响：

- 抵抗力下降，容易感染。
- 缺铁现象如果未予治疗，贫血现象很可能持续至哺乳期间，甚至延至哺乳期以后。
- 认知能力的退步，并可能与疲倦感及注意力难以集中有关。

孕期贫血对胎宝宝的影响：

- 宝宝出生后会较早出现缺铁状况。
- 如果贫血出现在怀孕的前期及中期（约7个月之前），则胎儿会有早产及体重过轻的情形。

🌿 如何治疗缺铁性贫血

❶ 依医师处方给予铁剂：以每天60~120毫克元素铁治疗，如一颗325毫克的硫酸亚铁含60毫克的元素铁。

如何判断是否贫血

- 由检查判断：在孕期中，初次产检及怀孕28周共做2次血液检查，项目包括血红蛋白及血比容，由其数值做判断。
- 由症状判断：有人没有感觉，有人会有疲倦、头晕、心跳加速、心悸现象、脸色苍白、下眼睑苍白、呼吸短促、指甲苍白等症状出现。

❷ 注意不良反应：高剂量的铁剂会造成一些不良反应，如便秘、胃肠道不适、恶心、偶尔拉肚子，解决的方法为：
- 以黑枣汁配铁剂一起服用，可以改善便秘症状。
- 铁剂由少量逐渐增量，或一日剂量分数次服用，以减轻胃肠道不适状况。
- 改在睡前服用铁剂，可以驱除恶心的感觉。

服用铁剂注意事项

❶ 空腹服用，吸收效果佳，但若造成肠胃不适时，则改为睡前服用。
❷ 与白开水或含维生素C的果汁（如柳橙汁）一起吞服，切忌与牛奶同食，因为奶中钙质会干扰铁质吸收。
❸ 服用铁剂后，大便会呈深绿或黑色，乃正常现象。

富含铁质的食物来源		
铁质的动物性来源	家畜类：	牛肉、猪肉、羊肉、猪肝、内脏
	家禽类：	鸡、鸭、火鸡、肝脏、蛋黄
	海鲜类：	蚌壳类（如蛤蜊）、沙丁鱼、鲲鱼等
铁质的植物性来源	豆类：	荚豆、青豆仁、干豆类（黑豆、红豆、黄豆等）
	绿叶菜：	颜色越深，铁含量越多，如西蓝花
	干果核果类：	核桃、葡萄干、腰果、枣干、花生等

孕期聪明补铁

❶ 均衡饮食：透过多种食物帮助、不偏食，可以增加铁的平均摄取量。
❷ 避免和钙质同时摄取：孕妈妈每天补充奶类，奶类属于高钙食物，会抑制铁的吸收，最好和高铁质的食物错开时间摄取，可以分别提高钙与铁的吸收率，所以选择奶类制品时建议不要执着于"高铁高钙"。

❸ **一天1份红色瘦肉类**：红色肉类富含血铁质，肠胃吸收利用率佳，一天1份(约50克重)不但可以补充铁质，也不用担心脂肪过量。

❹ **餐后一份水果**：维生素C是铁的好朋友，所以在餐后来一份含丰富维生素C的水果，可以大大提升铁的吸收率。如番石榴、奇异果、柠檬、小西红柿、柑橘类等，而且还能摄取纤维质，帮助肠胃运动。

❺ **增加全谷类及豆类摄取**：提高摄取频率与摄取量，并配合烹调，可以弥补其利用率低的问题。虽然黄豆的植酸含量高，但其加工过程可以去除绝大多数的植酸，反而有助于铁的利用率，所以黄豆发酵产品如豆豉、酱油，以及以葡萄糖酸凝固成的盒装豆腐，都有较好的铁吸收率。

❻ **多摄取深绿色蔬菜**：蔬菜中虽然含有草酸、植酸等阻碍铁质吸收的成分，但是若在烹调前先把蔬菜用沸水氽烫后再炒，或加柠檬汁凉拌，也能增加身体对铁的利用率。

❼ **减少咖啡与茶的摄取**：咖啡与茶当中所含的单宁酸会抑制铁在肠道的吸收，如果真的要饮用，建议在饭后2小时再喝。

❽ **适当补充铁剂**：孕妈妈在必要时建议咨询医师及营养师意见，增添铁补充剂。

红豆燕麦紫米粥

原料 红豆、花生仁各25克，燕麦、紫米各75克。

调料 红糖、冰糖各适量。

做法 ①红豆、紫米分别洗净，用水浸泡1小时，捞出沥干；燕麦淘洗干净；花生仁洗净，剥去红衣。②锅中倒入适量水，放入所有主料，大火煮沸，转小火煮至粥熟豆烂，加红糖、冰糖调味即可。

功效 清热利水，补血养血，润肠通便。

扶中糕

原料 面粉100克，白术、茯苓、龙眼肉、山药各20克，党参10克，陈皮5克。

调料 白糖适量。

做法 ①将各种药材全部洗净，研成粉末，与面粉拌匀，加适量白糖和水，和成面团。②将面团上屉，蒸成糕即可。

功效 可治脾胃虚弱造成的贫血。

快乐胎教课堂

胎宝宝在听什么

研究人员在靠近子宫的地方放置麦克风，记录胎儿能听到的各种声音，结果发现，子宫内不仅有妈妈的心跳声、妈妈的血液流经胎盘的声音、空气在消化系统四周移动产生的泡泡声，还有肺呼吸的充气声。

胎宝宝不仅能够听到声音，同时也有辨识声音的能力。由于妈妈日日夜夜与宝宝相处，因此，妈妈的声音对宝宝的刺激最大，在宝宝出生之后，他也能够辨识陌生人与妈妈声音的差异。不过爸爸不需因此而气馁，高频的声音较容易被皮肤吸收，而低频的声音较能穿透肚皮，因此在理论上，爸爸的声音更容易传到胎儿耳里。

胎儿不仅能够辨认他常常听到的说话声，同时也能感受到声音里头的表情，例如温柔或是不悦的语气，所以爸妈们可别随便敷衍胎儿，随便讲句话就了事哦。

另外，胎儿不仅能辨识妈妈的声音，妈妈与他说话时呈现的语言模式，对宝宝日后的语言发展能力也有帮助。不过这可不代表胎宝宝已经能够听懂大人们说的话。

从本月起，可以开始有计划地进行音乐胎教，每天1~2次，每次5分钟。应选择在胎儿觉醒期，即有胎动的时期进行，也可固定在临睡前。可通过收录机直接播放。孕妇应距音箱1.5~2米远，音响强度可在65~70分贝。可以使用胎教传声器，直接放在孕妇腹壁胎头部位。腹壁厚了，音响稍大，腹壁薄，音响稍小。千万不要将收录机直接放到腹壁上给胎儿听，噪声可损害听神经。孕妇也可同时通过耳机收听带有心理诱导词的孕妇专用音乐磁带，或选用自己喜爱的各种乐曲。可随音乐进行情景联想，力求达到心旷神怡的境界，借以调节精神情绪，增强胎教效果。

可以让宝宝听音乐，但不要太过大声，否则可能会惊吓到宝宝。另外，让宝宝听音乐的次数也不要太过频繁，一天一两次即可，以免影响宝宝休息。

孕妈妈要养成每天睡觉前听固定音乐的习惯，久而久之，宝宝听到这个音乐也会想睡觉，日后假使妈妈在睡觉时，肚子里的宝宝动个不停，妈妈不妨试着播放睡前必听的音乐，会比较容易让宝宝入睡。当宝宝出生之后，爸妈照样可以利用相同的音乐，帮助宝宝入睡。

音乐优美的韵律，是父母与胎儿之间不同语言交流的桥梁，能被宝宝感受到，是相互感情交流的最佳通道。

音乐胎教最易上手

由于声音是最快而明显得知胎儿是否感受到外在刺激的物质,因此,最常见的胎教方式就是"听音乐"或"和宝宝胎谈"。建议孕妈妈不妨听一些令自己感到和缓、舒服、愉悦的音乐,尤其古典音乐可使脑波平稳,是不错的选择。西方学者们认为莫扎特的音乐可刺激大脑α波释出,以促进胎儿脑部发育,或让心情平稳、放松,而成为胎教音乐的首选。

从这个月起,可以每天进行两次听觉训练,每次3~5分钟,先选用供孕妇欣赏的作品,音乐应柔和平缓,优美动听,带有诗情画意,如《春江花月夜》、《江南好》等,既宁静、感人,又能产生美好联想。通过孕妇的神经体液,将这些感受传给胎儿。

不过,也不一定非古典音乐不可,只要孕妈妈听了能神清气爽、心情平稳即可,因为,如果平时不听古典音乐的人勉强去听,反而感到沉闷或想睡觉,就非适合的音乐了。

至于过度嘈杂的音乐和环境则较不适当,因为会使生理亢奋,出现心跳加快、血管收缩、肾上腺素上升的反应,短时间还好,长期下来会造成生理反应疲乏,对胎儿不好。举例来说,血管长期收缩会使得血液循环差,胎盘功能就差,因而影响胎儿发育。

姑且不论胎儿是否听得到音乐,只要孕妈妈听得心情愉悦,心里就会觉得对胎儿好,一旦母亲的心境平和,胎儿自然也处在温和平稳的环境中,这就是一种好的胎教环境。父母还可以与胎儿对话,每天定时1~2次,对话内容不限,可以问候,可以聊天,可以讲故事、读诗歌。

对胎儿来说,妈妈愿意进行胎教,代表多了一份爱与关怀,若能做得好,不但胎儿发育好,产科并发症如早产、胎盘早期剥离等也会相对减少。

适于孕妇欣赏的音乐,要选择充满诗情画意、幽雅抒情、委婉柔和的乐曲。如中国传统名曲《梅花三弄》《平湖秋月》《渔舟唱晚》《春江花月夜》等;外国音乐应选取古典音乐,如《圣母颂》《A大调抒情小夜曲》《仲夏夜之梦》;现代音乐宜选用由世界名曲改编的轻音乐等。

欣赏《圣母颂》

《圣母颂》原指天主教徒对圣母玛利亚的赞美歌,其歌词最早是由罗马教廷于1545年起召开的特洛特会议上确定的。19世纪以来的《圣母颂》,歌词已经变得比较自由,除了必须含有对圣母的赞颂之外,其他戒律均被打破。作曲家借它抒发感情和对未来的希望,故在不同程度上具有世俗的成分,而不仅仅限于宗教的范围。

法国著名音乐家古诺有一首广为流传的歌曲《圣母颂》,其使用的伴奏是巴赫《平均律钢琴曲集》第一首《C大调前奏曲与赋格》的前奏曲部分。《圣母颂》充满高雅圣洁的氛围,使我们如同置身于中世纪古朴而肃穆的教堂之中;集纯洁、宁静、明朗于一身,满怀美好的期盼,古诺将《C大调前奏曲与赋格》与自己歌曲的旋律结合得天衣无缝,浑然一体。歌词是出自虔诚真挚的祈祷文,配合着如泣如诉的旋律,每次演唱时,听者歌者皆自然地被激起了孺慕之情,其优美淳朴百余年来一向脍炙人口。

胎教歌曲赏析

《圣母颂》还曾被舒伯特谱成了小提琴曲,这首《圣母颂》是他在1825年根据英国诗人瓦尔特·司各特的叙事长诗《湖上美人》中的《爱伦之歌》谱写而成。

中医胎教

刘向《古列女传》中说：太任，文王之母，挚任氏之仲女也，王季（西周文王姬昌之父，即季历）娶以为妃。太任之性，端一诚庄，惟德之行。及其娠文王，目不视恶色，耳不听淫声，口不出敖言，生文王而明圣，太任教之以一而识百，卒为周宗。君子谓太任为能胎教。

古者妇人妊子，寝不侧，坐不边，立不跸跸（一只脚站立）。不食邪味，割不正不食，席不正不坐，目不视邪色，耳不听淫声，夜则令瞽诵诗，道正事。如此，则生子形容端正，才过人矣。

故妊子之时，必慎所感。感于善则善，感于恶则恶。人生而肖万物者，皆其母感于物，故形音肖之。文王母可谓知肖化矣。

双语胎教——*Little Joy*

Little Joy, little Joy
Plays with his toys.
Making a lot of noise
It's the way he enjoys.

小乔伊

小乔伊，小乔伊，
常常玩玩具。
弄得吱呀吱呀响，
他却很欢喜。

欣赏海涅《乘着歌声的翅膀》

乘着那歌声的翅膀，
心爱着的人，
我带你飞翔，
走到恒河的岸旁，
那里有最美的好地方。
一座红花盛开的花园，
笼罩着寂静的月光；
莲花在那儿等待，
她们亲密的姑娘。
紫罗兰轻笑耳语，
抬头向星星仰望，
玫瑰花把芬芳的童话，
偷偷地在耳边谈讲。
跳过来静静里倾听的，
是善良聪颖的羚羊；
在远的地方喧嚣着，
圣洁河水的波浪。
我们要在这里躺下，
在那棕榈树的下边，
沐浴着爱情和恬静，
沉醉于幸福的梦幻。

海涅是德国的著名诗人。他的早期创作主要是抒情诗《歌集》，作曲家们为海涅的诗谱写了3000多首曲子。

这首诗表达了诗人对爱情的美好向往。诗人畅想恒河的迷人景色，仿佛闻到紫罗兰、玫瑰、白莲花的芳香；看到清澈的水波、碧绿的棕榈，月光下的花园，善良的羚羊，心爱的人……一切都飘逸在诗人的神奇的世界里。

就是要美丽

孕育生命的280天,是女人最最美丽的时刻,浑圆、硕大的肚子,线条特别明显,别有孕味,很美丽呢!

你想留下孕期美丽倩影吗?别犹豫,请另一半拿起相机,为两人"做人的历程"留下见证吧!生命成长的喜悦,尤其令人悸动!

拍孕妇照,最重要的是漂亮!穿着设计典雅的孕妇装,或是"露出肚肚"的小可爱……只要适合自己,端庄或俏皮,时尚或复古,随你高兴,随你和他喜欢,有什么不可以呢?

总之,就是要美丽!怀孕期间,美丽也不可以打烊哦!注意孕期调理、体重控制,爱孩子也别忘了爱自己,每天打扮得漂漂亮亮,让自己心情愉快,也是最好的胎教方式!

做个小鸡奶嘴袋

准备工具

1. 保丽龙胶
2. 穿带器
3. 珠针
4. 手缝针
5. 刺绣针
6. 小剪刀
7. 线剪
8. 绣线
9. 螺丝起子
10. 粉土笔
11. 硬尺
12. 布剪
13. 熨斗

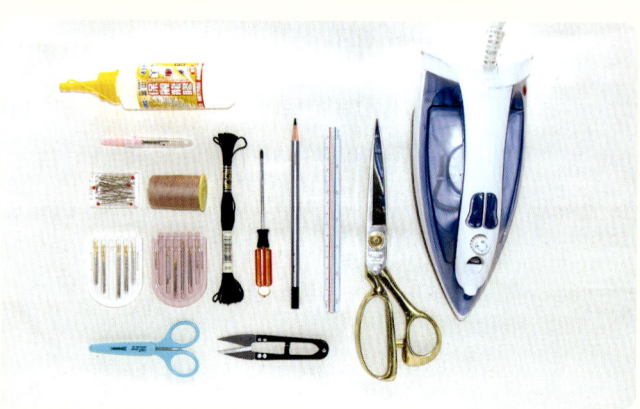

DIY 作法

① 依纸型裁剪所需布片。

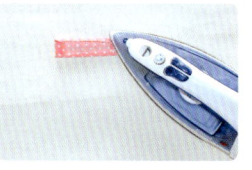

② 将腊绳空间布片反面朝上，两短边各内折1.5厘米，两长边各内折0.7厘米，用熨斗烫平，两片皆同。

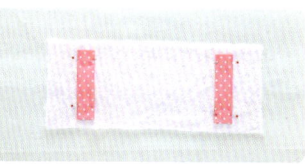

③ 已整烫后的两条腊绳空间布片，分别用珠针固定于袋身表面，距短边边缘4厘米处的位置上。车缝腊绳空间布片长边固定。

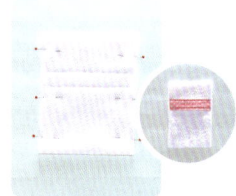

④ 袋身正面相对对折，用珠针固定两边后车缝，翻回正面。

⑤ 开口处往内折0.7厘米两次，车缝固定。

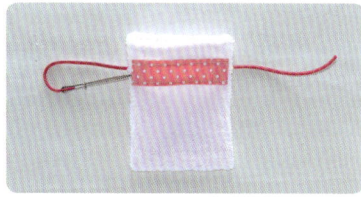

⑥ 将腊绳用穿带器夹住，穿入腊绳空间布片。再穿入另一边的腊绳空间布片。

⑦ 两条腊绳皆穿入后，将两腊绳尾端手缝固定。

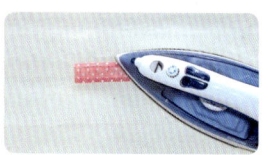

⑧ 将郁金香花苞布片反面朝上，两长边各内折0.7厘米，用熨斗烫平，两片皆同。

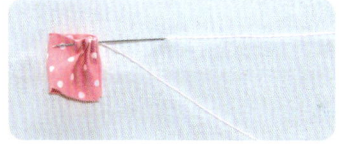

⑨ 整烫后的郁金香花苞布片正面相对对折，车缝短边处固定，两片皆同。翻回正面，开口处一端以平针缝缩缝。

⑩ 将郁金香花苞固定于腊绳尾端处后，在郁金香花苞布片内，塞入少许棉花。

⑪ 开口处，先取两侧中心点缝合。

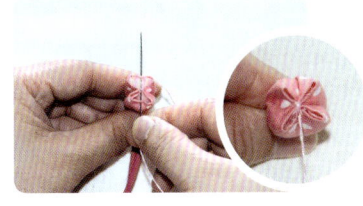  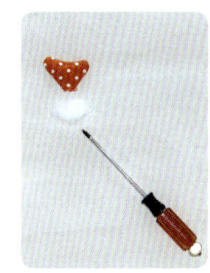

⑫ 再取另两侧中心点缝合成花形皱褶。打止缝结，完成（另一边做法亦同）。

⑬ 在小鸡身体布片上用粉土笔画上小鸡嘴巴图案，使用刺绣针绣，绣上小鸡嘴巴。

⑭ 鸡冠布片正面相对，车缝留返口，翻回正面，塞入少许棉花，返口处车缝一道。

 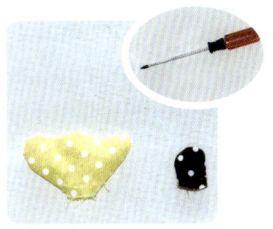 

⑮ 把鸡冠放置在小鸡身体布片之上方，车缝固定后，小鸡身体布片正面相对，车缝留返口。

⑯ 翻回正面，塞入少许棉花，返口处用藏针缝缝合。

⑰ 翅膀、鸡脚布片正面相对，车缝留返口，翻回正面，塞入少许棉花，返口处用藏针缝缝合。

⑱ 黑眼珠用保丽龙胶粘在眼睛位置，翅膀与鸡脚分别用藏针缝缝在指定位置上。用胶枪把小鸡粘在袋身表面做装饰后就完成。

小鸡奶嘴袋纸型

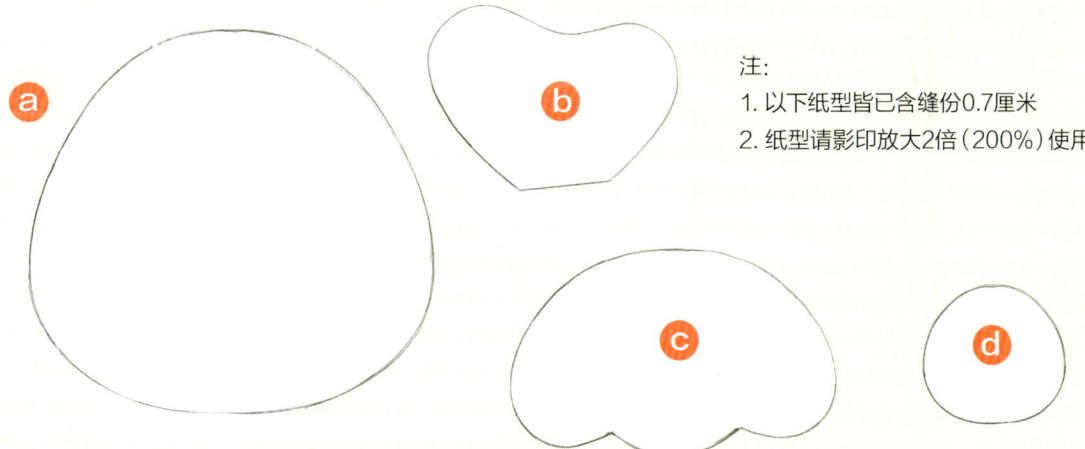

注：
1. 以下纸型皆已含缝份0.7厘米
2. 纸型请影印放大2倍（200%）使用

小鸡造型奶嘴束口袋所需布片

袋身布片：12×30厘米，缝份0.7厘米
腊绳空间布片：4×12.5厘米（2片），长边缝份0.7厘米，短边缝份1.5厘米
郁金香布片：4×8厘米（2片），缝份0.7厘米

a. 小鸡身体：正反布片各1片
b. 鸡冠：正反布片各1片
c. 小鸡翅膀：正反布片各2片
d. 鸡脚：正反布片各2片

胎教故事——《渔夫和他的妻子》

很久以前,有个渔夫和妻子住在海边的肮脏小渔舍里。有一天,渔夫钓到了一条金鱼,金鱼对他说:"渔夫,你放了我吧,我是中了魔法的王子。"渔夫放走了它。

"喂,今天什么都没钓到吗?"他的妻子问道。"钓到了,不过是一条会说话的王子,我就把它放了。"渔夫回答说。"你怎么不提出愿望呢?告诉它,我们需要一座漂亮的别墅。"妻子说道,"你现在立即去。"

尽管渔夫并不想去,但是又害怕惹妻子生气。他来到海边说:"金鱼啊,我的老婆想要一幢别墅,你能答应吗?"金鱼果然出现,并答应了他的要求。

渔夫回到家中发现,小渔舍已经变成了别墅。妻子很开心,他们幸福地生活了一两个星期。有一天,妻子突然说:"快去找金鱼,让它送咱们一座宫殿。"

渔夫并不想去,但是妻子很生气,他只好又来到海边,喊道:"金鱼,我的妻子想住在一座石头建造的宫殿里。"金鱼又答应了他的请求,渔夫回到家里的时候,果然发现老婆很开心地站在台阶上。那是用大理石铺就的宫殿,宫中金碧辉煌。

第二天早晨,妻子醒过来,就用胳膊肘捅了捅丈夫的腰说:"咱们当这个国家的国王吧。你快去找金鱼,就说我要当国王。"

尽管渔夫不想去,不过,还是去求金鱼了,当渔夫回家后,他发现他的老婆戴着一顶宽大的金冠,坐在宝座上。

渔夫胆战心惊地跪在下面,他的老婆又想当教皇了。渔夫只好又去央求金鱼。听完渔夫的请求,金鱼说道:"回去吧,她又重新住进了那个破渔舍。"

就这样,他们在里面一直生活到今天。

孕妈妈动动脑

下图上下共有12处不同,请找到它们吧。

答案在这里

好多孕妈妈会觉得自己孕期变笨了,快来做做找不同,看看自己智商有没有下降吧!

与胎宝宝一起快乐

起名

杨丽怀孕了，小杨跟丈夫小张商量给孩子起名字的事。

小杨："孩子名字得把我的姓给带上。"

小张："那叫张威扬怎么样？"

杨丽："你想爬到我头上来耍威风吗？"

小张："那叫张敬杨怎么样？"

杨丽："这还差不多。"

心理游戏——你的记忆水平如何

测验一：在40秒内努力记住下面20个词和它们的编号，然后在纸上写上它们的编号和相应的词。

A.乌克兰人；B.经济；C.饭；D.刺的花纹；E.中子；F.爱；G.剪刀；H.良心；I.黏土；J.词典；K.油画；L.纸；M.甜点心；N.逻辑学；O.标准；P.动词；Q.破裂；R.逃兵；S.蜡烛；T.樱桃。

按下面公式计算记忆效率：

正确写出来的词的数量÷20

测验二：在40秒内努力记住20个数目并记住它们的编号。也按测验一的公式计算。

A.43；B.57；C.12；D.33；E.81；F.72；G.15；H.44；I.96；J.7；K.37；L.18；M.86；N.56；O.47；P.6；Q.78；R.61；S.83；T.73。

测验三：用10秒时间观察正方形里的图形，记住然后将它们按着同样的顺序画下来。

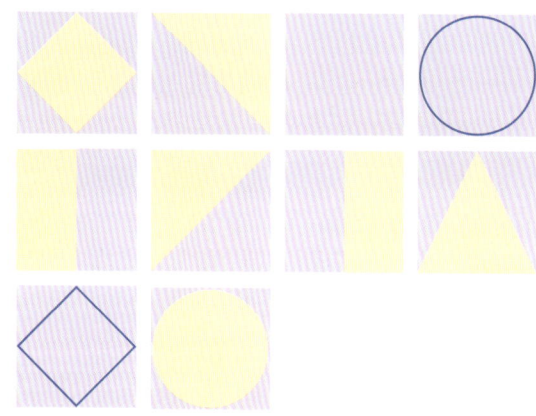

计算公式：回答正确的数量÷10

将这3个测验的得分相加后被3除，你就知道自己记忆效率平均数了。如果你对测试的结果不满意，请不要介意，因为大多数孕妈妈记忆力都有点差，这个游戏提醒你：对自己目前的记忆力不要太自信哦。

0.9~1分，优秀；0.7~0.9分，很好；0.5~0.7分，良好；

0.3~0.5分，中等；0.1~0.3分，差；0~0.1分，非常差。

准爸爸必读

关爱孕妻居家生活

让孕妈妈最放松的地方,当然就是家了!有好的居家生活,才能使孕妇身心放松,腹中的宝宝也能在好的环境下成长。

Q: 孕妈妈腿抽筋怎么办?
预防和改善抽筋的方法包括:
- 饮食要均衡,多吃含钙的食物。
- 平时应做好腿部保暖,可局部按摩、热敷。
- 睡觉时调整成舒适的睡姿,平常要有适当休息,不使腿部过度疲劳,并且每天应维持适度的运动。
- 当腿部抽筋发生时,可平躺将腿部伸直,脚跟抵住墙壁;也可一手按住孕妈妈的膝盖,另一手将足部往小腿方向向上推,以拉直小腿;或站立,腿部伸直,脚跟着地。若经常发生,应请医生诊治。

Q: 可以帮孕妈妈按摩吗?
当孕妈妈腰背疲劳时,可以按摩腰部的脊椎骨两旁;若是下肢疲劳时,可以按摩小腿;孕妈妈头痛时,可以帮她按摩整个头部及太阳穴。不建议按摩肩膀,因为刺激肩膀的穴位,可能使子宫收缩,容易导致流产。不过如果肩膀酸痛,轻轻按揉肩膀及肩胛骨附近肌肉是无妨的。

Q: 哪些运动适合夫妻一起做?
有氧运动是最适合的,如散步、游泳。避免从事无氧运动,如提重物等,因为会增加腹压。运动的时间没有特别限定时段,可依照个人的习惯及方便,也可利用午休时间把下肢抬高,做做伸展运动(如扶着固定的椅子把脚向后伸展)也不错。

Q: 居家环境须注意什么?
随着孕妈妈肚子变大,家中空间摆设应尽量简化,不要有太多突出的摆设,以避免腹部受到碰撞。特别要注意浴室的地板是否湿滑,拖鞋要具防滑功能。而环境要干爽,湿度不要

太高,不能太燥热。有下厨习惯的孕妈妈,因肚子卡在前面,腰会愈来愈弯,且怕肚子碰到火源会越往后站,更容易腰酸背痛,建议有人帮忙或工作一阵子就休息一下,以减轻孕妈妈的负担。

家具方面,不要购买太软的椅子或沙发,这会造成孕妈妈坐下时,整个身体下沉,站起来时更费力,造成不便。怀孕时,孕妇的腰椎会向前倾,且会越来越弯,再加上坐姿不正确、椅垫太软容易陷下去,都会加重腰酸背痛的症状。也不要坐会滑动的椅子,以免孕妇重心不稳而跌倒。

建议坐有扶手、不要太深的椅子,让孕妇的背容易靠到椅背,且比较好站起来。若不准备替换座椅,可用抱枕或靠背枕作为支撑腰部的工具。

Q: *太太怀孕时可否搬家?*

因为搬家会使孕妈妈紧张、过度疲累,也需帮忙提重物,这容易使腹压上升而产生宫缩,容易流产,所以,不建议在太太怀孕时搬家。若真的有搬家的需求,建议孕妈妈不要提重物,且要多休息,当有腹部变硬的宫缩现象就要立刻停止工作,并且卧床休息。

Q: *家中是否适合种植花草?*

家中是否适合种植花草视人而定,若对花粉过敏者,则尽量不要。另外,卧室内不宜置放花草,以免夜里植物因呼吸而放出二氧化碳,影响孕妇及胎儿的健康。

Q: *怀孕多久才适合出游?*

适合旅行的时间是在怀孕中期的时候,就是怀孕的4~7个月。出游时要依孕妈妈的体力安排行程,先生也要在一旁协助并注意安全,不要吃生冷的食物,注意饮食卫生。若搭飞机,要先询问航空公司对孕妇的搭乘限制;出国旅游则先打听当地的医疗资源,并请自己的妇产科主治医生开立中英文产检简历,以备到国外时有就医的需要。

Q: *在家清扫时要注意什么?*

怀孕时因激素的关系,孕妇鼻黏膜会肿胀而有鼻塞的症状。准爸爸打扫时灰尘大,孕妇须戴口罩或是远离打扫的地方,以避免灰尘引起更严重的鼻塞症状。

Q: *每次产检或课程,准爸爸都要参与?*

准爸爸最好尽量参与,尤其在怀孕20周左右会做超声波检查,准爸爸到场除表示对母子的关心外,也可以通过超声波画面看到胎儿,增加做父亲的实际感受。当需要做进一步的检查,如羊膜穿刺等,准爸爸最好在场一起了解情况,并且可以给予妻子支持与鼓励。

Chapter 6

胎宝宝第6个月
爸爸听到你悸动的心

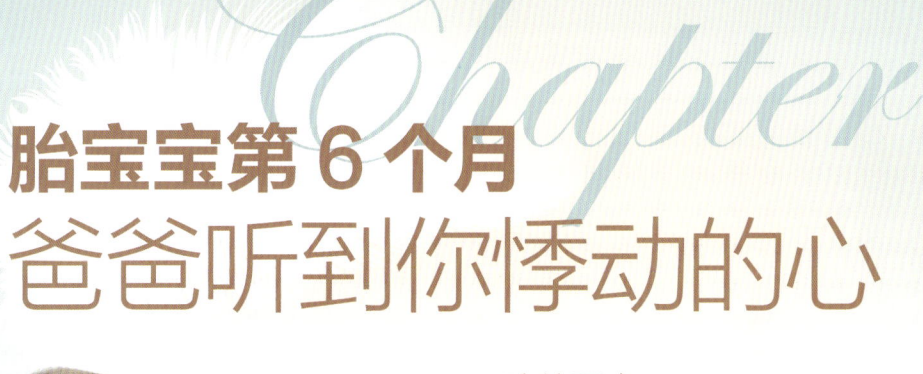

胎教要点

- 肚子开始显著突出，易倾倒，要谨慎
- 孕妈妈增加运动，可进行运动胎教
- 治疗牙病，注意口腔保健
- 预防妊娠高血压
- 准爸爸开始监测胎心音
- 本月产前检查一次

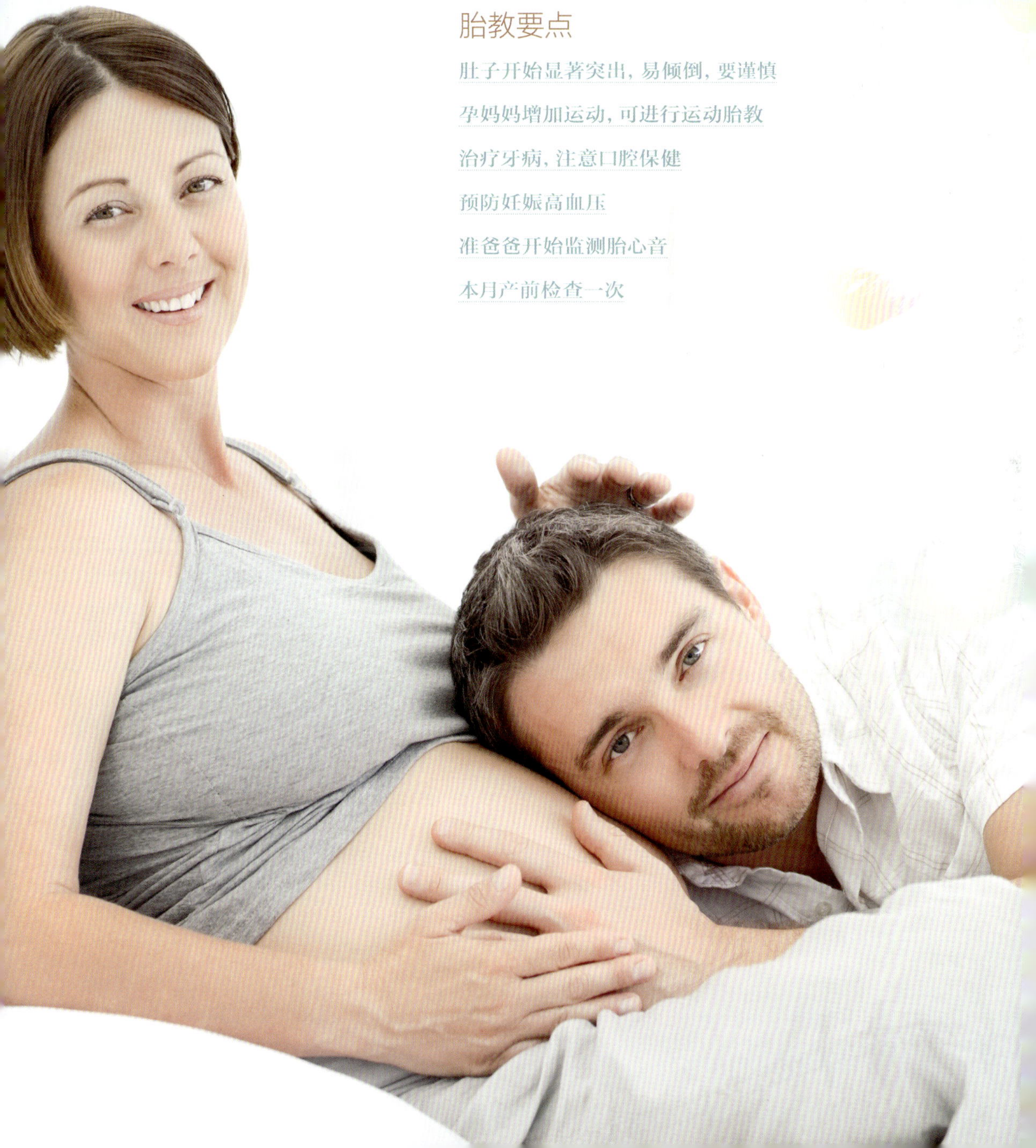

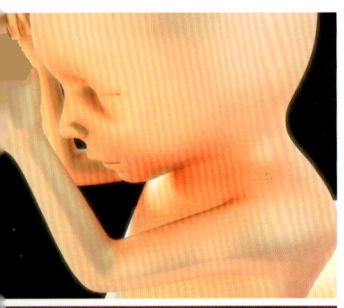
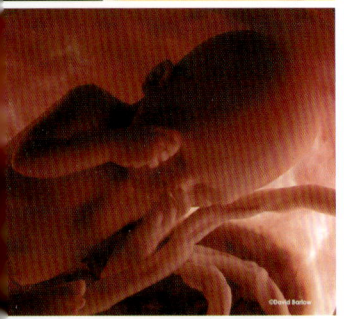
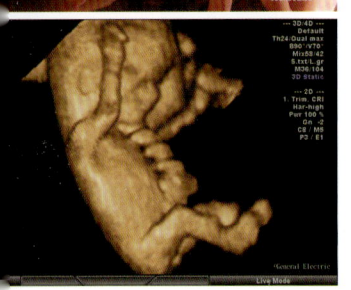

胎宝宝成长之旅

胎儿身长28~34厘米，体重600~800克，皮下脂肪开始发育，但皮肤有皱纹。此时胎儿面目清楚，骨骼健全，经常改变位置。6个月的胎儿肌肉发育较快，体力增强，越来越频繁的胎动表现了他的活动能力增强。大脑继续复杂化，眉毛已长出，鼻子更挺起，脖子更长了。当胎儿睡觉时，两条胳膊弯曲抱在胸前，膝前提到腹部。

这个月的胎儿已经长出浓浓的头发、眉毛和睫毛等，骨骼已相当的结实了。身体逐渐匀称，皮下脂肪少，皮肤呈黄色。开始有胎脂附着。大脑继续发育，大脑皮层已有六层结构，沟回明显增多。

胎儿经常处于睡眠状态，手足的活动逐渐增多，身体的位置常在羊水中变动，如果出现臀位也不必害怕，因为胎位没固定。

🌿 胎宝宝21周

- 胎宝宝皮肤还是透明的，呈现暗红色，皮下脂肪一点点增加，但身体仍然满是皱纹，而且瘦小。骨骼肌肉和神经开始发达，羊水量也在增加，因此胎儿的动作更顺畅活泼。
- 耳朵能听到声音，但听力的完成是以后的事情。
- 胎儿的胸脯不时鼓起来，陷下去，开始呼吸，但口腔中是羊水而非空气。

🌿 胎宝宝22周

- 胎儿可以吞咽羊水，肾脏能制造尿液。
- 感觉器官开始迅速发育。给胎儿听很大的声音，胎儿会用手捂住耳朵。
- 每天胎动200次。
- 全身长满细柔的胎毛。开始生出头发和指甲。

🌿 胎宝宝23周

- 胎儿全身开始变得滑溜溜的，身上有了一层胎脂，可以保护胎儿的皮肤以免在羊水的长期浸泡下受到损害。胎儿的体重在不断增加。

🌿 胎宝宝24周

- 胎儿已具备了一定的听力，可以听到说话声和一些音响声。
- 小手指上长出了娇嫩的指甲。可以将小手张张合合。
- 眉毛和眼睑已清晰可辨。

你的身体变化

此时子宫底高18~21厘米，下腹明显隆起，体重增长快，容易感到疲劳，腰部疼痛，乳房也有明显变化，偶有淡初乳溢出。另外，由于母体的钙质被胎儿摄取利用，有时孕妇会感到轻微的牙痛或患口腔炎。可明显地感到胎动。

怀孕第21周

因为日益增大的子宫压迫了孕妇的腹部和肺部，孕中期的各种状况也更加明显。此时胎儿和母体的生长发育都需要更多的营养。这一阶段妈妈常会出现贫血现象，应该多吃富含铁质的食物，如瘦肉、鸡蛋、动物肝、鱼、含铁较多的蔬菜及强化铁质的谷类食品，如有必要也可在医生的指导下补充铁剂。

怀孕第22周

此期是孕期最轻松的时刻。肚子还不是很大，可以充分享受一下这时的轻松。如果必须安排一次外出旅行，此时较合适，但是行程不要太远，旅行中的安排要尽量舒适，不能劳累和颠簸。这时以妈妈和胎儿都能放松的音乐作为胎教最合适。

怀孕第23周

此期孕妇体重每周大约增重300克，体重稳定增加，某些孕妇可能会有消化不良或胃部灼热感，少吃多餐可能有助于减轻胃部灼热感，饭后散步有助于消化。孕妇还会发现分泌物增多，这是正常情况，不用担心。

怀孕第24周

身体重心前移。可能还会发现原来凹进去的肚脐开始变得向外突出，这是正常的，等分娩之后它自然会恢复原样。很多孕妇还会出现牙龈出血的现象，这种现象很普遍。即使刷牙时动作很轻，也有可能导致出血。要坚持刷牙，以免发生蛀牙。还有一些孕妇此时会出现便秘现象，会导致痔疮的发生，要注意饮食调节，多吃一些润肠通便的食品，如各种粗粮、蔬菜、黑芝麻、香蕉、蜂蜜等，也应该注意适当运动。

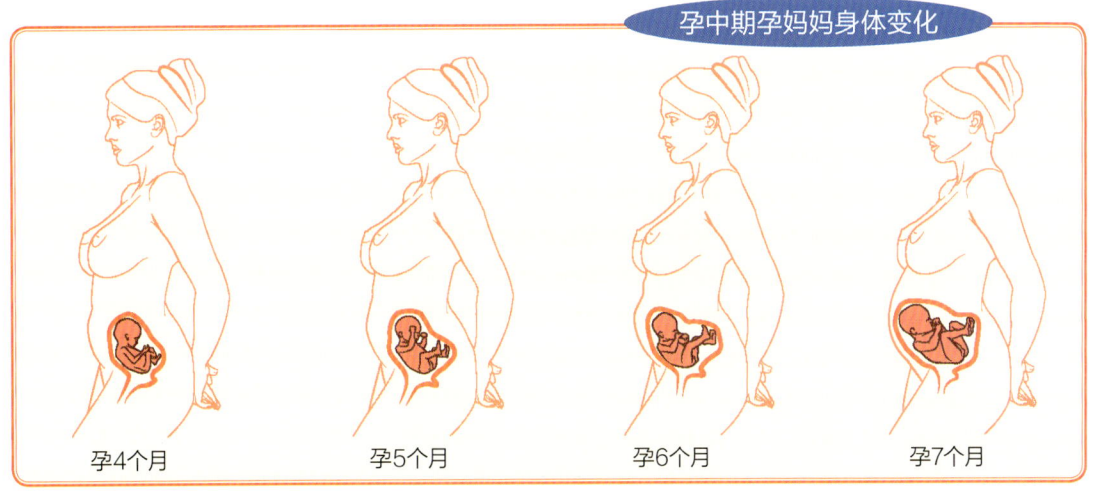

孕中期孕妈妈身体变化

孕4个月　　孕5个月　　孕6个月　　孕7个月

优境养胎

产前检查特殊项目

🕊 高层次超声波检查

建议检查时间：
怀孕20~24周。

检查目的：
❶ 使用更精良的超声波仪器，对胎儿状况做更仔细且完整的检测。
❷ 若孕妇有遗传疾病，可针对相关器官或部位加以仔细检查。

重要性与优点：
❶ 高层次超声波提供较清楚且较多细节的胎儿影像，当怀疑胎儿有异常，一般超声波影像又看不清楚的情况下，高层次超声波对确诊有很大的帮助。
❷ 对胎儿没有伤害性。
❸ 准确度达80%。

建议实施对象：
❶ 大于34岁的孕妇。
❷ 曾生育过先天异常儿者。
❸ 有家族遗传病史。
❹ 胎儿有畸形之可能者。
❺ 曾怀过染色体异常的胎儿。
❻ 父母本身有染色体异常。
❼ 其他。

缺点及考虑： 有些疾病仍无法透过超声波检查出来，如听障、智障、耳聋、精神分裂、过于微小的缺陷等。

词汇解读——前置胎盘

代表胎盘挡在子宫颈处，大约20周可慢慢发现是否有前置胎盘问题，不过也可能随着周数改变好转。而前置胎盘可分为4种类型：

- 完全性前置胎盘：胎盘完全盖住子宫颈内口。
- 部分性前置胎盘：胎盘盖住部分子宫颈内口。
- 边缘性前置胎盘：胎盘盖住子宫颈内口的边缘部分。
- 低位性胎盘：胎盘并未盖住子宫内口，但位于子宫下段，离子宫颈内口很近，部分性以及完全性前置胎盘，这种比较危险，可能引起产后大出血。前置胎盘问题必须先评估其覆盖程度，如果严重需以剖宫产方式生产。

怎样听胎心音

听胎心即听胎儿心脏跳动的声音,是产前检查的重要内容之一。胎心与胎动一样,是胎儿存活的客观标志,产前检查听胎心,可了解胎儿在宫内的安危情况。利用仪器在胎儿10周或12周的时候,便可以听到胎心音。如果采用一般的听诊器,要到17~18周才能追踪到。妊娠初期,由于胎儿的位置关系或其他种种干扰因素,如母体的脂肪过厚等原因,即使用精密的仪器也无法听到胎心音。如果到了第18周还未听到胎心音,而准妈妈又非常担忧时,可到医院请医师进行超声波检查。如果基于某些原因,听诊器难以听到胎心音时,超声波可以探查到。

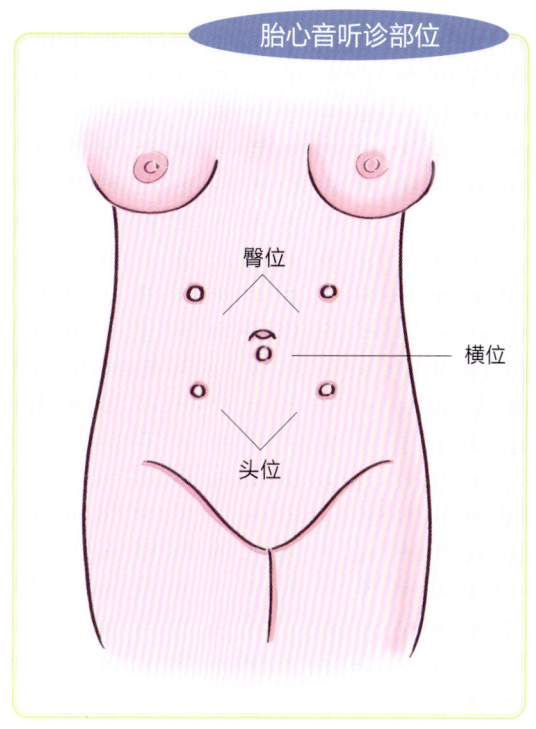

胎心音听诊部位

准爸爸应学会听胎心音,最简便的方法是用耳朵直接贴在孕妇腹壁上听。在妊娠24周之前,胎心音多在脐与耻骨联合之间。24周之后,胎心随胎位而不同,可在孕妇脐的左下方或右下方。听胎心音不是一下就能掌握的,要学会分辨胎心音与肠鸣音、母体主动脉音和母体心音。它们的区别是胎心音是规律的,肠鸣音不规律,胎心音跳动快,母体的心率慢。监测胎心音可使用听筒、听诊器,或是胎心监测仪。

胎宝宝心脏刚刚形成时,心搏的速度和周期还不稳定,到9周时心搏1分钟大约160下,是大人的2倍以上。随着发育心搏逐渐减少,到出生时会变成140次左右/分。

正常胎心率在120~160次/分之间,低于120次/分和高于160次/分都是胎儿宫内缺氧的表现,胎心音的第一、二心音,强弱相差不大,胎心音呈滴答的钟摆律。胎心音强弱的变化或节律不规则,也是胎儿缺氧的表现。因此听胎心是监测胎儿和胎盘功能的简便而重要的方法。

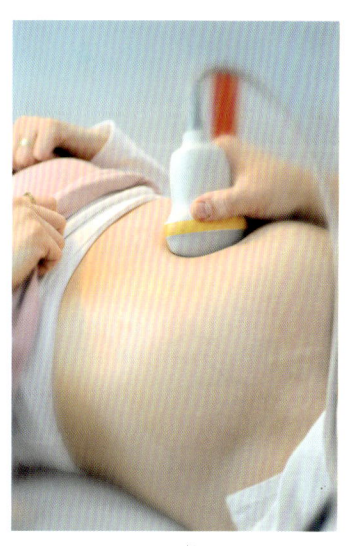

夫妻俩听胎心音时,妻子取仰卧位,两腿伸直,丈夫可直接用耳朵或木听筒贴在妻子腹壁上听胎心音,其声响是嘀嗒、嘀嗒的跳动。过快、过慢或不规则,均属异常现象。听胎心要注意辨别孕妈妈心跳声、腹鸣音和胎儿心音,也可以使用胎心监测仪。每次听胎心音至少1分钟,胎心计数应该做好记录,孕28周后应每日记录。

舒缓孕中期不适

🌿 腰酸背痛

穿不适合的鞋子时（特别是高跟鞋），上半身会往前倾造成重心改变，也变得容易摔跤。人体为了维持重心不变，腰椎会以前凸的姿势来补偿，造成腰部肌肉不当的使用，时间一久就会有腰酸背痛的情形发生。

腰酸背痛怎么办？

除了穿着适当的鞋子之外，孕妇不宜久坐或久站，即便是躺着休息时，也必须时常改变姿势。

腰酸背痛如何改善？

- 仰卧屈膝，然后将背部尽量贴合地板。
- 坐着或躺着时，把支撑腰部的垫子放在背后，尽量不要让腰椎悬空，加强腰椎支撑力。

穴位按摩

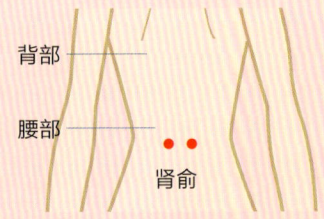

腰背酸痛穴位按摩——肾俞穴

穴位：在腰部，与腹部肚脐高度相同，在第二与第三腰椎之间凹陷处的外侧1.5寸（2指幅宽度），按穴时手叉腰，虎口张开搭在骨盆侧边上缘，大拇指按住之处即是。

功效：滋补肾气、强筋健骨、利腰脊。

预防腰酸背痛的简单运动

脊柱伸展运动

做法：平躺仰卧，双膝弯曲，双手抱住膝关节下缘，颈部与上肢向前伸展，使脊柱、背部至臀部肌肉呈弓字形，将头与下巴贴近胸口，然后回复原来姿势。怀孕4个月后可开始做，一天2次，一次3回合。

腰部运动

做法：手扶住椅背慢慢吸气，同时手臂用力，使身体的重心集中于椅背上，脚尖立起使身体抬高，腰部托直后使下腹部紧靠椅背，然后慢慢呼气，手臂放松，脚还原。怀孕早期就可以开始做，一天3次，一次5回合。

脚底角质增厚

孕妈妈脚底角质增厚的原因

当孕妇的体重增加,导致脚底着力点承受的压力变大,摩擦也加大,因此孕妈妈的角质才会变得比没怀孕时厚。

如何改善孕妈妈脚底角质增厚的情形:

除了穿着宽松的鞋子及避免尖头、过紧的鞋子外,让双脚浸泡在温水中5~10分钟,再抹上乳液,也能获得不错的效果。

足底筋膜炎

足底不正常的受力,造成足底筋膜过度疲劳,或使足底脂肪垫变薄。站立太久、慢跑、走太多的路,或在不平的石子路面走太久,这些都会使足底筋膜受伤,进一步造成急性或慢性发炎。

足底筋膜炎的症状

起床着地时刺痛:初期症状可能只有早晨起床,刚踩下地起步时,脚后跟会剧烈疼痛,或久坐要站立行走时也有相同的症状,但在多走几步或几分钟后,疼痛会渐渐减轻;如果继续站立或行走,疼痛又会加剧。

足底筋膜炎也会引起腰际和足踝的疼痛,因为当炎症发生时,如果脚跟得不到恰当的休息与治疗,疼痛的症状加剧,又因行走时为了避免压到疼痛点,姿势、着力点又会跟着不正确,这时候就有可能引起腰、髋、膝、踝等关节的疼痛并发症。

足底筋膜炎的预防及治疗

- 预防:早上起床时,让双脚泡在40℃的热水中10分钟,并在水中动一动,泡好后就立即做脚板伸展运动。

站弓箭步,手扶墙壁或橱柜上,以身体重量轻压脚后跟,维持15秒,再休息5秒,接着进行第二次,持续10分钟,再换另一脚做10分钟。

- 治疗:超声波或微波热疗(因药物对胎儿会产生不好的影响,所以以物理治疗为主)。

除了以上问题,孕中期还要注意:

① 站立时要两脚平行稍稍分开,把重心放在脚心上,这样脚和腰就不容易疲劳了。

② 行走时抬起上半身,肩膀要塌下,不要端肩,下颌内敛,挺胸收臀,保持身体平衡,避免长时间站立。

③ 躺下时最好采取侧卧位,最好是左卧位。这样有助于消除肌肉紧张,避免增大的肚子压迫腹部大血管,影响血液回流。

④ 坐下时要选带靠背的椅子,要上半身伸直靠在椅背上,大腿要与地面平行。

⑤ 搬动东西时,不能搬重物。应该先蹲下,将东西靠在身上再站起来。

要预防妊娠高血压

妊娠高血压是孕妇特有的疾病，一般发生在妊娠20周以后，这种病的主要症状是水肿、高血压和蛋白尿。

妊娠高血压的发病原因至今尚未完全阐明。过去有人主张妊娠晚期孕妇多活动，有利于顺利分娩。近年来研究认为，妊娠晚期要少站立，适当增加休息。因为妊娠后膨大的子宫压迫盆腔血管，可使下肢回流心脏的血液减少，这自然会影响肾脏及子宫胎盘的血液减少，影响肾脏及子宫胎盘的血液供应，从而导致血压升高、水肿。因此孕妇除增加安静休息时间外，要注意睡眠以左侧卧位为主，轻度妊娠高血压患者禁止仰卧位。在侧卧位有内输液的作用，能增加脏器、胎盘的灌注量，并可排钠利尿，有控制及预防妊娠高血压的作用。轻度患者每日上下午应各左侧卧2小时。

妊娠高血压发展到严重的阶段可发生子痫，或合并心力衰竭、肾功能衰竭等。重度妊娠高血压对母体及胎儿的影响如下：

- 孕妇较长时间处于全身小动脉痉挛，病程拖延时间越长，遗留高血压后遗症的机会越多。
- 胎盘缺血。在妊娠34周时，正常孕妇胎盘每分钟通过600~750毫升血液，而妊娠高血压患者由胎盘通过血循环发生障碍，功能降低，自然造成胎儿缺血，胎盘逐渐发生退行性变或自溶，由母体进入胎儿体内的营养不足，使胎儿有缺氧、窒息的危险。

是不是需要限制食盐来预防妊娠水肿呢？现在认为，限制食盐量没有多大效果。减少摄入食盐，会使孕妇对钠的调节处于不稳定的平衡，低钠饮食使孕妇食欲下降，影响蛋白质的摄入，不能满足胎儿生长发育的需要。因此，除严重水肿和某些并发症需低盐饮食外，一般妊娠高血压患者均采用普通饮食，但是食盐的总摄入量不能高于每日5~6克。

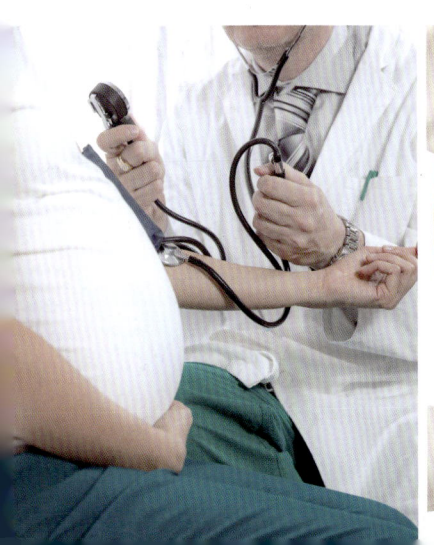
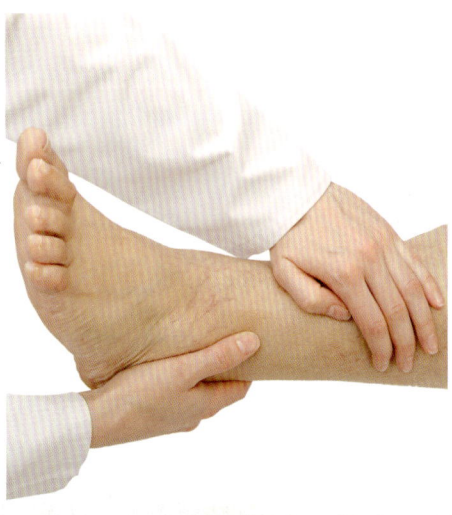
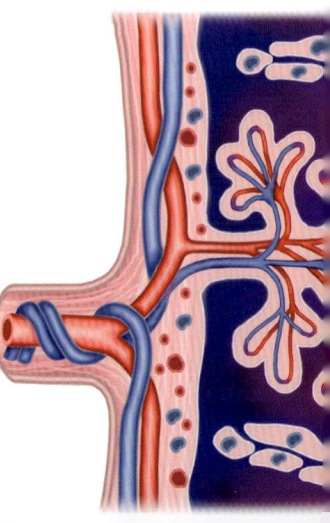

除非出现脑水肿、心力衰竭、肾功能衰竭等严重并发症,一般不宜大量长期使用利尿药。

为了预防妊娠高血压,每个孕妇都应定期到医院去进行产前检查,测量血压,检查小便。在平时,孕妇要密切注意是否出现水肿,有无头痛,体重是否增加。如果发现低压超过90毫米汞柱,同时出现较重水肿,有剧烈头疼、眩晕、呕吐、视力模糊、胸闷等症状时,要及时到医院检查治疗。

预防妊娠高血压的饮食

控制血压最重要的,莫过于盐分的控制。已经确定是妊娠高血压的孕妈妈,应对盐分的摄取实行更严格的标准,总盐量控制在3~5克。

常见的高盐食物来源,多半是为了增添美味的调味品,除了常见的盐之外,还包括:

- 味精、酱油、乌醋、沙茶酱、西红柿酱、黑胡椒酱、牛排酱、辣椒酱、高汤块、咖喱块等,都属于含有多量盐分的产品,食用时必须限量。
- 腌渍食物、勾芡与浓汤类也会含有较多盐分或油脂,最好少吃。
- 点心、饼干类不论甜口味或咸口味,在制作时也会添加盐以丰富味觉,食用也应限量。
- 零食类,对孕妈妈及胎儿都没有好处,因为除了大量人工调味品之外,还有多余的热量,在怀孕期间最好别吃。

在血压的控制上,除了限制盐分之外,尚可多多摄取含钾量高的食材,如哈密瓜、香蕉、草莓、葡萄柚、木瓜、葡萄、青花菜、芥蓝菜、菠菜、番茄等,也有助于血压的控制。

另外,维持规律及适当的运动量、保持愉悦的心情等,都有助于预防妊娠高血压的发生。

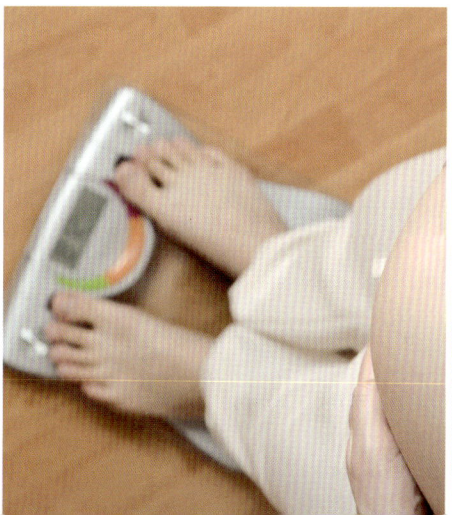

时尚孕妈妈巧穿搭

身为现代上班族白领,即便成为准妈妈,外在的穿着也要能让人赏心悦目,不可邋里邋遢。下面为上班族孕妈妈们挑选了一些不同风格的穿着,让美丽孕妈妈在孕期也能展现自我风采,成为自信满满的时尚白领孕妈妈。

🕊 活泼俏丽风格

孕妈妈除了选择舒适的衣着,当然也要展现自己的穿衣风格,平常喜爱活泼穿搭的妈妈,不妨选择亮色、特殊图纹或涂鸦的服饰,当个风格独特的上班族孕妈妈吧!

🕊 俏皮日系风格

利用不规则的格子图样拼布设计,给人逗趣可爱的感觉,棉织布材质滑顺触感细致,让孕妈妈追求流行之余也能感受舒适。

🕊 个性涂鸦派

两侧抓口袋设计搭配立圆领,穿起来独特有型,个性涂鸦点缀在上方,再加上剪裁简单的内搭裤,轻松就能穿出时尚流行。

柔美的配色与设计，两侧的垂布可绑起来或自然垂落，让人举手投足都散发出甜美迷人的气息。

甜美气质风

喜欢甜美气质风格的孕妈妈，可以利用雪纺、薄纱多变的特性，帮自己营造出轻甜的迷人氛围，对于孕期的身材也有很好的修饰效果，赶快从各式各样的款式中，找出属于自己的那一件吧!

可爱孕妈妈必备

柔和甜美的双色搭配展现出层次感，内搭简单的白色背心，再加上可爱十足的牛仔短裤，让孕妈妈瞬间成为无敌甜心。

孕妈妈显瘦穿搭

怀孕过程中，身形改变是必然的，孕妈妈要先了解自己发胖的部位，是只有大肚子，还是只有胖身体，或是属于只胖下半身，清楚了解目前的身体比例后，再去挑选适合的服装。如果是属于上半身比较胖的孕妈妈，相对上身看起来会很厚，这时可以利用一些薄外套、背心或罩衫，让上半身有直线分割的效果，看起来也比较显瘦。长裙对于上半身瘦下半身比较胖的孕妈妈相当适合，不过，不一定要选择很长的裙子，穿起来只要有盖过膝盖的长度就可以了。

孕期牙齿好健康

🌿 百病之源是牙周病

牙周病主要症状为牙龈炎、牙周炎。牙龈炎是指牙肉表面发炎现象（如牙龈红肿、疼痛等），刷牙时容易流血；牙周炎的发炎程度较严重，已破坏到齿槽骨部分，甚至会导致牙齿松动、移位和脱落。罹患牙周病的孕妈妈，引发早产或胎儿过轻的情况，和口腔健康的孕妈妈相比较，高出3~8倍。

🌿 孕期牙齿治疗

由于怀孕初期胎儿尚未稳定，后期治疗又担心会引发早产现象，因此孕妈妈治疗牙齿的最适当时机是怀孕中期，胎儿稳定成长的时候。

🌿 孕期牙齿保健

① **定时刷牙**：一天刷牙次数最少两次（早起、睡前）。假如可以的话，每餐饭后马上刷牙最好。

② **牙刷**：尽量选择圆头牙刷，握柄不要太大，以软毛为佳。

③ **牙膏**：使用含氟牙膏可减少牙齿脱钙现象。

④ **使用牙线或牙间刷**：养成使用牙线或牙间刷的习惯，可避免食物残留、牙菌斑生成。

⑤ **慎选食材**：少食用甜及过酸的食物、饮料，以天然食材为佳。

> **小心妊娠期牙龈炎**
> 于怀孕后3~4个月容易产生牙龈红肿、易出血等症状，严重的会在牙龈部位增生肿块，变成化脓性的肉芽组织，会有溃疡、疼痛，甚至影响进食等现象，一般于产后这些症状会自行消退，不过若过于严重可能要考虑做手术切除。

正确使用牙线步骤

1.使用一段和手臂等长的牙线（40~50厘米）。

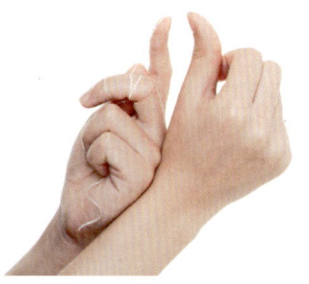

2.牙线的两端分别卷在两手的中指上，将手指间的牙线拉紧，距离保持在4~6厘米。

3.一手拇指和另一手食指一起将牙线拉紧，两指间牙线保持1厘米长。

4.一手在口内，一手在口外，沿着牙面以拉锯方式缓慢通过牙缝，直至牙龈沟的底部后，将牙线贴紧牙齿表面，朝向牙冠方向推出。如此反复做几次后，再以相同方式去清洁其他牙缝。

孕期妈妈补钙

孕妈妈对于钙质的摄取，应高于平时补充量，调升为每天1000毫克，怀孕早、中、晚期补充量相同，一般来说，只要摄取富含钙质的食物，应该很容易达到。

🍌 怀孕、哺乳期的每日饮食建议

五谷根茎类2.5~5碗；豆蛋鱼肉类2~4份；水果类2~3个；蔬菜类3~5碟；奶类1~3杯。

常见食物的钙含量			
食物名	100克食物中钙含量（毫克）	食用量	钙含量（毫克）
奶酪	574	2片（45克）	258
全脂鲜奶	111	1杯（240毫升）	257
小鱼干	2213	10克	221
五香豆干	273	2片（80克）	218
酸奶（原味）	63	1杯（240毫升）	151
传统豆腐	140	3小格（80克）	112
虾米	1075	10克	108
虾仁（中）	104	6只（30克）	31
猪小排	36	100克	36
牛脊肉	3	100克	3
羊肉	3	100克	3
鸡翅肉	8	100克	8
豆浆	11	1杯（240毫升）	26
芥蓝	238	1碟（100克）	238
红苋菜	191	1碟（100克）	191
绿豆芽	147	1碟（100克）	147
腰果	112	7粒（11克）	12
葡萄干	55	33个（20克）	11

• **牛奶蒸蛋**：同时吃到钙质与维生素D。

• **香酥小鱼**：鱼骨钙质高，连骨一起吃才能为钙加分。

高钙菜肴帮您补钙

从上表发现，喜欢喝牛奶的人1天2～3杯，就摄取了514～771毫克的钙质；每天2～4份的肉类中，一份选择五香豆干或传统豆腐就接近建议量（1000毫克）了。

促进钙质吸收的因素

除了增加钙质含量高的食物摄取外，有一些会促进钙质吸收的因子，例如：
• 维生素D：这是很重要的，所以适度地晒一晒太阳吧！
• 乳糖：帮助钙质吸收，这就是为什么牛奶是最佳钙质来源的原因。
• 钙磷平衡：非常重要，所以不是一味补钙就可以，最佳的钙磷比为1∶1，当过多的钙导致钙磷不平衡时，反而会造成抽筋现象。

造成钙质流失的因素

有些饮食习惯会造成钙质流失，怀孕的准妈妈们要注意：
• 汽水、咖啡、茶影响钙的吸收，改以果汁或白开水替代。
• 过多的蛋白质会造成钙质流失，所以不是肉类吃越多越好。
• 蔬菜含有植酸及纤维，会干扰钙质吸收，人体对于蔬菜所含钙质吸收率较差，所以均衡饮食最重要。

选择钙片看过来

很多人会问，补充钙片应该如何选择呢？
• 先以剂量作为考虑，符合膳食营养素参考摄取量较佳。
• 钙片中钙的含量，是依与钙结合化合物的重量而定，例如：碳酸钙约含40%的钙，葡萄糖酸钙含9%的钙。
• 市售钙片大约分为天然钙片与合成钙片，至于何种吸收较佳，研究上仍有争议，但有些钙片会混合其他维生素和矿物质，但钙在含有铁的补充剂，会降低钙的吸收，含维生素D的补充剂，需注意维生素D的使用，高剂量会造成中毒。
• 一些由骨粉、牡蛎壳等所构成的天然钙片补充剂，需担心原料来源，若有重金属污染，长期服用会造成健康伤害。

总之，食物才是最佳钙质来源。从食物中绝不会只摄取单一营养素，同时也获得其他必需营养素。

怀孕40周时，胎儿体内的钙已增至30克左右，大约只有母体所需量的2.5%，只要孕妈妈多注意一下饮食，除了本身可以"钙"充足外，也能提供胎儿所需。亲爱的孕妈妈，加油吧！

快乐胎教课堂

与胎宝宝一起做游戏

谈到胎儿做游戏这一问题可能会有人疑惑不解，胎儿怎么会做游戏呢？是啊，一般来说做游戏是出生后的孩子们的专利。可近几年来，随着医学科学的发展和超声波的问世，发现胎儿在母体内有很强的感知能力。父母对胎儿做游戏胎教训练，不但增进了胎儿活动的积极性，而且有利于胎儿智力的发育。让我们通过胎儿超声波的荧屏显示来观察一下胎儿在母体内的活动情况：胎儿在某一天醒来伸了一下懒腰，打了一个哈欠，又调皮地用脚蹬了一下母亲的肚子，这使他感到很满意。一个偶然的机会使胎儿的手碰到了漂浮在旁边的脐带，"这是什么东西？"很快脐带成了他的游戏对象，一有机会便抓过来玩几下，有时还抓住脐带将它送入嘴边。从胎儿这些动作和大脑的发育情况分析，科学家们认为胎儿完全有能力在父母的训练下进行游戏活动。

天才儿童迭戈在母亲腹内第3个月起，他的父母就开始对他进行游戏训练，主要是通过敲他母亲的腹壁引起他的反应。经过一段时间的训练，小迭戈已经会调皮地与人玩游戏了。当准爸爸敲孕妈妈的腹壁一下，小迭戈也敲一下，准爸爸敲两下，他也敲两下。而且他的父母很自豪地说，他们的孩子一出世就马上认出自己的父母。可见胎儿是很有潜能的，只要父母不失时机地通过各种渠道对胎儿施与早期胎教，使他获得良好而有益的刺激，那么胎儿的潜能就有可能得到更好的释放。

方法 孕妇仰卧在床上，平静均匀地呼吸，眼睛凝视着上前方，全身肌肉进行彻底放松，孕妇可用双手从不同方向抚摸胎儿，左右手轻轻交替、轻轻放压，用双手手心紧贴在腹壁上，轻轻地旋转，可以向左，也可以向右，这时胎儿会做出相应的反应，如伸胳膊、蹬腿等。这种胎儿运动坚持做一段时间，胎儿就会习惯，形成条件反射，只要妈妈把手放在腹壁上，胎儿就会进入胎内运动。

孕期怎样运动

适度的运动使胎宝宝健壮

对身体健康的孕妈妈来说，适度的运动对妈妈与宝宝都有好处，例如妈妈的心肺功能较好，肌耐力佳，也能让身体的血液循环较好，有助于生产，同时胎儿也不会过大。除了这些好处之外，孕妈妈走路、游泳或是做任何运动时，胎儿也能感受到妈妈身体的波动，进而刺激他的感官发展。孕期所做的运动务必要选择温和、低冲击性的运动，如走路、游泳、低冲击性的有氧运动，记得一定要避开跑、跳或会跌倒的活动。若是担心运动会有不良影响，可以多走路，因为走路是最温和、安全的运动，不过也不需要太久，每天半小时到1小时即可。

温和、低冲击力、无重力运动

对于平日就有运动习惯的孕妈妈而言，原则上，只要是温和、低冲击力，且非重力形态的运动均可进行，而平日没有做运动的妈妈，最保守且安全的运动就是走路。不建议平常没有运动习惯的妈妈特别在怀孕时学习新的运动项目，或是突然增加很大的运动量。若想要进行不同的运动，也应该先了解自己的体能状况，选择自己的身体能够负荷的运动类型与运动量，才是上上之策。

孕妈妈怎样做运动

反过来，但凡高冲击性、重力运动，或是瞬间爆发力强的激烈运动，如跆拳道、举重、球类运动、跑步、跳绳等均不适合孕妈妈进行，因为有些运动会加重膝盖的负荷量，或引起子宫收缩。容易滑倒的运动也必须避免，包括跳水、滑雪、溜冰、户外脚踏车等。除此之外，因为怀孕后期肚子膨大，孕妈妈容易有重心不稳现象，因此不要进行急速转换改变方向的动作，免得发生危险。

妊娠期运动注意什么

在妊娠期,母体为适应胎儿生长发育,各系统均发生了一定的变化。因此,妊娠期的运动与平常不同,应注意以下内容。

- 妊娠早期和晚期,应避免剧烈运动,注意选择轻稳的动作,如散步、上下较平缓的扶梯等。
- 在妊娠期,要避免挤压和震动腹部的运动。
- 要避免仰卧运动,以防子宫压迫下腔静脉,使血流受阻。
- 避免迅速改变体位的运动和动作。
- 避免做平衡难度大的动作,如过较窄的桥或小路等,以防因体态改变,影响平衡而跌倒。
- 妊娠期韧带松弛,应避免做关节紧张的动作,特别防止损伤腰部。
- 运动时要戴合适的乳罩,不要空腹运动。

运动类型	定义	运动项目
低冲击运动	指的是在运动过程中永远会有一只脚踩在地面、与地面接触的运动,或是双脚不会接触地面的运动	走路、爬楼梯(建议36周以后进行骑固定式脚踏车)
温和运动	人在运动时每分钟的心率不超过140下,简单的测量方式为边做运动时仍可说话,孕期最大心跳率=(220-年龄)×65%	
无重力运动	膝盖无须负荷身体重量的运动	游泳、水中(有氧)运动、骑固定式脚踏车
高冲击运动	当双脚有离开地面的时候,就是高冲击性的运动	跑步、跳绳
重力运动	指的是膝盖关节必须负重的运动	球类运动、跑步、举重
易滑倒或激烈运动	容易摔伤、跌倒或是运动量极大的运动	跳水、滑雪、溜冰、户外脚踏车、跆拳道

孕期飞轮运动

飞轮其实就是固定式脚踏车。孕期飞轮运动既可以让孕妇在安全的环境中运动，又容易控制并达到期望的强度。很多孕妇开始踩飞轮之后，都反映腿部水肿、抽筋等情况改善很多，而且飞轮运动还能有效控制体重。

正确坐姿：

肩膀放松，手肘微弯，膝盖和脚尖朝正前方（不要内八或外八），不要踮脚尖踩。

伸展运动：

以下每项伸展运动均需连续做30秒以上，才能达到伸展效果。

大腿后侧伸展：将腿放在车身上（可一手扶着座椅，以帮助平衡），膝盖可以微弯，重点是臀部要往后拉，而非胸部向前倾。

小腿后侧伸展：一手扶住车身，一腿的脚背向上勾起，可以伸展到小腿后侧肌肉。

大腿前侧伸展：此动作重点是要握住脚踝上方，两腿膝盖并拢（勿外开），才能有效伸展。

正确站姿：

站立时身体微微往前倾，肩膀放松，手肘微弯，膝盖和脚尖朝正前方。不过，孕妇通常只用坐姿，除非是对飞轮运动已经非常有经验的孕妈妈。

孕妈妈游泳好处多

在水中的压力有助于减轻孕妇的水肿，水压可将血管外的水分引至血管内，故有助于利尿、减轻水肿。

所有运动项目中，游泳较不会使孕妇的心跳及呼吸增加太多，增加身体负荷。由于怀孕时期体重的增加、姿势的改变，使膝盖较易疼痛，通过水的浮力，可使膝盖承受体重的压力得以缓解，并能达到运动的目的。

除了游泳之外，在水中走路、踏步或是抬脚，都有运动的效果，现在亦发展出水中有氧运动。因为水中阻力的缘故，虽然只是在水中走路，却能得到较之在地面上更大的运动量，例如，在水中走25米的运动量相当于在地面上走200米的运动量。

不过，在水中运动也必须遵守几点原则。

- 大于20周以后下水最安全。因为此时子宫状态较稳定，较不易造成子宫收缩。
- 避免上下震动。在水中虽有浮力，但上下震动的运动仍要避免。
- 水温需在28~30℃。小于28℃的水温易造成子宫不稳定而产生收缩，大于30℃的水温容易使孕妇感到喘。
- 游泳时间勿超过1小时。
- 游完泳后尽快擦干身体，这样才不会着凉感冒。
- 找人陪伴。游泳时最好有人陪伴，准爸爸是最佳人选，一方面安全，另一方面也可增加夫妻间的感情。
- 注意环境安全。要留意游泳池的质量管控、安全设施，并注意避免滑倒。
- 有早期破水、呼吸困难、心悸、阴道出血、头痛、头晕、恶心、呕吐、下腹疼痛、全身无力、腰酸背痛、子宫收缩等情形的孕妈妈，不适合下水游泳。

另外，医生也提醒孕妈妈，必须避免泡温泉、SPA，而且也不能潜水。总之，在下水之前，孕妈妈均应就自己的个别状况与主治医生讨论后再下水游泳，一旦发现有异常情况，就须立即停止游泳。

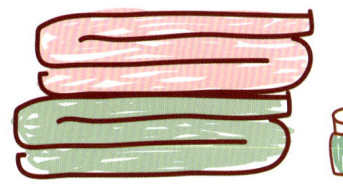

快乐的方法

小狗问妈妈："为什么我总是找不到快乐?"妈妈说："快乐就在你的尾巴尖上,只要你走起来,快乐自然会尾随在你的身后。"

希望以下的快乐小贴士能给你一些启发。

- 想要自己快乐,最好先让别人快乐起来。
- 快乐与财富无关。
- 愤怒1秒等于丢失快乐1秒。
- 为寻找快乐而忧愁的人永远得不到快乐。
- 不懂感恩的人绝对不会理解快乐的真谛。
- 知足常乐。欲求过多的人是守不住快乐的。
- 守住快乐的条件:没有仇恨、没有烦恼、生活简单、有爱、会感激,还能够时时刻刻为他人着想。
- 做好事的人会更快乐。
- 送人玫瑰,手有余香。快乐亦是如此。
- 生活充实的人往往是快乐的,因为他没有时间去思考自己的不快乐。
- 快乐的传播速度快得惊人。

舒伯特和胎教音乐《摇篮曲》

舒伯特是一位多产的作曲家,虽然不朽的作品连连问世,舒伯特却经常不得温饱。一天,舒伯特身无分文,他走进了维也纳的一家饭馆。他希望能看见一个朋友,帮他解决一餐。他无意中看到报纸上的一首小诗,于是为那首小诗谱上了乐曲,他把乐曲交给了饭馆老板,换了一份土豆烧牛肉。这就是后来有名的舒伯特《摇篮曲》。

摇篮曲,是母亲哄婴儿入睡而唱的歌曲,后来逐渐发展成为一种音乐体裁。摇篮曲一般都具有温存、亲切、安宁的特点,曲调平静、舒缓、优美、深情,充满母亲对孩子热诚的祝福。

双语胎教——

I Have Two Hands　　我有一双手

I have two hands,	我有两只手，
the left and the right .	左手和右手。
Hold them up high,	高高举起，
so clean and bright.	这么干净，这么明亮。
Clap them softly,	轻轻拍一拍，
one, two, three,	一，二，三，
clean little hands are good to see.	干净的手真好看。
My face is bright,	我的脸是明亮的，
my teeth are all white.	我的牙齿是白色的。
My dress is clean and all of me,	我的衣服和我的一切都是干净的，
so dear playmates follow me,	亲爱的玩伴跟着我，
so that my mother be happy.	让妈妈快乐。

中医胎教

古人说，妊娠6月"身欲微劳，无得静处，出游于野，数观走犬马。宜食鸷鸟、猛兽之肉，是谓变腠理纽筋，以养其力，以坚其膂"，"调五味，食甘美，无大饱"。6个月大的胎儿发育较快，孕妇腹部显著隆起。孕妇这时不要懒散，不要因体形的变化而羞于出门。要多做力所能及的活动，多散步，参加社会活动。要注意营养，多吃优质蛋白质食物，使胎儿长得壮实。

胎教故事——
《豌豆公主》

从前有一位王子,他想找一位真正的公主结婚,但是他一直没有找到。

有一天晚上,忽然下起了可怕的暴风雨。空中电闪雷鸣,暴雨如注。这时,有人在敲门,老国王就走过去开门。

站在门外的是一位美丽的姑娘。但是,天啊!经过了风吹雨打之后,她的样子是多么狼狈啊!水沿着她的头发和衣服向下面流,流进鞋尖,又从脚跟流出来。她说她是一个真正的公主。

"是的,这个我们马上就可以考察出来。"老皇后心里默默地想。她走进卧房,搬开了所有的被褥,在床榻上放了一粒豌豆。然后她取出二十床垫子,把它们压在豌豆上。最后,她又在这些垫子上放了二十床鸭绒被。

这位公主夜里就睡在这张床上面。

早晨大家问她昨晚睡得如何。

"啊,太不舒服了!"公主说,"我几乎整夜没有合上眼!床上有一粒很硬的东西硌着我,弄得我全身发青发紫,真吓人!"

现在大家就明白了,她是一位真正的公主,因为压在这二十床垫子和二十床鸭绒被下面的一粒豌豆,她居然还能感受到。除了真正的公主以外,谁也不会有这么娇嫩的。

王子很高兴,立刻选她为妻,因为现在他知道他得到了一位真正的公主。那粒豌豆也因此被送进了博物馆,人们现在还可以在那儿看到它呢。

欣赏泰戈尔

《金色花》

假如我变成了一朵金色花,为了好玩,
长在树的高枝上,笑嘻嘻地在空中摇摆,
又在新叶上跳舞,妈妈,你会认识我吗?
你要是叫道:"孩子,你在哪里呀?"
我暗暗地在那里匿笑,却一声儿不响。
我要悄悄地开放花瓣儿,看着你工作。
当你沐浴后,湿发披在两肩,穿过金色花的林荫,
走到做祷告的小庭院时,你会嗅到这花香,
却不知道这香气是从我身上来的。
当你吃过午饭,坐在窗前读《罗摩衍那》,
那棵树的阴影落在你的头发与膝上时,
我便要将我小小的影子投在你的书页上,
正投在你所读的地方。
但是你会猜得出这就是你孩子的小小影子吗?
当你黄昏时拿了灯到牛棚里去,
我便要突然地再落到地上来,
又成了你的孩子,求你讲故事给我听。
"你到哪里去了,你这坏孩子?"
"我不告诉你,妈妈。"
这就是你同我那时所要说的话了。

诗歌赏析

《金色花》是一首充满想象之作,诗人借用"金色花",把孩子童稚之心表现得如幻如真。

泰戈尔在诗中描绘了小孩子要跟妈妈来一次调皮。他变作树枝上的一朵金色花,笑嘻嘻地跳着,摇摆着,俯视着他妈妈,又让妈妈找不见他。他让妈妈闻见花香,却不知这香气是从她孩子身上散发出来的;他将自己的影子投到妈妈所读的书页上,却又不让妈妈猜出这便是孩子的影子。黄昏时,玩够了的孩子从树上下来,落到妈妈的面前,缠着要讲故事听。而当妈妈责怪他跑到哪里去了时,孩子却淘气地说:"我不告诉你,妈妈。"

没有什么比孩子的世界更可爱了。

与胎宝宝一起快乐

开心一笑

手抱一猫

夫妻二人互相打骂一完,便和好如初了。

妻子:"对不起!把你的脸也抓破了,已经有了疤痕了,在路上散步,给人看见了多不好,怎么办呢?"

丈夫:"不要紧,手里抱上一只猫就行了,别人会以为是被猫抓破的。"

要求完美的人

一对夫妻看着刚贴好的壁纸,丈夫不太满意,而妻子却无所谓。为此,丈夫很恼火,他对妻子说:"咱们的分歧,就在于我是个要求完美的人,而你却不是。"

"说得对极了。"妻子回答道,"这就是为什么你娶了我,而我嫁给了你。"

准爸爸必读

实施胎教不可心太切

生育一个健康聪明的孩子,是父母们共同的心愿。而胎教正是帮助实现这一愿望的有效手段。但有些父母出于对后代的责任感,对胎教的态度是"只能成功,不能失败"。这样往往容易出现操之过急、期望过高等情况,有时反而会物极必反,收不到好的效果。

为了正确实施胎教,使胎儿真正受益,孕妇必须认真学习胎教内容,准确掌握胎教的正确方法。孕妇生活要有规律,这既是胎教的一项内容,也是对每位孕妇的起码要求。在实施胎教的过程中,应该做到坚持与适度,如抚摸胎教,一两天不足以和胎儿建立起联系,需要坚持长久地、有规律地去做,才能使胎儿领会到其中的含义,并积极地响应。不是所有方法比规定的多做一些就会更有效,比如有的孕妇在进行语言胎教时,长时间将耳机放在腹部,造成胎儿烦躁,导致胎儿生下来变得十分神经质,甚至对语言有反感态度。听音乐也不能没完没了地听,连孕妇本人都感到疲惫不堪,那胎儿的感觉也不会好。某些父母盼子成龙心切,想把胎儿培育得更出色一些,这种心情是可以理解的,但任何事情都有个度,一旦过度其结果就会适得其反,不仅达不到预定的目的,而且会导致不良结果。

胎教的每期内容都会使胎儿受益,如果不能适度地对胎儿实施,恐怕胎儿不但不能获益,还会受害。因此,孕妇对胎儿进行胎教,不能热情过度,也不能太心急。孕妇的信心和持之以恒,是胎教的成功保证。只有母亲和胎儿相互配合、相互协作,在这种配合的乐趣中,胎儿的智力发育才能得到激励和发展。

给胎宝宝取个乳名

每当一个新的生命诞生,年轻的父母甚至孩子的爷爷奶奶、亲戚朋友都引经据典、反复推敲地为孩子起一个响亮的名字。但是,从胎教的角度出发,孩子出生后再起名字已经晚了。

据国内外的研究发现,6个月的胎儿听觉器官已经发育成熟,并与神经系统反射建立联系。此时的胎儿不仅具有听的能力,而且能对听到的不同声音做出不同反应。因此,应当在这个时候给腹中的胎儿取一个乳名,父母亲经常呼唤,并且经常与之说话,使腹中的胎儿记住自己的名字。这样能够比较容易地沟通父母和胎儿之间的信息,进行感情交流,更重要的是,在胎儿出生后,再次呼唤其乳名时,孩子能够回忆起这熟悉的名字,可具有一种特殊的安全感。据曾经采取过这种方法的父母介绍,当父母对刚出生不久的婴儿呼喊他曾经熟悉的名字时,婴儿的烦躁、哭闹明显减少,有时甚至会露出高兴的表情。

胎宝宝第7个月
聆听爸爸妈妈的声音

胎教要点

注意个人孕期保健，讲卫生、宽着衣
注意检查妊娠糖尿病
可以开始乳头护理
参加孕妈妈课堂，学习拉梅兹呼吸法
本月可做触摸、音乐、语言胎教
本月产前检查1次

Chapter 7

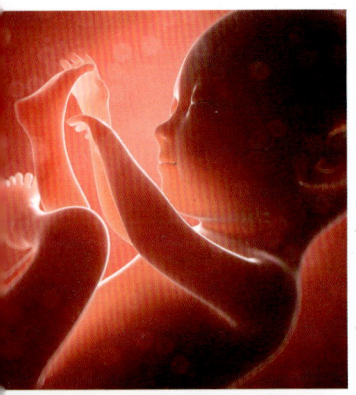

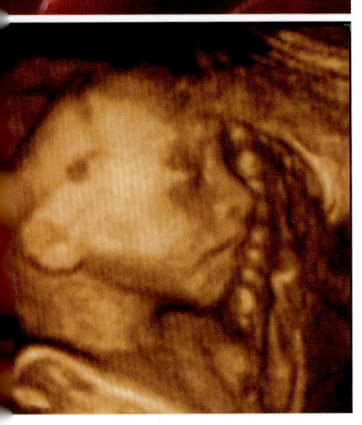

胎宝宝成长之旅

胎儿身长已达30~35厘米，体重1200克左右。胎儿皮下脂肪较少，看上去像老年人。全身皮肤都有胎毛，头发眉毛已长出。男宝宝的睾丸已下降到阴囊内，女宝宝的阴唇已经发育。胎动变得更加协调，而且更多样了，不仅能手舞足蹈，而且会转身。他的眼皮睁开，但眼珠上还蒙着一层薄膜。如果胎儿此时出生，能啼哭，能吞咽，但生活力弱，必须在良好的条件及特殊的护理下才能生存。

胎宝宝25周

- 胎儿嘴唇、眉毛、眼睑已各就各位。
- 视网膜已形成，具备了微弱的视觉。

胎宝宝26周

- 胎儿的呼吸系统也正在发育。
- 还在不断地吞咽羊水，他把含有杂质的羊水喝下去，经过肠胃，把杂质过滤掉，再到小小的肾里又一次过滤，干净后，通过尿排出体外，而将杂质贮存在肠子里，出生后，以第一次胎便形式排出去。
- 已形成听力。
- 出现哭泣，哭泣有助于肺部、脸部肌肉、声带的发育。

胎宝宝27周

- 胎儿舌头上的味蕾正在形成。
- 大脑细胞迅速增殖分化，体积增大。
- 皮肤很薄，皮下脂肪很少，全身覆盖一层细细的绒毛，样子像个小老头。身体比例较为匀称。

胎宝宝28周

- 胎儿皮下脂肪开始出现，有了呼吸动作。
- 大脑有了一定反应，能按照自己的意志转变身体，抓握手脚，做出细微的动作。此外，思考、记忆、情感也开始萌芽。
- 视觉也有了发展，已能够睁开眼睛，可以看到子宫里的环境。听力发育完成，除了妈妈的心音之外也能听到妈妈的声音了。

你的身体变化

孕妇的腹部变得更大，子宫底上升至脐上三横指处，子宫底的高度为21～24厘米。子宫压迫到下腔静脉的回流，出现静脉曲张，有的孕妇还会出现便秘和痔疮、腰酸、背痛等症状。大腿、小腿容易出现静脉瘤。胎动剧烈，通过腹壁可以直接看到胎动；较长时间站立，脚部容易出现水肿，但休息后消失。宫底高度在脐上三横指处。

怀孕第25周

此时孕妇会发现肚子上、乳房上会出现一些暗红色的细纹，好像皮肤被撑裂了似的，这就是妊娠纹。可以选用合适的乳罩来托护乳房，使乳房上的妊娠纹尽量减少。产后这些妊娠纹会逐渐变淡甚至消失。此时孕妇可能会感到有些疲惫，由于胎儿的增大，腹部越来越沉重，为保持平衡，需要腰部肌肉持续向后用力，腰腿痛因而更加明显。也有些孕妇这时会感到眼睛不适，怕光、发干、发涩，这是比较典型的孕期反应。

怀孕第26周

这时孕妇可能会觉得心神不安，睡眠不好，经常做一些记忆清晰的噩梦，这是对即将承担的母亲的重任感到忧虑不安的反应。为了胎儿的健康发育要保持良好的心境，可以向丈夫或亲友诉说内心感受，他们也许能够帮助你放松下来。

一些孕妇会在此时发生孕期糖尿病或贫血症状加重，应该根据医生的建议进行防治。

怀孕第27周

不少孕妇出现便秘现象。有些孕妇在这时会发现乳房偶尔会分泌出少量乳汁，这是正常的。这时应该开始做乳房的护理，佩戴合适乳罩，每天坚持擦洗乳头，为今后的母乳喂养做好准备。

怀孕第28周

这时胎儿的生长非常迅速，子宫底已上升到肋骨下缘，顶压膈肌，这时就会明显觉得呼吸有些困难。因为腹部沉重，睡觉时平躺的姿势也会觉得有些不舒服了，最好侧卧。如果还没有参加分娩课，那么应该认真了解一下有关的知识了。

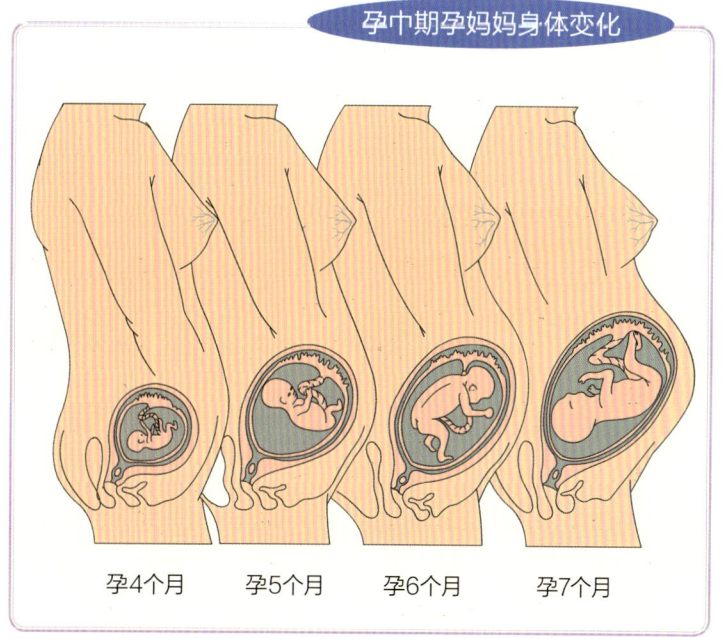

孕中期孕妈妈身体变化

孕4个月　孕5个月　孕6个月　孕7个月

优境养胎

产前检查特殊项目

🍃 妊娠糖尿病筛检

- **建议检查时间**：可于第四次保健产检时实施（怀孕24~28周时）。
- **检查目的**：检查是否有妊娠糖尿病的可能。以75克葡萄糖耐糖试验，一次检查完成筛检及确定诊断。
- **重要性**：4%~7%的孕妇有妊娠糖尿病，妊娠糖尿病会产生许多并发症，例如胎儿过大，导致难产或剖宫产、子痫前症、胎死腹中等，出生后宝宝可能产生低血糖、低血钙、黄疸等。此外，孕妇及新生儿将来罹患糖尿病的机会也比较高。因此妊娠糖尿病的筛检非常重要。
- **建议实施对象**：
  ❶ 孕妇最好都能筛检。
  ❷ 怀孕期间体重增加太多、有胎死腹中病史，或是每次产检尿糖检测皆呈阳性者。
  ❸ 有家族糖尿病史者更须检查。

Q：O型血孕妇应注意什么？

人的血型可分为O、A、B、AB型四种，O型血的妇女与A型、B型或AB型男子结婚后，怀孕后胎儿可分A型、B型、AB型。胎儿由父亲遗传而获得血型抗原为母亲所缺少，这种抗原通过胎盘进入母体，刺激母体产生相应的免疫抗体，抗体又进入胎儿体内，抗原抗体相结合使胎儿细胞凝集破坏，发生溶血，可出现流产和死胎。母胎血型不合的新生儿可出现早发性黄疸，发生心力衰竭或黄疸后遗症，抢救不及时，则造成脑性瘫痪、呆傻甚至死亡。当然这种情况不只发生在O型血母亲身上，但以母亲O型，子女为A型或B型最多见。可是绝大多数母胎血型不合的新生儿不患病，这与父亲血型抗原性的强弱、连接母胎的胎盘屏障的通透性等因素有关。

妇女怀孕以后，应该到产科检查血型，同时也要确定配偶的血型，如发现双方的血型有产生母胎血型不合的可能时，孕妇应在产前门诊接受定期检查。检查主要包括孕妇血中抗A（或B）抗体的浓度，如果大于1:32，就应引起重视。另外还可用B超观察胎儿发育情况。对有溶血病史的孕妇，妊娠期应加强监护，设法提高胎儿抵抗力及孕妇的免疫力，产妇最好在预产期前2周入院，在严密的监护下分娩。

预防娩出巨婴宝宝

胎儿出生时体重达到或超过4000克时，称为巨大胎儿。在母体骨盆正常、胎儿位置正常、产力强而有规律时，超过4000克的胎儿也能安全娩出。

对于一般产妇来说，则给分娩带来困难，使分娩带有一定的危险性。

形成巨大儿常见的原因

1. 父母体格高大，特别是父亲体格高大。
2. 孕期营养过剩，特别是糖类及脂肪类食物摄入过多。
3. 糖尿病患者因新陈代谢异常，常娩出巨大儿。
4. 过期妊娠常使胎儿体格增加较多。

巨大儿在产前检查时可发现，孕妇较一般孕妇腹部明显膨大，子宫底较高，可摸到特别宽阔的胎头。

在分娩时，由于胎儿过大，常引起胎儿肩部娩出困难，时间过久就可出现胎儿因缺氧而窒息甚至死亡。牵拉过程中用力过猛可引起胎儿上肢神经损伤、颅内出血或母亲骨盆底部肌肉撕裂等。产后由于孕期子宫过度膨胀，子宫肌收缩力差，可引起产后大出血。

如在妊娠中后期发现胎儿较大，孕妈妈应适当限制饮食。在产前确诊为巨大儿，医生会根据孕妇骨盆大小、初产还是经产、羊水多少等情况，确定分娩方式。

以BMI计算体重

女性孕期的体重增加幅度应该以"身体质量指数（Body Mass Index）"计算，BMI的计算公式如下：BMI=体重（kg）／身高（m）^{2}。

身体质量指数（BMI）表

体重过轻	BMI小于18.5	建议增加13~18千克
正常体重	BMI介于18.5~24.9	建议增加11~16千克
体重过重	BMI介于25~29.9	建议增加7~11千克
肥胖	BMI大于30	建议增加5~9千克

计算的用意在于希望每位妈妈都能适当地控制体重，降低妊娠并发症发生的概率，同时照顾到自己和宝宝的身体健康。

职场孕妈妈轻松减压

女性的压力一直容易被大众忽略。她们往往要扮演好太太、好妈妈、好媳妇甚至是女强人的多重角色，但是所付出的心力和所承受的压力却很难被人理解。作为孕妈妈，可以尝试以下减压方法。

给自己放一天假

不少孕妈妈除了白天上班，晚上回家还有做不完的家事，遇到假日加班的话，那真是一点喘息的时间都没有了。建议偶尔喘口气，不要给自己排任何固定行程，只做自己想做的事情，去吃自己想吃的东西，把家事托给丈夫代劳，抑或是干脆和丈夫来场约会，都能帮助孕妈妈转换心情。

朋友聚会不可少

不少孕妈妈参加朋友聚会的次数也变得愈来愈少，其实孕妈妈更需要朋友的关心和陪伴。认识新朋友或参加聚会都是不错的减压方式，现在也有很多提供妈妈交换怀孕心得、育儿心得的网站或是博客。在"大家都是孕妈妈"的前提下，彼此不但多了共同的聊天话题，也能互相分享怀孕的心情和过来人的经验。

适度运动很重要

- **有氧运动**：所谓的运动，可不是随便晃两下就好，一定得流汗才行。千万不要拿没时间当借口，尤其是职场孕妈妈更需要多多运动。
- **肌肉放松法**：哪里酸、哪里痛，就运动哪里！举例来说，颈部酸就做颈部运动，转一转、捏一捏颈部，减压效果也相当好！

丈夫是重要的支持者

孕妈妈因为怀孕体形的改变，也无法像怀孕前穿上漂亮的衣服，美美地打扮一番，这时候，丈夫可别把妻子当成黄脸婆。这时候的孕妈妈最需要丈夫给予无限的热情和鼓励。

饮食让心情up up

- **多吃蔬菜水果**：现代人饮食精致化的结果，不是常拉肚子就是常便秘，因此建议多食用高纤维的蔬菜、水果，可减轻症状，并补充维生素C。
- **多喝牛奶**：每天早晨饮用一杯鲜奶，除可预防骨质疏松外，鲜乳中所含的镁、钙等矿物质，还可帮助稳定情绪。

恼人的孕期青春痘

为什么怀孕会冒出痘痘呢

受到激素的影响,孕妈妈的皮肤皮脂腺分泌量会增加,使得大多数的孕妈妈有长青春痘的状况,只是每个人冒出的多寡、部位有所不同,有些人并非长在脸上,而不是没有长。另外,在睡眠不足或是压力大的情形下,也比较容易长青春痘。

治疗与保养之道

在日常生活中,若能做好皮肤保养,也能预防或减缓青春痘的发生。正确的保养方式是调节皮脂分泌、帮助角质代谢,并做好消炎、杀菌的工作。

首先要正确地清洁脸部,如果脸上有较多油脂,可以在中午多洗1次脸,但不要超过3次,因为洗脸过多也会伤害皮肤。

维持正常的生活作息,另外,充足的睡眠也是改善青春痘的法则之一。

Q: 怀孕时长痘痘与生男生女有关吗?
常有生男孩会使孕妇变得较丑的说法,但这样的说法并没有医学证据可证实。

Q: 怀孕时长痘痘,那肚里宝宝也会跟着长痘痘吗?
临床上未指出长青春痘的孕妇就会生出长痘的宝宝,不过有些孕妈妈若是怀孕前就有易长青春痘的体质,那么宝宝有可能也会遗传到这样的体质。

Q: 吃了补品之后,青春痘反而更多?
现在的孕妈妈营养状况都很好,除非是身体有特殊疾病,或是咨询过医师,否则并不需要再特别进补,最重要的是维持清淡与均衡的营养就可以了。

Q: 长了青春痘还可以上妆吗?
长青春痘者若要上妆,以淡妆为佳,并应选择质地较为清爽的产品,不要使用浓稠的膏状产品。同时也要用对卸妆产品,因为有些卸妆产品会致痘。

Q: 皮肤的油脂分泌旺盛与吃油炸物有关吗?
建议仍应少吃油炸物或是巧克力等高油脂食物。

孕期睡姿学问大

How to Sleep

人的睡姿，不外乎仰、侧、俯卧三种。对常人来说，只要睡得舒服，无论什么睡姿都无关紧要。然而对于孕妇来讲，事情就不那么简单了。

妇女怀孕后，胎儿在子宫内逐渐长大，原来像一个倒置梨形大小的子宫，到足月妊娠时变成了西瓜大小；子宫容积由未怀孕时的5毫升，增至怀孕足月时的5000毫升。随着子宫和胎儿的长大，孕妇的睡姿显得越来越重要。

孕妈妈最好左侧卧

右侧卧位，会使子宫呈不同程度地向右侧旋转。这样，便会使维持子宫正常位置的韧带和系膜处于紧张状态。系膜中的血管受到牵拉，影响胎儿的血液供应，造成胎儿慢性缺氧。

左侧卧姿是妊娠末期孕妇的最佳睡姿。因为这种体位，可使右旋子宫转向直位，从而减少由此引起的胎位和分娩异常。还能减少浮肿，改善子宫和胎盘的血液灌注量，有利于减少早产。

左侧卧，双脚可稍微弯曲，双脚中间可以放个小枕头，或为孕妇设计的长形枕头，支撑肚子，让孕妇感觉舒适些，且这样的睡姿，不论对孕妇或胎儿来说都会较为适合，因为胎儿可经由胎盘吸收最佳的血流及养分，对于孕妇的肾功能也能达到最理想状态，以清除较多的体内废物，且能预防孕妇的下肢及手部水肿。

孕期不宜仰卧

因为仰卧位时，巨大的子宫压迫下腔静脉，使回心血量及心输出量减少，而出现低血压，孕妇会感觉头晕、心慌、恶心、憋气等症状，面色苍白、四肢无力、出冷汗等。如果出现上述症状，应马上采取左侧卧位，血压可逐渐恢复正常，症状也随之消失。

1个月婴儿的食量表

为了能使孕妈妈顺利分娩，妊娠期身体会分泌激素，使骨盆韧带疏松，关节松弛，骨盆扩展。骶骨和尾骨连接形成骶尾关节，骶尾关节的活动度也会增加，尾骨向后活动，使骨盆出口的径线增大，利于胎儿娩出。如果骶尾关节活动度受限，或尾骨向内弯曲，局部会有压痛，行走或翻身时也有会发生疼痛。这种现象一般在产后半年内完全消失。

尾骨疼痛的孕妈妈要注意摄取富钙及多种维生素的食物。尽量选择正确而舒适的姿势，多变换姿势也有利于缓解疼痛。适度进行运动，坚持散步，做准妈妈体操。出现疼痛时多休息，如果不缓解及时去看医生。

孕期容易并发肾盂肾炎

肾盂肾炎是妇女妊娠期最常见的泌尿系统并发症。它的发病率为1%～6%，多发生在妊娠后期。

妊娠期，在女性生殖器官形态和机能改变的同时，输尿管也发生变化，组织松弛，管腔膨大，蠕动力减弱，因而排尿缓慢。尿潴留在输尿管和肾盂内，成为细菌繁殖的良好环境。同时肠道运动也迟缓，发生便秘。大肠中的细菌容易从肠管经淋巴途径侵入肾盂及输尿管，造成感染。其他如扁桃体、牙齿等病灶的病菌也可经血液循环到肾脏。妊娠合并肾盂肾炎多在右侧。

肾盂肾炎发生后，急性期患者可有高热、腰痛、尿急、尿频等症状。如发生在妊娠早期可引发流产，发生在妊娠晚期可引发早产。

孕妇应注意预防肾盂肾炎，在妊娠期多喝水，保持大便通畅；加强体育锻炼，增强体质。如发现有尿急、尿频症状及早彻底治疗。

子宫肌瘤会影响胎儿吗

子宫肌瘤是一种良性肿瘤，30岁以上妇女，大约有20%的人患有这种病。

患有子宫肌瘤的妇女也可以怀孕，怀孕以后，要到妇产科门诊检查诊断，明确肌瘤的位置和体积，然后按医生嘱咐定期进行检查。

妊娠后随着子宫和胎儿的逐渐增大，子宫供血越来越丰富，使肌瘤得到充足的营养，其体积也迅速增大。增大的肌瘤可使子宫腔变形，使胎儿活动受限，发生胎位不正。在分娩时，如果肌瘤数目多、体积大会影响子宫收缩。

在临床上也有些合并肌瘤的产妇能顺利从阴道分娩。一般情况下，医生会根据产妇情况，在产前决定生产方式。如施行剖宫产，取出胎儿后，再剔除肌瘤或切除子宫。

小腿抽筋怎么办

妊娠7个月以后，孕妇在夜间常发生小腿抽筋，引起小腿痉挛的原因主要是缺钙。发生这种症状后，应注意多食用含钙丰富的食品，如牛奶、豆制品、鱼类、海带、虾皮等。同时还要注意加强户外活动，多晒太阳，促使维生素D形成，增强钙的吸收。如果缺钙较重，要在医生指导下补充钙剂。

在日常生活中，孕妇要注意不穿高跟鞋，选择穿着宽松舒适的平底布鞋。睡觉时，腿不要伸得太直，"卧如弓"最好。侧卧时可在两膝间夹一软枕，仰卧时在膝盖下垫一软枕，坐时可将脚抬高，以利于血液回流。

发生腿抽筋不要害怕，如在半夜睡觉时，可采取仰卧姿势，用手拉住脚趾，尽力把小腿抬高，一次不行，可再做一次，一般可很快缓解。如在站立时小腿抽筋，可把小腿伸直，活动脚掌，也很有效。发生抽筋以后，可服用钙片和鱼肝油丸。

🌿 小腿抽筋的穴位按摩

• **承山穴：**

穴位：在小腿后面正中，当站直踮脚尖时，小腿腓肠肌肌腹下出现尖角凹陷处。

功效：本穴有舒筋、解痉、止痛的功能，为治疗腿痛痉挛的有效穴。

• **涌泉穴：**

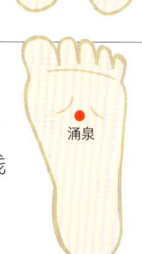

穴位：在足底部，约当足底第2、3趾趾缝纹头，与足跟连线前1/3与后2/3交点上。

功效：缓解脚指头痉挛。

乳房保健准备哺喂宝宝

妊娠期要注意乳房保健，为产后哺乳打好基础。

首先，应选配合适的胸罩，保护孕期增大的乳房不致下垂和损伤。

其次，要注意乳头的护理。初产妇乳头上皮组织薄而细嫩，哺乳时较长时间被婴儿含在口中，乳头上皮浸软后易发生剥脱、破溃及裂伤。因此在孕后期，要常常用湿热毛巾轻轻擦拭乳头，不要用肥皂之类的清洁用品清洗，以免洗掉乳头乳晕上自然分泌的润滑物和油脂。当然，洗后也不要涂护肤用的油脂。

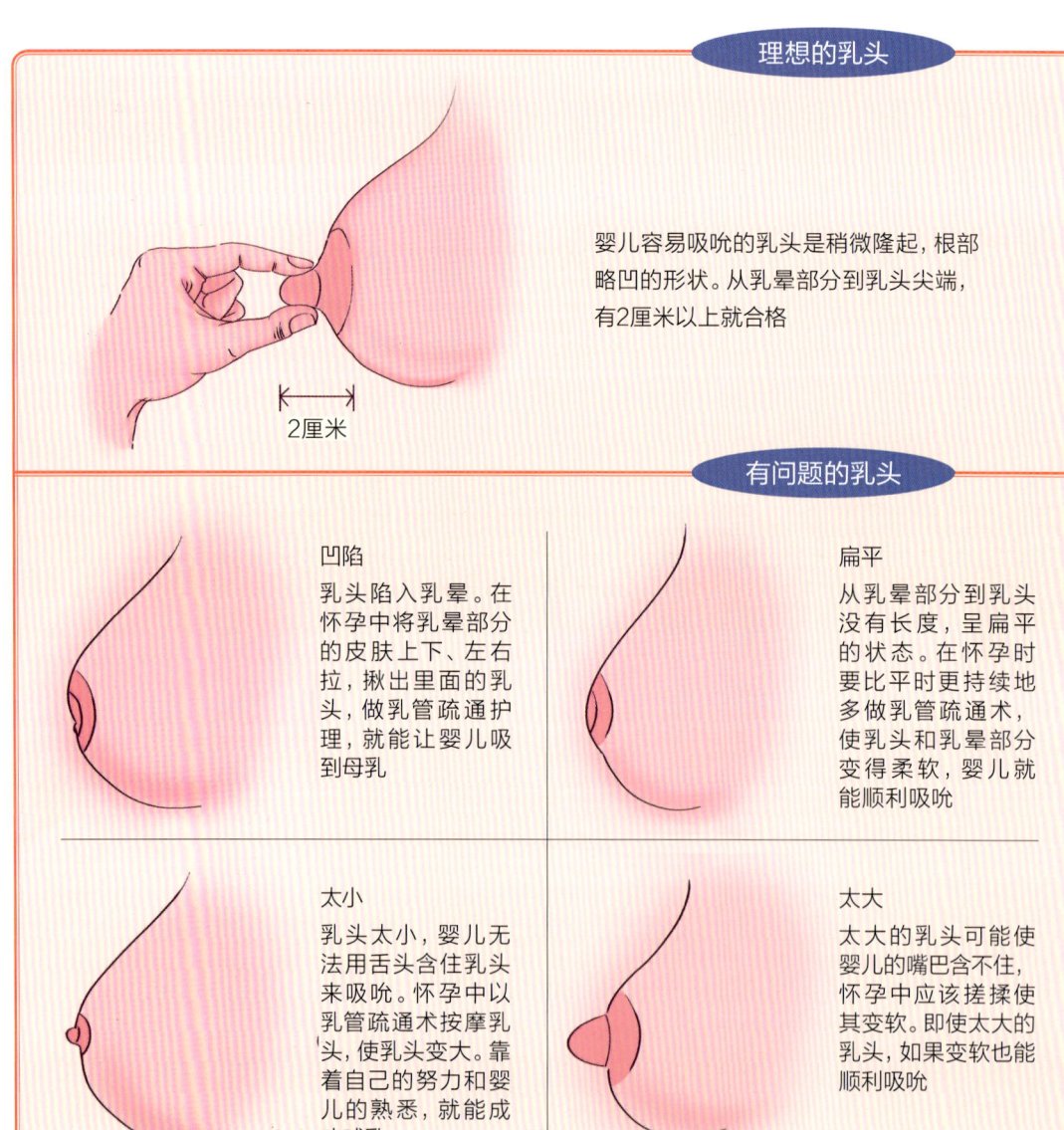

理想的乳头

婴儿容易吸吮的乳头是稍微隆起，根部略凹的形状。从乳晕部分到乳头尖端，有2厘米以上就合格

2厘米

有问题的乳头

凹陷
乳头陷入乳晕。在怀孕中将乳晕部分的皮肤上下、左右拉，揪出里面的乳头，做乳管疏通护理，就能让婴儿吸到母乳

扁平
从乳晕部分到乳头没有长度，呈扁平的状态。在怀孕时要比平时更持续地多做乳管疏通术，使乳头和乳晕部分变得柔软，婴儿就能顺利吸吮

太小
乳头太小，婴儿无法用舌头含住乳头来吸吮。怀孕中以乳管疏通术按摩乳头，使乳头变大。靠着自己的努力和婴儿的熟悉，就能成功哺乳

太大
太大的乳头可能使婴儿的嘴巴含不住，怀孕中应该搓揉使其变软。即使太大的乳头，如果变软也能顺利吸吮

有的妇女先天性乳头凹陷，即民间说的"瞎奶头"，整个乳头向乳房里面陷入，乳头变得平坦，甚至低于乳晕。诊断的方法是用大拇指和其余四指的指尖压迫乳晕部位，正常的乳头便会突出，而内陷的乳头会内缩。乳头内陷容易引起湿疹或是不能清洗而引起感染，发生乳晕部肿痛。产后，因乳头内陷，乳汁聚积在乳房内，不能喂养婴儿，还会引起乳房炎症。所以在妊娠期应及早矫治内陷。大多数可通过挤压、牵拉将乳头翻出来，呈正常状态。自我矫治的方法是，用大拇指和食指轻轻地捏住乳头，使其在大拇指和食指中间来回转动，同时将乳头向外轻轻地牵引。这种方法在妊娠晚期每日用2~3次，既可使乳头上皮增厚，又可治疗乳头内陷。也可用乳头负压吸引器等辅助工具矫治乳头内陷。

乳管疏通按摩

检查自己的乳头后开始做"乳管疏通术"的按摩。有人在怀孕中就分泌少量乳汁，体内已经开始制造母乳。这种分泌会阻塞乳管，按摩的首要目的就是使输乳管通畅。

此外经常受到内衣保护的乳头很敏感脆弱。如果突然让婴儿咬着吸吮，可能会有皮肤裂开的情形。按摩可逐渐使乳头变结实，而且能使乳头变软，被吸吮时也有伸展的效果。

按摩应在洗澡和就寝前等轻松时刻做。为了让手直接碰触皮肤，一定要脱下胸罩。乳头扁平、凹陷的人要多多按摩。如果腹部觉得胀硬就要立刻停止。刺激乳头、乳房会促进子宫收缩，可能引起流产或早产。因此有流产史和有早产倾向的孕妈妈不可按摩乳房。

乳管疏通按摩示意图

❶ 按摩乳头
用一手支撑乳晕的根部，然后以另一手拉起乳头。如果将指腹合起来做，乳头就会变软

❷ 侧向移动
手指抓住乳头的方法同上。左右交互扭拧搓揉。此时注意不要勉强扭拧乳头。在洗浴时做能促进血液循环

❸ 从8个方向按摩
将1~2的按摩从纵、横、斜向等8个方向做。乳头变软后就不必再做。按摩时如果觉得腹中硬起来要立刻中止。一天一次即可

勤练拉梅兹呼吸法控制产痛

拉梅兹生产法目的在于训练产妇利用放松技巧和各种呼吸技巧来应付子宫收缩时的痛楚。孕妈妈在怀孕7个月后就可和丈夫一起接受呼吸技巧训练。

拉梅兹呼吸法的注意事项

1. 胎位正常，无任何危险妊娠征兆，可自然生产，并请教过产科主治医师及其同意。
2. 了解基本生产过程概念，以配合呼吸技巧之应用。
3. 怀孕满7个月后开始练习呼吸技巧，需反复练习至技巧熟练。
4. 需丈夫一起陪同接受训练及练习。

练习前的原则

在练习拉梅兹呼吸法之前，孕妈妈也要遵守几个原则：

1. 选择坚固的硬板床或地板做练习，避免在弹簧床或是软床上练习；
2. 运动前先排空膀胱；
3. 需穿着宽松的衣服；
4. 空腹或饭后2小时做；
5. 次数由少逐渐增多，并配合个人身体状况，避免太过疲倦。

产前运动

1.盘腿运动

目的 增加骨盆底的可动性和肌肉的韧性。

方法 坐在地上，背部靠在墙壁或是沙发上，盘腿。每天可进行5~10次。

2.压膝运动

目的 增加骨盆底的可动性和肌肉的韧性。

方法 两脚底合在一起，将两脚与膝盖尽量靠近身体，双手放在膝盖上，温和地向下压，再轻放。每天可进行5~10次。

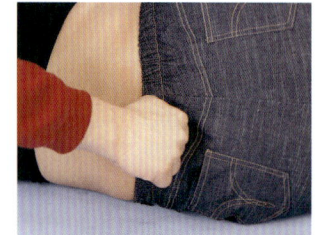
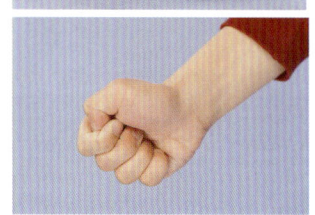

3.待产按摩法

目的 要生产时利用按摩可减轻不适。

方法 弯曲大拇指的第一个关节，并露出关节，以此关节按住酸痛的地方即可。

🌿 呼吸运动

1. 胸式呼吸：

适用时间 第一产程初步阶段。

❶ 当孕妈妈开始有不规则阵痛（有时伴随腰酸）的现象，但是每次阵痛的时间间隔较久，且阵痛的程度较低时，便可进行。

❷ 此时子宫颈变薄扩张开2~3厘米，子宫收缩30~50秒，收缩间隔（两次阵痛的间隔时间）5~20分钟（持续8~9小时）。

方法

❶ 身体完全放松，眼睛选定一个定点凝视。

❷ 进行廓清式呼吸。

❸ 鼻子吸气5秒，再以口缓慢吐气5秒，腹部保持放松。

❹ 一次吸气吐气过程约10秒，并进行6~9次胸式呼吸，直到子宫变软、不痛为止，结束后再做一次廓清式呼吸。

❺ 每天进行5次，每次约60秒。

口令 "收缩开始"、"廓清式呼吸"。吸二……三……四，吐二……三……四（进行6~9次后）。"收缩结束"。

---

2. 浅而慢加速呼吸：

适用时间 第一产程加速阶段。

❶ 此时进入规则阵痛，子宫收缩压力大，孕妈妈感受到的阵痛更强，孕妈妈的脾气会变坏。

❷ 子宫颈变薄扩张开4~8厘米，子宫收缩60秒，收缩间隔2~4分钟（3~4小时）。

方法

❶ 完全放松，眼睛选定一个固定点凝视。

❷ 先做廓清式呼吸

❸ 鼻子吸气，再以口缓慢吐出，腹部保持放松。

❹ 配合子宫收缩的强弱，来决定呼吸的快慢，子宫收缩增强则加速呼吸速度，子宫收缩减缓则减慢呼吸速度。由于子宫收缩程度会由弱至强，再由强至弱，因此，呼吸的速度应由慢而快，再由快而慢。

❺ 吸气吐气过程配合子宫收缩持续时间，为45~60秒，最后以廓清式呼吸结束。

❻ 每天5次，每次以60秒为计。

口令 "收缩开始"、"廓清式呼吸"。吸二……三……四，吐二……三……四。吸二……三，吐二……三。吸二……吐……二。吸……吐，吸……吐（再逐渐减缓呼吸速度至吸二……三……四，吐二……三……四）。"收缩结束"。

3. 浅的呼吸：

适用时间 第一产程转变阶段。

❶ 孕妈妈阵痛最剧烈的时刻，会感觉到产道有东西，或有想大便的感觉。

❷ 子宫收缩最强烈，子宫颈变薄扩张开8~10厘米，子宫收缩60~90秒，收缩间隔30~90秒。

方法 这个时候因为产妇已痛到无法吸饱一口气，因此要分段吸气，再一次吐完气，确保胎儿拥有足够的氧气。这个阶段无论宫缩程度大小，均维持快速吸吐的速度。

❶ 完全放松，眼睛选定一个固定点凝视。

❷ 进行廓清式呼吸。

❸ 微张开嘴巴吸吐发出"嘻嘻嘻"声音。

❹ 连续4~6个快速吸气，再吐一次气，以吸吐为一个循环，并反复进行，直到子宫收缩结束。

❺ 随子宫收缩之强度调整速度。

❻ 吸及吐的气的量需一样（即分段将气吸饱，再一次将吸饱的气吐完），避免换气过度，因为母亲若换气过度，会将体内二氧化碳过度排出体外，造成手脚麻木的不适状况。

❼ 再以廓清式呼吸做结束。

口令 "收缩开始"、"廓清式呼吸"。吸吸吸吸吐、吸吸吸吸吐……吸吸吸吸吐。"收缩结束"。

4. 闭气用力运动：

适用时间 子宫颈全开，胎儿随时娩出。产妇是否能正确地用力会决定此时期的时间长短，正确方式是在子宫收缩时用力，子宫收缩结束时停止用力，并完全放松以便获得力量继续奋斗。

方法

❶ 孕妈妈平躺在地板上，或坐在地板上，两腿跷高贴放在椅子或沙发上，两膝屈曲，两腿分开，臀部移近椅子边缘，手握住椅子的脚。坐在地上，双腿张开的姿势亦可。

❷ 大口吸气后憋气，感觉将力用在肛门上，像排解较硬的大便一样。

❸ 头抬高看肚脐，下巴向前缩。

❹ 憋气20~30秒，吐气后马上再憋气用力直到收缩结束。

❺ 预产期前3周每天练习2次即可，但切记练习时不可真的用力！

口令 "收缩开始"、"廓清式呼吸"。吸一口气、憋气，感觉往下用力、用力……吐气。吸一口气、憋气，感觉往下用力、用力……吐气……"收缩结束"。

5. 哈气运动：

适用时间 不能用力，却不自主用力时。

当胎头已娩出2/3，但为了避免冲力太大造成会阴撕裂伤而要求产妇不要用力，此时可使用哈气运动，口张开连续喘气，直到想用力的冲动过去时为止，并等待医护人员再次提示。

方法

❶ 嘴巴张开像喘息似的急促呼吸。

❷ 不可憋气，并全身放松。

口令 不要用力、哈气（要练习到有很快的本能反应才行）。

脐带血存不存

脐带血的基本知识

婴儿出生时,脐带及胎盘所存留下来的血液就是脐带血。脐带有两条动脉、一条静脉,集血袋要收集的是含氧的脐静脉血。

采集脐带血一般是在新生儿出生断脐以后3~5分钟之内进行。由脐带血库工作人员或具采集资质的医师经脐带上的脐静脉进行采集。

有人担心采集脐带血会对母子健康有影响,其实这种担心是没有必要的。脐带血是在新生儿断脐以后,在胎盘上的脐带残端进行采集。对母亲和宝宝均无任何不良影响。

> **采集脐带血对妈妈的要求**
> - 身体健康。
> - 无家族遗传病史。
> - 常规检测正常。
>
> 符合以上条件的妈妈即可为孩子保存下脐带血干细胞。

脐带血给谁用

❶ 自体移植:也就是有需要时自己用,绝对不会排斥。但若是宝宝的血液有先天的基因缺陷,就需要基因改造,可透过脐带血在体外做基因改造再输回去,重新制造输血系统,否则使用的是原本就有缺陷的脐带血,等于白用了。但若是健康的脐带血,就可以直接治疗这些疾病。

❷ 同种异体移植:人类之间的移植,不同人体之间会有排斥性,必须比对白细胞抗原(简称HLA)。以骨髓移植来说,至少要有6个HLA位置配对成功才可以移植。若是脐带血移植,只要4~6个HLA位置配对成功就可以移植,比较容易配对成功。

HLA存在于染色体基因片段上,因此血缘越近的人越容易配对成功。

到底要不要存脐带血

门诊常碰到准爸妈问:"到底要不要存宝宝的脐带血?"其实存脐带血跟保险的意义一样,并不希望用到,是存个保障,若经济许可,不妨保存。

脐带血存在−196℃的液态氮,除非有外力介入干扰,否则可永久保存,但合约一般以20年为主,到期可再续约。

目前脐带血的运用很广泛

目前脐带血运用最多的是血液疾病,如小孩的癌症,其他还有大人的脑神经损伤,如中风、出血性脑外伤、脊椎神经损伤等,都已经有脐带血移植成功的案例;也运用在治疗脑瘫、糖尿病、冠心病、艾滋病、器官移植等。

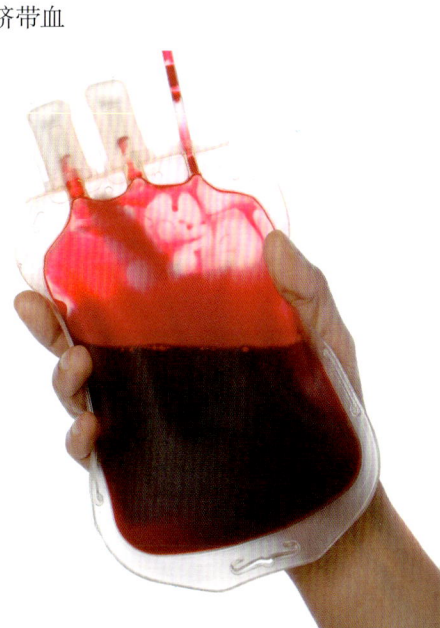

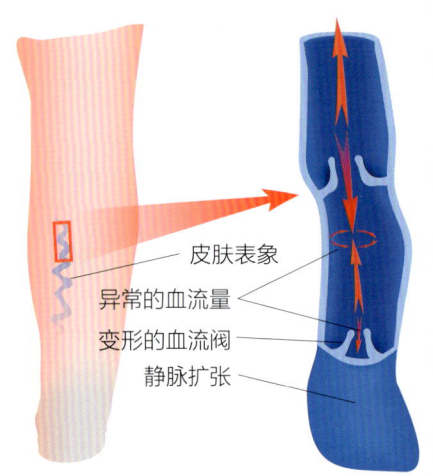

皮肤表象
异常的血流量
变形的血流阀
静脉扩张

静脉曲张形成示意图

休息时将双腿抬高

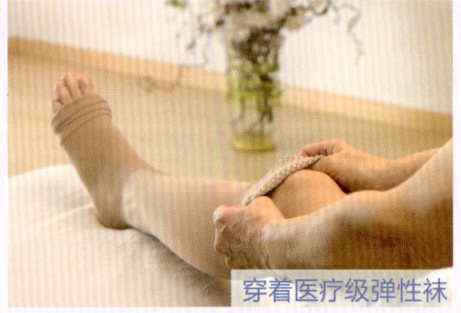

穿着医疗级弹性袜

预防静脉曲张

怀孕时，分泌大量的女性激素，使得下肢静脉的可扩张性增加，另外，胎儿压迫下腔静脉引起的回流阻碍，也会导致下肢静脉扩张，进而引起静脉曲张。在怀孕时期，曲张的静脉不只出现在双腿，而且在身体其他部位，如颈部及会阴部，也可能会出现。其实，痔疮也是另一种形态的静脉曲张。

预防静脉曲张方法

- 多走动：促进血液循环，以及代谢废物的排泄。
- 避免过度肥胖：将体重控制在一定范围内，即整个孕期的增重在12~15千克。
- 不要提过重的物品或腹部用力，如便秘。
- 避免高温：高温易使血管扩张，所以泡温泉，或长期处于高温环境工作者，都应特别避免。
- 休息时将双腿抬高：帮助血液回流至心脏。
- 避免紧身衣物：以免使血液聚积在腿部。
- 睡觉时尽量左侧躺：因为左侧躺可以避免压迫到腹部下腔静脉，减少双腿静脉的压力，建议可以利用一个枕头靠着。
- 尽量避免长期采坐姿、站姿，或双腿交叉压迫：长时间静坐不动、站立或坐着时避免两腿交叠，压迫双腿易造成腿部静脉充血，使血液回流困难；建议睡觉时，脚部垫着枕头抬高。
- 穿着医疗级弹性袜：每天晨起穿好弹性袜再下床，这样可以避免过多的血液堆积在双腿。这种医疗级弹性袜可以在医疗器材行买到。

一般来说，静脉曲张并不会影响孕妇本身或胎儿的健康状况，主要问题还是在于造成腿部的不美观，或是产生一些酸痛的不适感。虽然静脉曲张在生产后多半会获得缓解，但是在下次怀孕时，又会再度复发，而且愈来愈明显，导致中年时期的严重静脉曲张症。因此，平时的保健、穿着医疗级弹性袜，相当的重要。

孕妈妈营养新主张

糖分摄取不要过量

怀孕后味觉可能变得较迟钝，进食时对甜分容易失去警觉，所以即使不喝饮料，也可能摄取过多糖类，如甜分较高的水果，或果汁中添加太多糖，过量一样会有害，这是孕妈妈要特别小心的。

多吃全谷根茎类

建议每天最少要有一餐改吃糙米、杂粮或全麦食物，补充B族维生素，尤其是全谷米，因为三餐如果都以面或面包当主食，其实很容易额外摄取过多油脂和糖。

到底什么是"全谷"？全谷是含有胚乳、胚芽和麸皮的完整谷粒，包括糙米、紫米、全荞麦、全大麦等，市面上很多标榜天然、养生的全谷制品，

饮食平衡金字塔

脂肪类：包括食用油、坚果、动物脂肪等，孕期脂肪占总热量的20%~30%。

油脂以植物油为主，每日15~25克，可食用30克坚果。

蛋白质类：奶类、蛋类、豆类、肉类、禽类、鱼类是优质蛋白质的来源，占每日所需热量的10%~15%。

孕期蛋白质推荐量是每日摄入80克（孕早期较未孕时每天增加5克，孕中期每日增加15克，孕后期每日增加20克）。可摄入200毫升奶，150毫升酸奶；1个蛋；豆类（干）50克左右；肉禽鱼类100~150克。

维生素和矿物质：蔬菜、水果供给人体各种维生素和矿物质，调节生理功能。

蔬菜（尤其是深色蔬菜）每日500克，水果每日150~250克。

碳水化合物：五谷根茎类供给人体热量，占每日热量的55%~60%。

面粉、大米、杂粮每日250~400克。

谷类部分比率偏低，谷类成分应该占总重量的51%以上才能标示为"全谷"制品。

优先选择植物性蛋白质

摄取植物性蛋白质豆类排在第一位，可降低热量和胆固醇，尤其黄豆、黑豆、毛豆不含胆固醇，可增加摄取比率；鱼类因为含有不饱和脂肪酸，也是孕妇很好的选择；肉类当中以鸡肉的脂肪最低；至于蛋会排在最后，主要还是考虑胆固醇普遍偏高。

坚果取代油脂更健康

坚果类包括芝麻、花生、腰果等，也都是非常好的食物，建议每天可摄取一茶匙，但是绝不能将坚果类视为额外增加的食物，三餐中可以有一餐以坚果类取代其他油脂类，例如一天要摄取836千焦（2000千卡）热量，其中6份油脂中，有1份建议以坚果取代，所以如果下午点心吃了坚果，晚餐就要减少油脂的摄取。

孕妈妈如果有妊娠糖尿病，吃东西更要懂得从营养成分表中算出各类营养的摄取量，并学习如何换算。此外，油脂部分避免反式脂肪酸，很多女性爱吃的巧克力，其实都含有反式脂肪酸。

每天一餐改吃素

由于饮食普遍太油、太咸，蔬果摄取太少，所以建议每天能有一餐，或每星期有一天改吃素食，以植物性蛋白质取代动物性蛋白质。

有些孕妈妈怕胖而选择素食，这时候要特别注意很多素食常用到椰子油或棕榈油，其实含有大量饱和脂肪酸，容易使胆固醇升高，所以被称为"植物中的猪油"，孕妈妈能吃素的时候要注意避免过量，而且要有变化，最好选择蛋奶素，比较能够有均衡的营养摄取。

吃海带应注意什么

海带中含碘量很高，达5%～8%，还富含铁、蛋白质、脂肪、碳水化合物等。碘又是人体甲状腺素合成不可缺少的原料，因此，孕妇如果每周吃1～2次海带，就可以预防缺碘和贫血等疾患的出现。

食用海带要注意用充足的水浸泡72小时，并且注意换水7次以上，否则海带中含有砷与砷的化合物等对人体有害的毒性物质就去不掉。砷在海带中含量达35～50毫克/千克，这是由于海水污染造成的，人体每日对砷安全代谢量约为0.05毫克/千克，所以食用海带要注意有足够时间的浸泡过程，这样就可以防止砷中毒。

炎夏慎防中暑和食物中毒

预防中暑

夏天外出时必须做好防晒准备。要做好防范中暑措施，包括：
- 穿着必须清凉，以宽松、舒适为主，并避免穿化纤类衣物。
- 避免直接晒太阳，以免中暑和晒伤。
- 准备遮蔽物品，包括防晒伞、遮阳帽等。
- 随身携带饮水，最好带点盐分，而冰水应该避免，因为太冰的水或饮料容易导致血管收缩，反而不舒服。
- 避免长时间待在太阳底下和运动。

孕妈妈除了体温比较高之外，并没有特别的问题，所以只要避免穿紧身衣服、不要直接晒太阳，并适当补充水分即可。

此外，夏天要注意避免经常出入冷气房，因为进出频繁容易影响身体的调节功能；吹冷气时也不可太冷，让身体流些汗会比较好。

防食物中毒

食物中毒也常发生在夏天，据统计发现，中毒食物最常出现在餐盒，其次是海鲜，最后是肉类。4~65℃，是细菌最易滋生的温度，食物一旦放置过久，微生物会增加而产生毒素，所以足够的烹煮时间以及妥善的保存方式很重要。

在室温下，熟食必须在2小时内食用，因此，外食者最好选择用餐尖峰时间进食，例如自助餐多在上午11时至下午1时之间供应午餐，此时段里客人流动大，食物几乎是立即烹煮，若等到下午三四时，食物多半已放置一段时间，卫生条件将大打折扣。所以，如果无法在正常用餐时间进食，建议选择现煮的餐饮店。

注意冰品卫生

夏天吃冰，是许多人消暑的方法之一，冰品的选择同样要注意是否适当保存。例如到冰店吃冰，应该观察红豆及薏米等食材是否以冷藏方式存放、容器是否干净，以及店员的卫生习惯是否良好，当然食用者本身也要养成用餐前洗手的习惯，这样才能避免食物中毒的发生。比较保险的做法是购买经过消毒灭菌、包装好的冰品（如知名品牌的盒装冰淇淋）或饮料，会比路边摊的放心。

孕妈妈应避免生食

孕妈妈在饮食方面更要小心，尤其应禁止生食，因为未煮熟的食物可能有寄生虫，会导致胎儿先天性异常。

自行购买食物回家，一定要立即处理并放置冰箱中，包括肉类、海鲜等，尤其水产类在市场很可能与其他鱼类接触过，所以必须清洗过再存放于冰箱。

夏天全家外出游玩时，如果要自备食物，不建议带熟食，因为熟食即使经过煮熟并且密封，在装盘过程中多少会有细菌滋生，且若经过2小时处高温中的车程，卫生容易出问题。建议可带些需去皮的水果，食用时再去皮比较新鲜，或面包、蛋糕等，且最好以保鲜冷藏盒存放。

快乐胎教课堂

语言胎教的方法

我国宋代名医陈自明在《妇人大全良方》中曾指出"子在腹中，随母体所闻"。现代医学也证实，胎儿的确具有一定的听觉和记忆能力。

20世纪20年代，一个名叫古斯的英国喉科专家经过实验发现，如果将一只鸟蛋交给异族鸟孵化，孵化出的雏鸟的鸣声同后者一样。后来，法国一位叫托马蒂斯的耳喉科专家出于对该实验结果的好奇感，于1953年起潜心研究子宫听觉功能。托马蒂斯认为胎儿在母腹中收听到的最理想的声音就是其母亲的说话声。当母亲说话时，声音顺着食管下滑，在脊柱部分产生振动，最后在骨盆区形成回音。因此，如果想对胎儿实施胎教，最简便易行的办法就是让其母亲用某一种语言讲话，胎儿肯定会听见。

胎儿在5个月时听力发育。语言胎教就可以在胎儿6个月时开始。孕妈妈边轻轻抚摸腹部，边说些温柔的、充满爱意的话，这对胎儿不会有任何伤害，只有促使胎儿气血调和的好处。也可与音乐胎教交替进行，有时说话，有时哼哼歌曲，有时播放音乐，配合抚摸胎教一同进行。

语言胎教和其他胎教的进行均不可操之过急。每日进行1~2次，每次5~10分钟即可，多在胎儿醒着时（即胎动）进行。

胎儿满7个月时，孕妇可以学国外专家的方法，对他开始系统性的语言胎教，即进行"胎儿对话"，同时可配合音乐胎教和抚摸胎教，或轮流进行这几项胎教内容。如能坚持，胎儿出生后会有不同的素质表现。

最后还需要提醒的是，由于胎儿还没有关于这个世界的认识，不知道谈话的内容，只知道声音的波长和频率，而且他并不是完全用耳朵听，只是用他的大脑来感觉，接受着母体的感情，所以在与胎儿对话时，孕妇要使自己的精神和全身的肌肉放松，精力集中，心中只想着腹中的胎儿，把他当成一个站在你面前的活生生的孩子，娓娓道来，这样才能收到预期的效果。

听着令人愉快的声音会使孕妇和胎儿心情舒畅，脑部神经松弛，有助于胎儿的脑部发育。

你和胎宝宝说什么

孕妈妈要时时想到胎儿的存在,并经常与之谈话,进行情感的沟通。谈话内容可有四个方面:
- 要从内心想着是与胎儿谈话;
- 给胎儿讲故事、背诗歌、说歌谣、唱歌曲;
- 教胎儿学习语言和文字;
- 教胎儿学算术和图形。

这些内容可以交替使用,在进行过程中,母亲可以细细体会胎儿的反应,这对促进胎儿的身心发展是很益的,有利于母子情感的交流,在与胎儿开始对话时,可以给胎儿起一个乳名,一直用这个乳名呼唤他,他会感到亲切,并有安全感。

总之,可以把生活中的每个愉快的生活环节讲给胎儿听,通过和胎儿共同生活、共同感受,使母子间的纽带牢固,并为生后智力发展打下良好的基础。使胎儿对母亲和其他人有信赖、安全感,生活的适应能力强,会感到人间的幸福。

实践证明,父母经常与胎儿对话,进行语言交流,能促进胎儿出生的语言及智能发育。专家们提出,早期教育应从胎儿时期开始,父母与胎儿对话要继续,每天定时刺激胎儿,每次1～2次,对话内容不限,可以问候,可以聊天,可以讲故事。以简单、轻松、明快为原则。早上起来可以用手摸摸腹部,说声"早上好,宝宝",或在打开窗户时可以告诉胎儿"今天天气真美,蓝天白云"。用美丽的词句说给胎儿听。父亲每天也要在固定的时间和胎儿说话。随着妊娠期的进展,每天可适当增加对话次数,把每天快乐的感受告诉胎儿。父母亲说话声音通过波长和频率储存在大脑的感觉区域,可以产生记忆,母子对话内容不必太复杂,而需要重复词句。实践证明,胎儿能接受父母的感情,对话时一定要把他当作家庭中的成员,认真感受感情,才能达到胎教的目的。经过胎教训练的胎儿,出生后3～4天就能用声音与父母交流,连续发出咿咿呀呀的声音。

我是一个小宝宝

我是一个小宝宝,
圆滚滚,嫩又小。
可我挥手又蹬脚,
觉得自己大又高。
我的手臂变很长,
我的两腿有力量。
接下来你可知道,
我要学会爬着跑。

如何给胎宝宝讲故事

每天除与胎儿进行日常生活对话外，还可以教胎儿学文字，给胎儿讲故事、猜谜语等。

通过讲画册，可以提高胎儿的想象力、创造力。母亲可以将画册的精彩画面加以展示、想象并用嘴说出来，这对胎儿大脑健康发育是一个促进的过程。

孕妈妈在给胎儿讲故事时，也要注意语气，要有声有色，要富有感情，传递的声调信息会对胎儿产生感染效果。故事的内容最好是短小精悍、轻快和谐、欢乐幽默，不要讲些恐惧、伤感、压抑的情节，如《卖火柴的小女孩》等故事。

胎教故事——《白雪公主》

从前有个王后生下一个小女孩，她的皮肤很白，王后就给她取名叫白雪公主。不久王后死了，国王又娶了一个邪恶的王后，她有一面魔镜。

有一天她问魔镜："魔镜魔镜快显魔力，告诉我：谁是世上最美丽的女人？""是你啊，王后。"魔镜回答说，邪恶的王后满意地笑了。

过了几年，白雪公主长大了，她长得漂亮极了，皮肤雪白，头发乌黑，连小鸟都喜欢她。

有一天，王后对魔镜说："魔镜魔镜快显魔力，告诉我：世上女人谁最美丽？""是白雪公主，王后。"魔镜老实回答道。

王后听了非常生气，她偷偷叫来侍卫，对侍卫说："你把白雪公主杀了，并把她的心拿来给我。"善良的侍卫偷偷地放走了白雪公主，拿了一颗猪的心脏给王后交差。

白雪公主逃到森林，看到了七个小矮人的房子。她又累又饿，便走了进去，她吃了一点食物，躺在小床上睡着了。七个小矮人回来后，看到有人吃了他们的食物非常生气，但是当他们看到躺着的白雪公主时，他们惊讶极了：她多么漂亮啊。七个小矮人同意了让白雪公主和他们一起生活。

有一天王后对魔镜说："魔镜魔镜快显魔力，告诉我：世上女人谁最美丽？"魔镜回答道："住在森林里的白雪公主最美丽。"

王后气得脸都绿了。她变成了一个巫婆，来到了森林里，想要杀了白雪公主。正巧，小矮人们去工作了，不在家。王后变成的老婆婆来到小房子前，敲了敲窗，"老婆婆，你找谁啊？"白雪公主从窗口探出头来问道，王后手拿着丝带说："小姑娘，你看多漂亮的丝带，我帮你戴上好不好啊？"王后说完，就用丝带紧紧勒住了白雪公主的脖子，白雪公主晕了过去，王后逃走了。没多久，小矮人们回来了，他们解开了白雪公主脖子上的丝带，白雪公主醒来了。

又过了几天，王后问了魔镜同样的问题，魔镜回答还是白雪公主最美丽。王后听了气得暴跳如雷，她又变成了老婆婆来到了小房子前，她又敲了敲窗户，白雪公主见又是这个老婆婆说："我不会给你开窗的！"王后手举梳子说："你看这把梳子多漂亮啊。"白雪公主刚想看看梳子，王后就把梳子插进了白雪公主的头发里！白雪公主倒下了，王后又一次跑掉了。但小矮人们回家后，拔掉了白雪公主头发里的梳子，白雪公主醒来了。

王后不死心，又带了一篮有毒的苹果来到小房子前，敲了敲窗，白雪公主见是老婆婆，便说："我不要你的苹果，你走吧！""这个苹果没有毒，真的，不信我和你一人吃一半。"说完王后就吃了一口，白雪公主见老婆婆没有中毒，便从王后的手中接过了苹果，白雪公主吃了一口红苹果就死了。

后来，王后又一次问魔镜谁最美丽，魔镜终于回答她说："你是王国里最美丽的女人，我的王后！"

小矮人再也不能救活白雪公主了！他们把白雪公主放在水晶棺里。一个王子路过这里，求他们让他把白雪公主带走。但就在他叫人把棺材抬起准备回家时，棺材被撞了一下，那块毒苹果突然从她嘴里吐了出来，白雪公主马上醒了。"你终于醒了！"王子说道，"嫁给我好吗？"

不久白雪公主和王子结婚了，从此过上了幸福的生活。

在讲故事时，最好找一个舒适的环境、自在的位置。精神集中、吐字清晰、表情丰富，声音要轻柔，千万不要高声大气地喊叫。

呼唤胎宝宝

胎儿具有辨别各种声音并能做出相应反应的能力,父母就应该抓住这一时机经常对胎儿进行呼唤训练。经过训练的孩子一出生就会马上识别出父母的声音,这不但对年轻父母是一个激动人心的时刻,而且对你的孩子来说,刚来到这个完全陌生的世界时如果能听到一个他所熟悉的声音,对他来说是莫大的安慰和快乐。同时消除了由于环境的突然改变而带给他心理上的紧张与不安。

曾有一位父亲从胎儿7个月大开始常向胎儿说:"小宝贝,我是你的爸爸!"一边抚摸着胎儿,以后每当这句话一出现,胎儿就会兴奋地蠕动起来。当这个孩子出生后哭闹不止时,他的父亲突然想到了与胎儿经常说的话,于是马上说:"小宝贝,我是你的爸爸!"话刚出口,婴儿就像着了魔法一样突然停止了哭声,并掉转头来寻找发出声音的方向。以后每当孩子哭闹时,这句话就会使孩子从哭闹中安定下来。

中医胎教

古人说,妊娠七个月,孕妇应"劳身摇肢,无使定止,动作屈伸,以运血气。自此后,居处必燥,饮食避寒,带食粳稻,以密腠理,是谓养骨而坚齿","无大言,无号哭,无薄衣,无洗浴,无寒饮"。7个月的孕妇要注意保健,注意养生,仍要多活动,进行必要的体育锻炼。这时胎儿的神经进一步发育完善,感觉更加敏锐,父母对胎儿进行的音乐、艺术胎教可适当增加。

张介宾《景岳全书》卷三十九中说:凡小产有远近,其在二月、三月之为近,五月、六月之为远。新受而产者,其势轻;怀久而产者,其势重。此皆人之所知也。至若犹有近者,则随孕随产矣。凡今艰嗣之家,犯此者十居五六。其为故也,总由纵欲而然。第自来人所不知,亦所不信,兹以笔代灯,用指迷者。倘济后人,实深愿也。诸详言之。

宝贝在妈妈肚子里玩什么

准妈妈虽然不能看见胎宝宝,但还是时时刻刻关注他的一切:宝宝健康吗?宝宝玩什么呢?其实,在漫长的266天中,胎宝宝大部分时间都用来睡觉。

- 在羊水中游泳

胎宝宝在准妈妈的子宫内四处游动,漫无目的,随心所欲,直到他的个头大得不能漂浮在羊水中才算结束。

- 打哈欠、吮吸和吞咽

胎宝宝打哈欠的模样和我们一样,把嘴巴张大,但他总睡觉为什么还打哈欠就不得而知了;胎宝宝的吸吮和吞咽是在学习吃东西,吸吮着手指,羊水在他口中进进出出。有时,他甚至会把自己的小脚丫扳过来,放在嘴巴里啃来啃去。

- 练功夫,做鬼脸

4~5个月以后的骨头变得越来越硬后,他会常常翻身,乱踢一通,还能握手、张开手,这都是胎宝宝在活动筋骨、做运动。胎宝宝的面部有丰富的表情,会微笑、皱眉头,还会做鬼脸!

- 玩转脐带

准妈妈的子宫内没有什么玩具,最好玩的就是脐带了。无聊至极的胎宝宝围着脐带转圈,抓着脐带当秋千把玩。脐带缠绕就是这样发生的。

- 耳朵听声音

胎宝宝在他24周大时,就已经能分辨出来自子宫外和准妈妈身体内部的不同声音。有妈妈的心跳声、妈妈肠胃蠕动的声音、妈妈血流的声音和妈妈说话唱歌的震动。

- 睁眼练习

胎宝宝并不是出生后才能睁开眼睛看,在怀孕后期,胎宝宝的眼睛就能在眼眶里转动,而且他还会主动练习睁眼、闭眼。

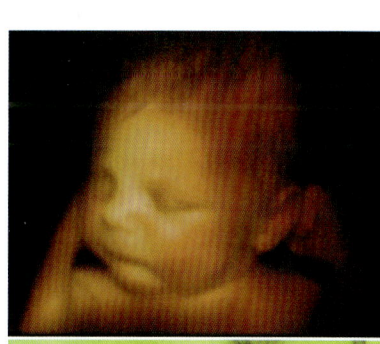

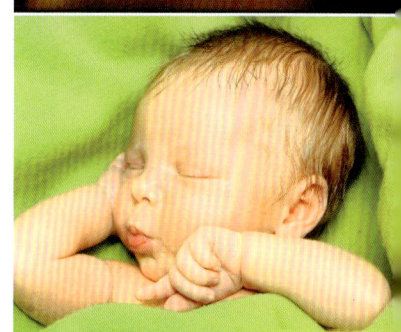

像蜗牛一样慢生活

在生活中，你经常会有些许的失落感吗？生活中渐渐多了很多东西，但是却让我们失去了更多的东西。那些重要的再也回不去的时间将我们悄悄地改变了。有时候会觉得需要做些什么，却又总是记不起来。或许是时间将很多东西都冲淡了，但是我们知道，这只是借口。有时候应该向蜗牛学习，将生活看得淡然一些，给自己一点时间和空间，好像蜗牛的壳一样，让自己拥有自己的世界。

蜗牛背着自己的"房子"，走到哪儿，日子就过到哪儿。而现今，人们则对自己和环境充满了要求，甚至欲壑难填。能不能像蜗牛那样，随处可以安家，处处可以过那种悠然自得的生活呢？

看着蜗牛趴在带着露珠的叶子上怡然自得的神情，你有没有想到，自己的生活中也有这样悠哉的日子呢？学会观望、学会体会、学会享受，才是生活的真谛。

休闲漫步的时候都会不由自主地加快脚步，当忙碌已经成为习惯，想要控制速度，你就要养成蜗牛一样的生活习惯。

双语胎教——
The Crab and Her Mother

An old crab says to her child, "Why do you walk so crooked, child? Walk straight." "Mother," said the young crab, "show me the way, will you? and when I see you taking a straight course, I will try and follow."

小蟹和妈妈

妈妈对小蟹说："孩子，你为什么走路东拐西弯横着走？要走直路。"小蟹说："妈妈，你走给我看，你走直路，我会努力跟你学。"

与胎宝宝一起快乐

开心一笑

约法三章

洛克丈夫新婚之夜时对妻子说:"我对你的要求是在厨房里做一个经济学家,在客厅里做一个贵妇,在卧室里做一个泼妇。你写下来,贴在门的后面。"第二天洛克在门后面看到的纸条上写着:"在厨房里做一个贵妇,在客厅里做一个泼妇,在卧室里做一个经济学家。"

狗和丈夫

丈夫抱怨说:"亲爱的,你把我的名字给了咱们的小狗,这样我会经常弄错的。"
"不会的,叫狗时我的声音特别温柔。"

心理游戏——测试你的家庭观

如果你有钱,希望买什么样的车子?

A.选房车。你是一直以家庭为中心,标准的主妇。
B.选高级豪华轿车。你是个先满足自己虚荣心,再考虑家庭的妻子。
C.豪华跑车。你认为家庭与自己的生活是两回事。你除了照顾家庭以外,也希望走出家庭,从事自己喜欢的事业。

涂鸦，让生活多姿多彩

涂鸦已经被纳入现代艺术的范畴。很多涂鸦者将心情用手中的颜料加以表现，创作出属于自己的作品。这些作品，体现了一种现代思维。

看似乱七八糟的颜色、形状、造型，却能够表现出不同的心境。当你感到工作环境或者生活环境太单调的时候，就给它加点颜色。在生活中的细节当中随手涂上几笔，缓解一下视觉疲劳。

大大小小的会议总让人筋疲力尽，偶尔翻开笔记本，里面千篇一律的格式让人感到乏味。那就自己动笔，在开会前或者间隙给自己的本子化化妆：画个小动物，或者在扉页上给自己也设计一个LOGO吧。

你可以用海报或者几页白纸，画上你今天的心情贴在电脑或者墙壁上，不但可以宣泄自己的情绪，还可以提高工作效率。

小饰品店里的那些色彩斑斓的小贴纸也可以美化你的环境呢。可以用它来改变一下你的杯子外壁、手机外壳，或者书包、书本、电脑桌等的颜色。如果你想换掉或者除去那些颜色，也只需要轻轻一揭就可以将它改变了。

生活中的很多色彩都是随手就能进行改变或者调整的，关键是你怎样去看待和理解它。用发散性和创造性思维去看周围的一切，这个世界就好像一个万花筒，美丽多彩！

准爸爸必读

因为了解，所以我会更体贴

在模拟怀孕的活动中，医生让参加活动的准爸爸们穿上妊娠模拟体验服，体验一下女人怀孕时的感受。

当模拟怀孕的准爸爸们背上重达六七千克，外观像是即将临盆的大肚子时，他们都会说："天呀！原来怀孕这么辛苦，我老婆真是太伟大了！""男人体验一下，才会知道女人真的了不起，怀孕实在太辛苦了！"

上下楼梯真累人

准爸爸们穿着模拟的大肚子上楼梯时，有些人开始放慢脚步，在转弯处还得稍作休息，张先生笑着说："太累了，从来都不知道爬一层楼有这么累。"到了下楼梯时，一个个大男人都扶着楼梯把手，小心翼翼地下楼，大喊："太危险了！"邱先生也说："难怪我太太怀孕后下楼梯时都变得比较慢，有时上班赶时间，我还会催她呢！我现在终于能体会了，以后不但不应该催她，还应该陪她一起走比较安全。"

蹲下绑鞋带才知困难

接着请准爸爸们蹲下去捡东西、绑鞋带，王先生说："原来连蹲下来也这么难，我一弯腰就压到肚子，整个人很不舒服。"李先生笑着说："我得在门口摆张椅子让太太坐下我帮她啰！"

像翻不起身的乌龟

让穿着模拟服的准爸爸们躺下来，林先生不到3分钟就准备起来了，结果他努力了很久就是起不来。林先生说："我觉得自己像是一只被翻了身的乌龟，怎么样都起不来。"在场的男士们听了都笑了。

亲爱的，我会更体贴

有时候，男人不够体贴真的是来自于他们的"不懂"，然而当他们"懂了"之后，他们会知道如何体贴妻子。鼓励各位孕妈妈，要让准爸爸"懂得怀孕时的不舒适有哪些"，适度的沟通与提醒，会让丈夫更知道如何协助自己，当然就更能增进彼此的关系了。准爸爸、准妈妈，加油！

准爸爸综合征

随着胎儿在妈妈的肚子里成长,准爸爸是透过超声波才开始感受新生命的加入。这时准爸爸会出现一些"准爸爸综合征"情绪反应,包括:

- 兴奋感:我要当爸爸了!看着老婆逐渐隆起的肚子,感觉越来越真实,心里有一种微妙的兴奋感。
- 焦虑感:担心老婆能否顺利生产、孩子是否健康。
- 责任感:孩子出生之后经济负担加重,自觉新的人生责任来了!
- 情绪不佳:老婆阴晴不定的情绪,让人也跟着情绪不佳!
- 失眠:光是怀孕这件事,就让人情绪起伏变大,甚至出现失眠问题。
- 想吐、头晕:看着老婆孕吐的生理反应,自己也好像受了传染。
- 失落感:感觉老婆及全家人重心都放在胎儿身上,有些微的失落感。

准爸爸综合征以兴奋感、责任感及轻微的焦虑是最常出现的状况,也是正常的情绪反应,同时也会想到责任加重,必须更加努力工作,希望能给孩子更好的生长环境。

尤其现代不孕症夫妻越来越多,因此,经由治疗而怀孕的夫妻,准爸爸通常兴奋与焦虑程度也会更加明显,毕竟得来不易!所以,准妈妈孕期中若出现不适症状,准爸爸就可能跟着情绪紧绷,不过,这些综合征很快就会随着孩子出生的喜悦而转移。

至于较严重的情绪反应,如失眠、想吐、情绪不佳,基本上很少出现在准爸爸的身上,除非少数人可能因为怀孕并不在预期之中,若加上父亲个人心智还不够成熟,则有可能因为另一半怀孕造成较大的负面反应或挫折感。

也给准爸爸一些鼓励

其实准爸爸压力也很大,但大家都把注意力及关心放在准妈妈身上,觉得准妈妈可以有情绪波动,但准爸爸就不行,一般人及单位都不会体恤准爸爸,所以不少准爸爸是有口难言啊!

而一般来说,准妈妈母性比较强,比较能自然地发挥母性;准爸爸则是角色转换的问题比较大,通常准爸爸要看到宝宝实际生出来之后,父性才会出来。所以请大家给也是在调适中的准爸爸温暖的支持跟鼓励吧!而准爸爸本身也应该转化心情,将一连串所谓的"责任",变成"权利"。因为陪伴太太怀孕以及陪伴宝宝成长,一辈子只有屈指可数的机会,是上天给男人的宝贵权利。如果有这样的心情,就会很珍惜每一次跟太太和宝宝的互动。

胎教要点

进入妊娠后期

加强营养的同时，控制体重

改善水肿及妊娠后期不适

在医生指导下纠正胎位不正

避免过于疲劳，预防早产

涵养母亲情感、准备婴儿用品

本月每两周产前检查一次

Chapter 8
胎宝宝第8个月
你是一颗璀璨的宝石

胎宝宝成长之旅

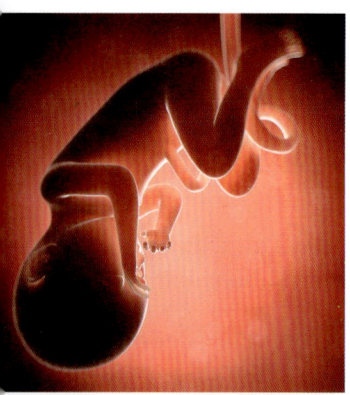

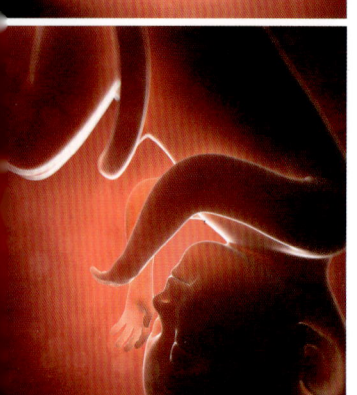

8个月胎宝宝身长约40厘米，体重1500~1700克。主要器官已初步发育完毕，胃、肠、肾等的功能已达到出生后的水平。8个月羊水量增加迅速减慢了，胎儿成长较迅速，身体紧贴着子宫壁，位置相对固定了，不像以前一直在子宫内自由转动。现在胎头较重，自然趋向头朝下的位置。

这时由于胎儿长大，母亲的腹壁和子宫壁都撑得比较薄，外界的声音容易传到胎儿耳中，因而可以多与胎儿对话，让胎儿多听听母亲的声音，待出生后，婴儿很快就可以辨认出妈妈的声音了。

皮肤发红，脂肪稍增多，位置开始稳定，生活能力比7个月的胎儿强，如果出生，在适当的护理下可以存活。

胎宝宝29周

- 胎儿的听觉系统已发育完全，对外界的声音刺激反应也更为明显。

胎宝宝30周

- 胎儿形成了自己的睡眠周期。
- 大脑皮层表面出现一些特有沟回，脑组织继续快速增殖。眼睛能睁开也能闭上。

胎宝宝31周

- 皮下脂肪已形成。
- 手指甲日渐清晰。

胎宝宝32周

- 此时5种感觉器官已经完全具备。听觉在26周时大致完成，能听取各种声音。虽然出生后5~6个月时才能分辨、理解声音。触觉在24~25周时发育，能感受冷热，26周有痛觉。28周时有味觉，在羊水里加糖水，胎儿特别喜欢喝。24周时具备感受光的能力，但此时只是感到光耀眼，真正能够视物，则要到出生后3个月了。
- 男孩的睾丸正从肾脏附近的腹腔沿腹股沟向阴囊下降。
- 女孩阴蒂已凸显。

你的身体变化

怀孕8个月的母亲，腹部已经相当大了。子宫底上升到肚脐与心口的中间，高达25～27厘米。随着子宫的增大，腹部、肠、胃、膀胱，受到轻度压迫，常感到胃口不适，有尿频的感觉。由于激素的影响，很多孕妇常在面部皮肤上出现色素沉着，如黄褐斑。还有乳头的乳晕、下腹部、外阴部颜色也逐日加深。部分人已在腹部长出妊娠纹，呈浅红色。

8个月的妊娠孕妇身体比较笨重，在活动时要注意安全，尤其是走路要注意脚下。要量力而行，不要过于疲劳。

在饮食上除了营养要丰富外，口味上不要吃得太咸。

要定期到医院接受产前检查。偶有孕妇出现阴道血性分泌物，要预防早产及胎盘前置的可能。

睡眠要充足，胎儿生长所需要的激素只有在充足的睡眠情况下，才能促使胎儿正常生长。孕妇适当地运动，轻度劳动也是不可缺少的，这对胎儿的身心发育是有促进作用的。

怀孕第29周

这时会觉得肚子偶尔会一阵阵地发硬发紧，这是假宫缩，是正常现象。不要走太远的路或长时间站立。这时可能需要每两周做一次体检。为了孕妇和胎儿的健康和安全，这是必要的。

怀孕第30周

孕妇会感到身体沉重，肚子大得看不到脚下，行动越来越吃力。呼吸困难，胃部不适。一旦发生不规则宫缩应立刻休息，最好中午能睡个觉。

怀孕第31周

随着胎儿的增大，胎动有所减少。这时孕妇会感到呼吸越发困难，喘不上气来，吃下食物后总是觉得胃里不舒服，这时最好少吃多餐，以减轻胃部不适。很多孕妇觉得睡眠更加不好，专家建议这时最好采用左侧卧的姿势。

怀孕第32周

在妊娠的最后时期，孕妇每周增重500克是较为正常的。体重增长过多的孕妇，应该根据医生的建议适当控制饮食，以免胎儿生长过大，造成分娩困难。孕妇要多休息，适当活动，比如饭后散步，或者做一做孕妇体操。

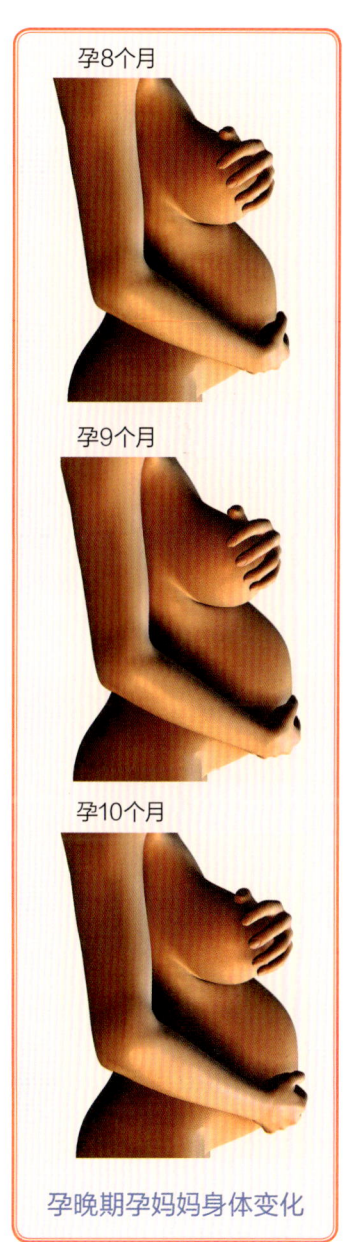

孕晚期孕妈妈身体变化

经常滚动的胎儿此时位置和姿势逐渐稳定，多数头朝下，处于正常胎位。

Q: 什么是失眠?
- 难以入睡。
- 难维持睡眠状态，睡眠中间容易醒。
- 怎么睡都睡不好、睡不饱。

优境养胎

让你整夜好眠到天明

🌿 孕期勿使用安眠药

在怀孕期间，最好不要用药物来辅助睡眠，过去有许多孕期用药导致畸胎的例子，现在也发现用药会导致早产、胎儿体重不足等问题。使用药物也会影响胎儿的呼吸功能以及其他并发症。严重依赖药物者，也要控制并逐渐减少药物使用分量。

🌿 改善睡眠14招

① 规律作息：养成固定起床及睡眠的时间。
② 睡眠笔记：将每天的睡眠时间都记录下来，了解目前睡眠状态，调整成规律作息。
③ 白天小憩不要太久：建议勿超过一小时，睡太多易导致夜晚失眠。
④ 睡前先上厕所：避免睡觉时得还需起床，打断睡眠。
⑤ 营造舒适的睡眠环境：卧室不要摆放和睡眠无关的东西（如计算机、电视等）。选择适合自己的寝具，加上微弱的灯光、幽静的环境，最好入眠。
⑥ 做运动：平时做一些缓和运动可帮助睡眠。
⑦ 均衡饮食：均衡摄取营养素对于自己的身体及胎儿成长都有帮助。建议以高蛋白质及高纤类食物为主，不要吃油炸、过辣等刺激性食物。
⑧ 少喝含咖啡因的饮料：咖啡、茶等含有咖啡因的饮料不宜喝过多，易引起胃肠道不适。
⑨ 禁抽烟、喝酒：这些东西不仅会对身体造成伤害，也会影响胎儿的成长。
⑩ 补充营养品：适时补充B族维生素可以稳定神经、抗焦虑。
⑪ 睡前喝温牛奶：睡前可以喝一杯温温热热的牛奶加一点点糖，帮助睡眠。
⑫ 不要逼迫自己入眠：若躺在床上没有睡意，可先起床做些轻松的事，直到想睡再睡。
⑬ 适时纾解压力：无论是怀孕所带来的压力还是其他因素造成的压力，都要适时地抒发出来，心理上累积的压力会影响孕期的心情、身体健康。
⑭ 亲友、家人的陪伴：孕期易有情绪上的起伏、心情上的焦虑，因此拥有家人、亲友的支持和鼓励是很重要的。

妊娠8个月的宝宝能活吗

根据妇产科学所述,胎儿在子宫内生长发育,经过280天,即40周成熟而呱呱落地。然而由于某些原因,胎儿可在妊娠的任何1周出生。我们习惯将出生体重低于2500克,或怀孕不满37周出生的婴儿称为早产儿。但在产科常可见到妊娠才七八个月就出生的婴儿,体重并不太轻,生活能力也较强,会哭、会吸吮乳汁。也有已经满月的婴儿,其出生体重才2500多克,甚至还不足。由于遗传、生活环境、营养条件等因素的影响,即便是同一年龄的人,其身高、体重、和体质都不会十分相同。不同的妇女在同一孕周出生的婴儿,他们的身长、体重生活能力等也会有较大的差别。据统计,正常的孕妇在各孕周生出的婴儿有大有小。比如在孕32周出生的婴儿体重,最轻的为1200克,最重的可达2200克;孕36周出生的婴儿,体重轻的仅为2300克,重的可达3200克;足月出生的婴儿体重也有一个上下浮动值,均属于正常范围。

另外,胎儿在子宫内生长发育的速度是人体第一个生长最快的阶段。怀孕3个月时,身长7~9厘米,体重15~30克,四肢已分清并开始活动。孕5个月时,身长约25厘米,体重约300克,四肢活动较有力,皮下开始有脂肪积存。孕6月时,身长28~34厘米,体重600~800克,娩出后已能呼吸,但很难存活。孕7月,身长30~35厘米,体重则达1200克左右,各脏器发育已齐全,出生后能啼哭和吞咽,但生活力很弱,成活率很低。孕8~9个月时,胎儿发育生长极快,身长40~50厘米,体重增加快,皮下脂肪逐渐丰满,出生后哭声响亮,生命活力较强,成活可能性大。由此可知,孕期越长,胎儿发育就越臻完善,妊娠8个月出生的婴儿,其存活的可能性必然比孕7个月出生的婴儿更大,也更好养。

词汇解读——早产儿

指不足月、提前娩出的婴儿。其外观特点显示皮肤红嫩,胎毛较多,且细、软、长;头比较大;耳郭发育不好,常因受压而紧贴头部。指(趾)甲软,一般不超过甲床;足底纹理稀少;男婴的睾丸常未降到阴囊内,女婴的大阴唇不能完全遮蔽小阴唇;哭声常较弱。

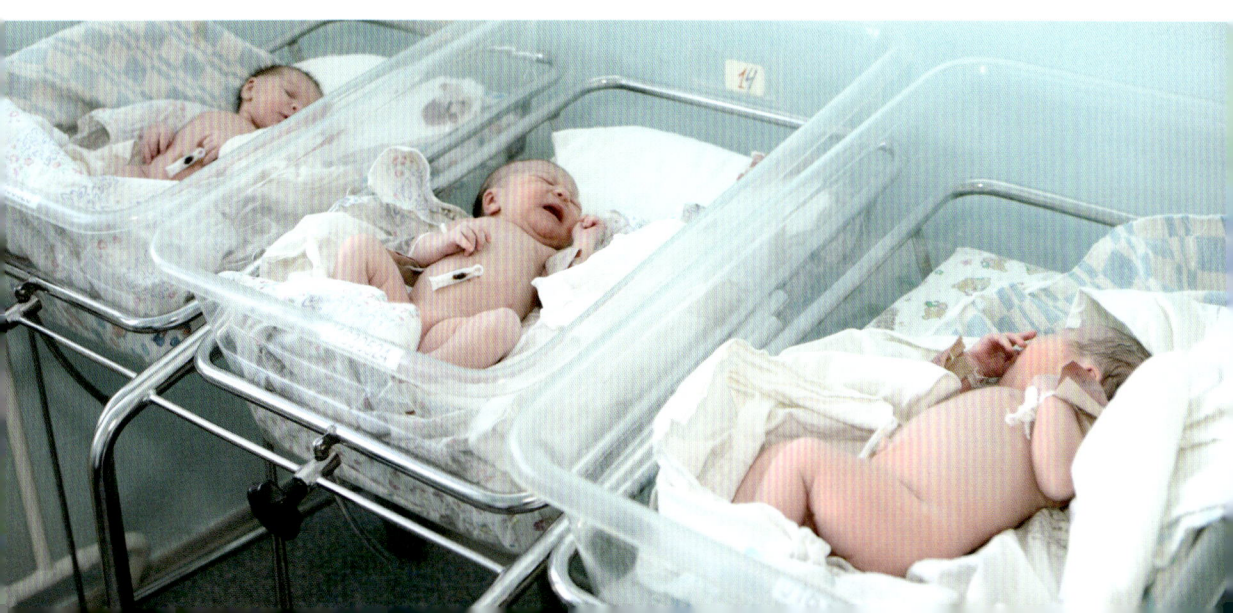

改善孕期水肿

🌿 怀孕中期最容易水肿

孕期水肿多发生在怀孕中期，从怀孕五六个月开始。水肿会使手围、脚围增加，戒指、鞋子变紧而造成不舒服，脸部也可能比较水肿，严重时甚至会头痛、视力模糊。

妊娠水肿分显性水肿和隐性水肿：如孕妇下肢皮肤发亮、弹性减低，用手指按压后出现凹隐，叫作显性水肿；有些孕妇体表无明显水肿，液体潴留在各器官的间隙中，体重增长很快，每周超过0.5千克以上，这类水肿叫作隐性水肿。

若是生理性水肿，通常发生在膝盖以下，生产后自然会恢复。但是如果合并病态性水肿，包括出现妊娠高血压、糖尿病，或孕妇原本就有肾脏病变、心血管疾病，就必须进一步治疗。

病态性水肿比较有危险性，如果发现水肿位置越来越高，或已经是全身性水肿，且合并有血压高、蛋白尿，可能肾脏或心血管方面已经出现问题。高血压、蛋白尿加上水肿，这是妊娠高血压综合征的症状，必须采取药物治疗，并且密切监测胎盘功能，以免影响胎儿发育，造成生长迟滞，甚至威胁胎儿生命。

🌿 从生活及饮食做起

生理性水肿只要做好保养、多休息、睡觉时把脚抬高、平时穿着宽松衣服以免影响血液循环，并采取左侧睡姿以减少下肢静脉受压迫，都可以缓解水肿现象。

饮食部分主要应避免过多的盐分摄取，以及摄取适量含钾离子食物（如香蕉、豆类及蔬菜等），也可以喝些红豆水、冬瓜排骨汤等，都有助于行水利尿。

《食疗本草》中建议可加鲤鱼炖煮食用，同样有消除下肢水肿的效果。也有人将红、黑、绿豆一起煮，也会有同样的效果。

🌿 正确体位及活动可消水肿

由于孕妇血液回流容易受阻，使下肢微血管压力增加，加上不当的体位，会加重水肿程度，所以应用以下几个正确的体位姿势及活动，可减轻水肿程度：

- **坐姿**：椅子与膝平高，坐直，腰挺起（背可加小靠枕）。
- **站姿**：站立时稍为往前倾，胸朝下，让自己放松。

水肿穴位按摩

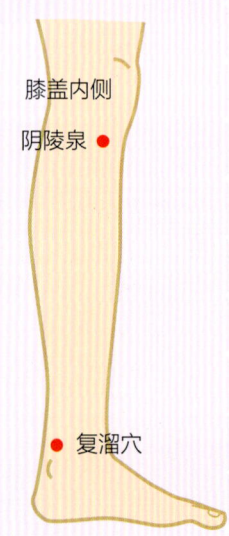

- **阴陵泉**
  穴位：位于小腿内侧上部靠近膝盖，沿着膝盖内侧骨头突起，往后下凹陷似泉处即是。
  功效：本穴为脾经合水穴，有健脾利湿、通利小便的功效。

- **复溜穴**
  穴位：在小腿内侧，先找出内踝尖与足跟肌腱中点的凹陷处，由此处直上2寸（三横指宽度）即是。
  功效：本穴为肾经经穴，擅长利水治水肿。

> **必读小叮咛**
>
> 孕期水肿的原因很多，包括妊娠高血压、贫血、营养不良等，最好先请医师诊断来找出原因，对原发疾病做处置。之后再配合食疗、茶饮或简单的动作加以辅助。

- 躺卧：左侧卧时，左脚伸直，右脚在左脚后方稍微弯曲，可垫小的软枕头；右侧卧时，右脚伸直，左脚在右脚后方稍微弯曲，一样可垫小枕头。
- 家中放松姿势：膝着地、手掌撑地（像小时候玩骑马打仗的姿势），不需要撑直，在软垫上爬行。
- 孕妇应减少仰躺、半仰卧（躺下后膝盖弯曲，比较不利血循环）、久站、久坐等姿势。
- 孕妇可依自己状况进行柔软操，活动全身筋骨，如左右转身。或做一些角度的摆臀、甩腿、提腿、蹲下，进行时不要勉强动作利落或达到什么速度或角度。
- 散步也是减轻水肿很好的方式。

Q: 孕期水肿可以预防吗？

孕期水肿很难事先做预防，但如果在第一胎有严重妊娠高血压，第二胎可在怀孕初期起使用预防性的低剂量阿司匹林，或在怀孕20周以前就出现高血压，可能孕妇原本就有慢性高血压、肾脏病，可及早用药控制。

Q: 盐分要限制多少量？

- 即使不加调味料，天然食材中亦含有钠，牛奶240毫升含120毫克、蛋1个含70毫克、鱼或家禽家畜或肉1两含25毫克、贝类1两含50毫克、鲜蔬菜半碗含40毫克、水果半碗含2毫克。
- 正常人对盐的需求，一般建议摄取量为一天6克以下。

Q: 市售标示低盐或无盐的产品，如何区分？

- 无钠（sodium-free）：每份含钠少于5毫克，产品没加盐。
- 极低钠（very low sodium）：每份含钠少于或等于35毫克。
- 低钠（low sodium）：每份含钠少于或等于140毫克。
- 少钠（reduced sodium）：比一般相同产品每份少25%的钠。
- 微钠（light in sodium）：比一般相同产品每份至少少50%的钠。
- 不加盐（unsalted, without added salt, no salt added）：加工过程中没加盐。
- 微咸（lightly salted）：比一般相同产品每份少加50%的钠。

Q: 市售代盐的真相如何？

"市售代盐"是以氯化钾、氯化钙、氯化氨取代氯化钠，所以产品中不含钠；并非每一位有水肿的人都可以食用，应在营养师的指导下选用这类产品。

胎位不正示意图

面先露

混合臀先露

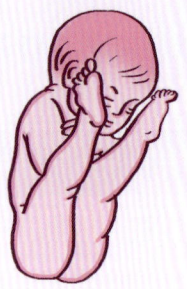
单臀先露

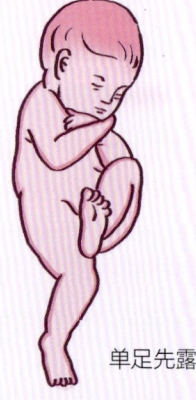
单足先露

胎位不正别慌张

什么是胎位不正

"胎位"是指胎儿在母体子宫最接近子宫颈的部位。在怀孕初期，因为羊水很多，胎儿在子宫内动来动去，姿势和位置都会改变，此时并没有固定胎位。到了准妈妈怀孕约7个月时，子宫渐渐成为长椭圆形，这时候胎儿的位置才慢慢固定下来，通常是胎头较重，朝下接近子宫颈的位置，而脚部向上在活动空间较大的子宫底部，这种头下脚上的姿势是正常"头先露"的胎位。

胎位也是胎儿出生时最先露出的部位。除了头骨先露的头位是正常的胎位外，其他先露部是胎儿的臀部、肩膀或手的横位以及颜面位和额位，都属于胎位不正的情形。根据统计，正常的头胎位约占95.7%、臀位约3.5%、横位约0.4%、颜面位和额位各约0.2%。

胎位不正的检查方法

在怀孕20周左右，可以做一次超声波检查，约有1/3的孕妈妈会出现胎位不正的情形。当怀孕至8个月时，胎儿不正的比例已下降到10%；等到足月生产时，胎儿不正的比例仅有5%左右。

在怀孕后期，检查胎位主要靠的是腹部触诊，也可以靠超声波检查来得知胎儿靠近子宫颈口的部位，此时如有胎位不正的情形，医生会先提出建议和看法，和孕妈妈商量如何处理。

如何让胎位转正

• **膝胸卧式**：在怀孕7个月时，可以做膝胸卧式的姿势来让胎位转正，但这种姿势对孕妈妈来说其实不太舒服，加上在这个时期胎位不正的比例约达1/4，因此到了孕32周时，如果仍然有胎位不正的情形，再来做膝胸卧式的姿势矫正也不迟。

不过对这种方法，也有许多医生持保留的态度。一来是大腹便便的孕妈妈做起来很不舒服，二是效果并不显著，若不幸发生虽然胎位转正但脐带却绕到颈部而早产或并发症的情形，实在是得不偿失。

• **胎位外转术**：在某些臀位或横位的情况下，如果孕妈妈子宫未曾动过手术，有人会考虑第一胎怀孕32周、第二胎怀孕34周时实施"胎位外转术"，不过这种手术也可能引起胎盘早期剥离、脐带绕颈、子宫收缩或破裂的危险，除非孕妈妈坚持，否则并不建议如此做。

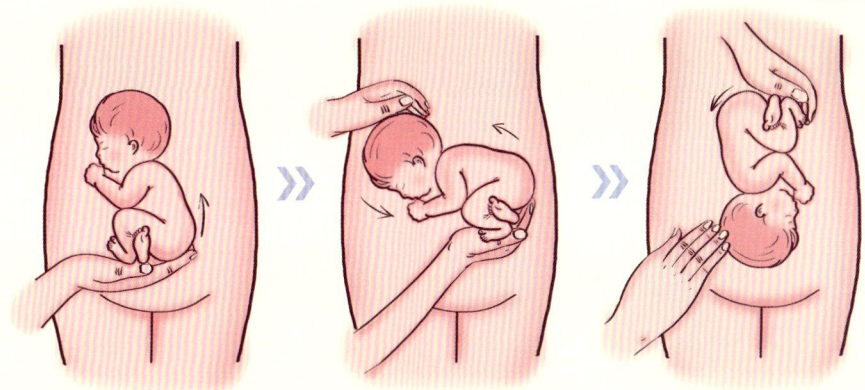

医生或护士在孕妇的腹部上方旋转胎儿，就是所谓的外旋转术。外旋转术的适应征是在36周以后，胎盘正常，没有早产等状况，子宫没有手术史时可以选择

纠正胎位不正体操

转正胎位的体操，是以抬高臀部，使胎儿从骨盆挪动容易旋转为目的的。在怀孕30周以后，孕妈妈在晚上就寝前做，感觉腹胀时立刻停止。孕妈妈必须先和主治医师讨论再做，有早产症状时不能做这种体操。

- 胸膝法：放松腹部，双膝着地把臀部尽可能提高。注意不要抬高头部，15~20分钟后，以此姿势转成侧卧位睡觉。
- 桥梁体位：仰卧，在臀部下面放枕头或被子，使其高度为30~35厘米。一次10分钟，一天做两次这种体位。
- 侧卧位：用上面的脚向前，膝盖轻轻弯曲的姿势慢慢休息30分钟。建议睡觉时也采取这种体位。

胎位不正的危险

在胎位不正的情况下，产妇生产时依不同的胎位情况，可能会产生几种不同的并发症。

- **头位**：若是有枕骨横位或枕骨后位的情形,胎儿的头部可能无法顺利通过骨盆,因此胎儿可能面临拉伤或窒息死亡的危险,母亲则可能产生产道裂伤及产程延长的情形。
- **臀位**：自然生产时可能发生胎儿在肩膀出来后,胎头仍然卡在阴道内,因而引发胎儿脑内损伤、缺氧甚至窒息而亡,还要慎防产前脐带脱垂的情形。
- **横位**：自然生产时要慎防产前脐带脱垂的情形。
- **颜面位和额位**：生产过程会较长,因此产道受伤、难产和胎儿窘迫的危险性也较大。

怎么生产才安全

胎位不正的孕妈妈最关心的是,要怎么生产才安全?

- **臀位**：胎位不正臀位占80%以上,若是第一胎,则要考虑在怀孕38周时剖宫产。
- **横位**：接近产期时一有阵痛就应当立即到医院检查,横位的情形是不可能自然产的,一定要剖宫产才安全。
- **头位**：若是有枕骨横位或枕骨后位的情形,可以等到生产前子宫颈开全、胎头下降时,再由医生将胎头转成正常的枕骨前位,使其容易顺利自然产。
- **颜面位**：大多是在生产前子宫颈口开了2~3厘米时内诊才被察觉,胎儿头部向上仰起,枕骨贴靠近背部,可能自然生产,但若产程拖得过久,就要进行剖宫产。
- **额位**：也是在生产前子宫颈口开了2~3厘米时内诊才被察觉,头部部分向上仰起,枕骨前端的额部成了先露部。额位一定要转成颜面位或头位才能自然生产,如果子宫颈口开全1小时仍持续停留在额位姿势没有改变,就应当立即进行剖宫产。

胎位不正的胎儿死亡率高出正常头胎位胎儿一倍以上,但只要孕妈妈定期产检,和自己的妇产科医生配合良好,还是可以平安顺利地生产。

首先,若是在怀孕26周前发现胎位不正的情形,先别太紧张,如果一切没有异常,就可以安心静待胎儿自然转正。

在怀孕7~8个月时,可以考虑做膝胸卧式的姿势来让胎位转正,但若不舒服也无须勉强。32周起,每2周检查一次胎位是否转正,到了36周,若仍是胎位不正就应和医生讨论,在考虑母亲和胎儿安全的前提下选择最适合的生产方式。

阴部瘙痒该怎么办

🌿 真菌感染是主要原因

造成女性阴部瘙痒最常见的原因是真菌感染，其次则包括有湿疹、毛囊炎、滴虫及阴虱感染。

❶ **真菌感染**：流汗加上穿着不透气的衣物，在长时间的闷热潮湿的环境下，便会引起真菌滋生。女性喜爱穿着的合身牛仔裤，加上假使又穿着非棉质的小裤裤，加上长时间久坐在办公室里，都是造成真菌滋生的原因。

❷ **怀孕期间的激素影响**：女性在怀孕期间，因为受到激素影响而变得容易流汗和分泌物增加，进而阴部环境也容易闷热、潮湿，再加上宝宝在子宫内日益茁壮，子宫变大压迫骨盆腔，使得骨盆腔的血液循环不良，这些状况又会导致阴部的分泌物增加、分泌物颜色变黄，或有恶臭、瘙痒的现象产生。

❸ **阴部湿疹**：假使身体经常流汗，又不容易蒸发，便很容易导致皮肤有湿疹的问题。

🌿 减少阴部受感染的方法

• 平日一天清洗阴部的次数尽量不超过2次，外阴部用温水轻轻冲洗即可。

• 如厕完毕后，以按压的方式擦拭较佳，避免将细菌从肛门带到阴部。

• 假使分泌物较多时，沐浴后先别立刻穿上内裤，可以用面纸稍微按压一下阴部，让潮湿的阴部干燥一些以后，再穿上内裤。

• 内衣裤的清洗要与其他衣服分开，并且用温和的洗衣精清洗，一些去垢或是柔软精可能会引起过敏反应，如果觉得不对劲，最好不要用，洗衣时一定要完全冲洗干净，在洗净后可以用烘干的方式，或是在太阳下完全晒干。

• 如果分泌物味道变重、有腥味，或是颜色偏黄绿色，外阴部感到红肿热痛，或是瘙痒等，应尽快就医诊治，避免耽误治疗的黄金时段。

🌿 孕期内裤要勤洗换

微生物学家都对洗衣机进行过研究，一条脏内裤平均带有0.1克粪便，1克粪便中含有1000万个病毒、100万个细菌、1000个寄生虫包囊和100个虫卵。即使正确清洗、晾晒，上面的细菌也不可能完全被杀死。

对于女性来说，一定要养成勤洗勤换内裤的习惯，建议每天更换2次。清洗时要和外衣裤分开，尽量用肥皂手洗。内裤最好单独放置，可以买一些专门的收纳袋，以免沾上灰尘和细菌，影响健康。购买内裤时应检查一下面料是否透气、舒适。内裤颜色不要太鲜艳，淡雅单色最好。

🌿 如厕灼热疼痛要尽快就医

怀孕期间，孕妇还需注意泌尿系统的感染。因为孕妇的子宫变大压迫膀胱，容易造成尿频，假使阴部没有保持干燥，细菌或其他感染原不小心侵入，便容易造成发炎。此外，假使因为工作关系而长期憋尿，也容易造成膀胱发炎，甚至肾脏感染，如果没有及早治疗，不但有可能造成宝宝早产，甚至会危及妈妈及胎儿的健康。

水果好吃不要多

水果的好处大家都知道,但水果也是有热量的,而且热量还相当高。

🌿 不要因为"好"所以狂吃

大家都认为水果是好东西,因此完全都没有戒心,有时甚至会刻意去多吃它。事实上,水果也是非常好的东西,但是要知道,任何一种东西,不管它的本质再好,摄取上一定都是适可而止的,只要过量,则未蒙其利反受其害。

绝大部分人都是饭后才吃水果,常常会摄取到额外的热量。也就是说正餐已经吃饱了,或是一些需要控制饮食的孕妈妈,有时应该摄取的热量已经算好了,但是餐后再多吃水果,热量就超过了。

🌿 吃进多少难计算

有一些水果容易判断数量,如苹果、梨、番石榴等一个一个的,一次大概会吃一个或半个,很容易算出吃进多少的热量。但有一些水果却很难算出吃了多少,如芒果、菠萝、西瓜等,吃的时候常是切成小块用叉子叉来吃,绝少有人会真的算自己叉了几块;又如葡萄、荔枝、龙眼这种小颗水果,也很少有人会算自己到底吃了几颗;再加上全家人在一起,大家餐后聊天、吃水果,心情愉快,你一叉我一粒,往往吃了非常多也不自知。更糟糕

各种水果的热量分析 (每份含糖类15克,热量60千卡)

食物名称	购买量(克)	可食量(克)	食物名称	购买量(克)	可食量(克)
苹果	125	110	石榴	150	90
樱桃	85	80	葡萄	125	100
香蕉	75	55	荔枝	110	90
水蜜桃	145	135	芒果	150	100
菠萝	205	125	橙子	170	130
猕猴桃	125	110	草莓	170	160
木瓜	275	200	鸭梨	135	95
西瓜	300	180	哈密瓜	455	330

注:购买量是购买的包括皮与核的原果重量。

的是上述这些水果，都是属于热量密度非常高（简单地说，就是很甜、很营养）的水果，很容易造成热量摄取过多。

🍌 糖分高，易肥胖

水果的热量绝大部分都是糖类，几乎没有脂肪和蛋白质；当活动量大，或要从事体力劳动的时候，糖类多摄取一些就无妨，甚至还是必需的；但是当活动量少，糖类摄取过多的时候，人体会把它转化成肝糖或是脂肪来储存，无法变成蛋白质，也不可能自己排出体外。这反映在一般人身上就是造成肥胖，孕妈妈本身除了体重过重可能造成妊娠高血压、妊娠糖尿病等并发症之外，还有可能因为皮下脂肪增加过多，而在生产的时候造成软组织难产的现象。

🍌 "好"水果要正确吃

- **量的控制**：想吃、该吃多少水果，可以先挑出来用私人的容器装着，容易计算热量。
- **改成餐前吃水果**：若是怕热量摄取过多，可以改成在餐前吃水果，如果发觉水果吃得太多了，米饭少吃一点就可以稍微互补一下。另外，喜欢吃水果的人，可以选择热量浓度较低的，首选是西红柿，在量的方面几乎完全没有限制。

吃得健康而不发胖

做好孕期体重管理，对孕妈妈和体内的胎宝宝来说，都是一件很重要的事。

孕期如何正确补充营养素，应考虑到：

不需要增加更多的主食，而是应当增加副食品的种类和数量，尤其是要注意摄入足够的蛋白质和钙质。

饮食结构搭配要多样化，避免偏食，以求全面摄入营养素。

要做到因人、因时、因地安排膳食。

常吃精加工类粮食如大米、白面者，应当多补充维生素B族，添加杂粮和粗粮。

夏天蔬菜多时，可多吃些新鲜蔬菜；秋季水果多时，可吃些新鲜水果。

地处缺碘内陆地区的孕妈妈，要补充一些含碘多的海产品。

平时不习惯吃肉、蛋、乳类高蛋白质食物的女性，可多吃些豆类和豆制品，以补充蛋白质的不足。

身材高大、劳动量和活动量大的女性和平时饮食量过少的女性，应当适当多吃，补充足够营养。

怀孕后期饮食营养须知

怀孕后期胎儿成长最为快速，这个时期可称为"诞生的前奏"，各类营养素的增加与中期的量相同（除了铁质以外）。

🌿 怀孕后期的饮食及生活原则

- **少量多餐且多吃营养价值高的食物**：怀孕后期因为子宫体上升而压迫到胃部，容易造成胃部不适、食欲下降，应避免油腻及油炸食物；建议少量多餐，吃些营养价值高和容易消化的食物，如瘦肉类、海鲜类、奶类、蛋品、豆腐等。

- **补充铁质**：孕妈妈因为全身血液循环量增加，为避免在生产时大量失血，所以要储备足够量的铁质。含铁质丰富的食物包括：肝脏、红肉、深绿色青菜。

- **补充钙质**：在营养良好的状况下，胎儿对钙质的需求并不会对孕妈妈造成负面影响。若平时对含钙食物摄取不足，这时候就要选择含钙丰富的食物，必要时可补充钙片。

- **补充蛋白质**：孕妈妈每天要增加10克含量，如1杯牛奶+30克肉类或蛋；半碗饭+1个蛋；1份豆制品+1盘青菜。

- **不要摄取过多盐分**：为了预防罹患妊娠高血压综合征，含盐分高的食物不能摄取太多，如腌渍品、加工食品、罐头制品，尽量不吃。烹调时，选择新鲜食材、清淡烹煮为宜。

- **摄取适量水分**：饮用过多水分，是造成身体全身性水肿的原因之一。我们一天所需的水分，可依食物摄取热量千焦数做参考，摄取1焦耳热量就要摄取1毫升水分。也可以计算前一天的尿液量，再加500毫升即为应摄取的水分。

- **增加胃酸分泌**：情绪不稳定、焦虑或摄取油腻食物，会影响到胃酸的分泌，可以利用以下食材促进胃酸分泌。

> ① 香辛料：花椒、肉桂、薰衣草、九层塔；
> ② 水果入菜：菠萝、番茄、柠檬、橘子、酸梅；
> ③ 调味料：白醋、乌醋、糖醋酱、酸辣酱；
> ④ 酸味强的食材。

- **适量摄取奶类**：奶类是钙质与维生素D的最佳食物来源，若每天能摄取2~3杯牛奶或2~3份乳制品，钙质、B族维生素都可以达到建议量。

蔬菜烘蛋

1. 将所有蔬菜汆烫切成末

2. 鸡蛋打散加入盐，再放入其余材料拌匀

3. 锅烧热加油，倒入蛋液煎定型后，再翻面煎至上色即可

快乐胎教课堂

触摸胎教法

抚摩胎儿是胎教的一种形式。抚摩胎教是孕妈妈或准爸爸用手在孕妇的腹壁上轻轻地抚摩胎儿。胎儿可以感受抚摩的刺激，以促进胎儿的感觉系统、神经系统及大脑的发育。

专家研究报道，胎儿大部分体表神经细胞已发育，且有接受触摸信息的初步能力，可以通过触觉神经来感受到母体外的刺激，逐渐接受渐渐灵敏。法国心理学家贝尔纳·蒂斯认为：父母给予胎儿的抚摩，再配合语言和声音，与子宫中的胎儿信息沟通，敏感度高，胎儿可以得到更安全、愉快的情绪。

从妊娠中后期开始，或感知有胎动时起，每次触摸5分钟，以后可增至每日早晚各一次。具体的方法是：孕妇仰卧床上，头部不要垫高，全身放松，双手捧住胎儿，从上到下，从左到右，反复抚摩10次后用食指和中指轻轻抚摩胎儿，如有胎动，则在胎动处轻轻拍打，要注意胎儿的反应类型和反应速度。如果胎儿对抚摩、推动的刺激不高兴，就会用力挣脱或者做踢腿反射，这时应马上停止抚摩。如果胎儿受到抚摩后，过一会儿才以轻轻蠕动的方式做出反应，出现这种情况则可以继续抚摩，一直持续几分钟后再停止抚摩，或配合语言、音乐的刺激。较为理想的抚摩时间是傍晚胎动频繁时。但有早期宫缩的孕妇，不可进行触摸胎教。

相同的爱

多少年来，科学家希望从动物身上找到人类的感情。

灰熊身体庞大，成年灰熊重达200多千克，但是灰熊崽只有0.5千克。刚出生的小灰熊，会像一个小挂坠一样悬挂在母亲的脖子上。3年以后，熊妈妈又要生小熊了，就会把之前已经成熟了的小熊赶出家门，让它自立门户。

大象的胎宝宝在妈妈的子宫里要生长22个月，出生几年以后才能外出觅食，清洁自己。象妈妈与小象形影不离，小象学走路、玩耍时，妈妈会站在几步之外看护着它。如果有危险，妈妈会用鼻子把小象卷起来。小象要到4岁才断奶，11岁才成熟。

猫科动物都由妈妈喂养，由妈妈教会它们走路和觅食。小狮子会和爸爸玩耍，但小豹子只和妈妈生活在一起，永远不知道爸爸是谁。

狼能带着食物跋涉30公里，回家分给孩子们吃。

黑猩猩刚出生时只会吸吮手指，依偎在妈妈怀里。1岁的黑猩猩能够与其他黑猩猩玩耍，2岁的黑猩猩就很淘气了，到了9岁才离开妈妈独立生活。

胎教音乐古筝曲《高山流水》赏析

春秋时代,有个叫俞伯牙的人,精通音律,琴艺高超。他年轻的时候聪颖好学,曾拜高人为师。老师带他乘船到东海的蓬莱岛上,让他欣赏大自然的景色,倾听大海的波涛声。伯牙把大自然的美妙融进了琴声。他离开老师四处游学,但没有人能够听懂他的琴声。

一夜伯牙面对清风明月,又弹起琴来,渐入佳境。忽听岸上有人叫绝,只见一个樵夫站在岸边。伯牙弹起赞美高山的曲调,樵夫说道:"啊!雄伟而庄重,好像高耸入云的泰山!"伯牙弹奏表现奔腾澎湃的波涛时,樵夫又说:"宽广浩荡,好像无边的大海一般!"伯牙激动地说:"知音!你真是我的知音。"这个樵夫就是钟子期。从此二人成了非常要好的朋友。

《高山流水》,为中国十大古曲之一。筝曲《高山流水》,就取材于"伯牙鼓琴遇知音"。乐曲由"高山"和"流水"两部分组成。前半部分描绘高山的雄伟气势;后半部分表现流水的各种形态:流水琤琤、滔滔不尽、奔腾澎湃。乐曲形象生动,气质鲜明,让人有身临其境、耳闻其声之感。旋律典雅,韵味隽永,真是"高山之巍巍,流水之洋洋"。是一首古朴典雅、抒情述志的佳作。

在演奏风格上,无论曲情的欢快与哀伤,均不着意追求清丽淡雅、纤巧秀美的风格,而以浑厚淳朴见长,以深沉内在慷慨激昂为其特色。

一针一线编织爱

在怀孕期间，孕妈妈勤于编织，可以活动肩、胳膊、手腕、手指等部位30多个关节和50多条肌肉。管理和支配手指活动的神经中枢在大脑皮质上占的面积最大。手指的动作精细、灵敏，可以促进大脑皮质相应部位的生理活动，提高人的思维能力，除此以外，孕妈妈通过为宝宝编织衣物传递对宝宝的爱。

孕妈妈可以自己设计出具有童趣的图案，给自己的宝宝织毛衣、毛裤、毛袜或线衣、线裤、线袜；孕妈妈可以用钩针编织宝宝的一些生活方面的用品；孕妈妈也可以根据自己的技术进行绣花，创造出美丽的图案，以达到乐在其中的目的，绣花有多种形式，孕妈妈可以挑选色彩鲜艳的图案来做绣花，这样还可以明快心境的目的。

孕妈妈也可以编织其他手工品。如壁挂、贴花等，根据自己的心情选择一些自己喜欢的图案，来创造出美丽的画面，达到怡情养志的作用。

孕妈妈不妨试一试，也许你会生出一个心灵手巧的宝宝呢！

双语胎教——Edelweiss

1=F 3/4

3—5 | 2̇—— | 1̇—5 | 4—— | 3—3 |
E- del- weiss, e- del- weiss, ev- ery
雪 绒 花, 雪 绒 花, 清 晨

3 4 5 | 6—— | 5—— | 3—5 | 2—— |
morn-ing you greet me. Small and white,
迎 着 我 开 放。 小 而 白

1̇—5 | 4—— | 3—5 | 5 6 7 | 1̇—— |
clean and bright, you look hap-py to meet
洁 又 亮, 向 我 快 乐 地 摇

1̇—— | 2.5 5 | 7 6 5 | 3—5 | 1̇—— |
me, lots of snow make you bloom and grow,
晃。 白雪般的花儿, 愿 你 芬 芳,

6—1̇ | 2̇—1̇ | 7—— | 5—— | 3—5 | 2—— |
bloom and grow for- ev- er. E- del-weiss,
永 远 开 花 生 长。 雪 绒 花,

1̇—5 | 4—— | 3—5 | 5 6 7 | 1̇—— | 1̇—— |
e- del- weiss, bless my home-land for-ev- er!
雪 绒 花, 永 远 祝 福 我 家 乡。

天然的魔力

英·勃朗宁

我不认为你是朵花,你是宝石。
花儿是那样柔,那样娇媚。
宝石呢,冰冷坚硬,却有着灿烂的光辉。
你是花吗?我的爱,相信你是璀璨的宝石,
你不会凋萎。
你是花吗?我的爱,
相信你是闪光的宝石,你有着照亮我的光辉。

中医胎教

古人说,妊娠八月孕妇应"和心静气,无使气极,是谓密腠理,光泽颜色","无食燥物,无辄失食,无忍大起"。8个月的胎儿的主要器官已初步发育完毕,胎儿开始"为自己美容",以变得更丰满、漂亮一些。这时孕妇不要多吃辛辣、肥腻食物。孕妇因腹部膨隆,多不注意修饰,这样做对身心不利。应在头发、衣着方面多下些功夫,胎儿可以体会到母亲积极的生活态度。

万全《妇人秘科》中说:受胎之后,喜怒哀乐,莫敢不慎,盖过喜则伤心而气散,怒则伤肝而气上,思则伤脾而气郁,忧则伤肺而气结,恐则伤肾而气下,母气既伤,子气应之,未有不伤者也。其母伤则胎易堕,其子伤则脏气不和,病其于多矣。

万全《育婴家秘》中说:夫至精才化,一气方凝,始受胞胎,随母听闻,自妊娠之后,则须行坐端严,性情和悦,常处静室,多听美言,令人诵朗书,陈说礼乐,耳不闻非言,目不观恶事;如此则生男女福寿敦厚,忠孝贤明,不然则生男女多鄙贱不寿而息顽,此所谓因外象而内感也。昔太任文王,耳不听恶声,目不视恶色,口不吐恶言。世情胎教之道,此之谓也。

与胎宝宝一起快乐

🕊 心理游戏——你精神抑郁吗

孕期抑郁症是一种精神心理疾病，对孕妇及胎儿有很大影响，应及早发现及早治疗。下面这份"贝克心情抑郁调查表"(简称BDI)，以极其规范的数据，帮助读者判断自己有无心情上的抑郁，并估计抑郁的严重程度，简便易行，并可反复使用。

如果您得11分以上就应当去找心理咨询医生做一些心理检查。
注意：仔细阅读每个题目中的每句话，选出最能表达您在这一周来(包括填写当天)的心情的话，如果一个题目当中有几句话都符合您的心情，那么都选出来做好标记。

贝克心情抑郁调查表(BDI)

以下21个问题要求您在10分钟内完成，完成后最好由其他人帮助您将所得分数加起来，这样可以除去一些心理干扰因素。

判断方法：(指标) 0~10分，正常心理状态；11~16分，轻微压抑；17~20分，可能怀疑有抑郁症；21~30分，中等抑郁表现；31~40分，严重抑郁表现；41分以上，极端抑郁表现。

❶ 0. 我不感到悲伤；1. 我感到悲伤；2. 我一直感到悲伤无法振作起来；3. 我悲伤得无法忍受。

❷ 0. 我对未来充满信心；1. 我对前途感到灰心；2. 在我的生活中没有什么值得期待的事；3. 我对前途不抱希望，将来情况不能有所改善。

❸ 0. 我没有失败；1. 和一般人比起来，我觉得是失败了；2. 每当回首往事，我想到的都是失败；3. 我认为我就是一个总会失败的人。

❹ 0. 我对周围一切总是很满意；1. 我不喜欢我过去的所作所为；2. 我对任何事情都不太满意；3. 我对周围每件事都感到厌烦、不满意。

❺ 0. 我不感到内疚；1. 我有好长时间感到内疚；2. 我在大多数时间里感到内疚；3. 我时刻都感到内疚。

❻ 0. 我觉得现在没有受到惩罚；1. 我觉得或许要受到惩罚；2. 我认为我要受到惩罚；3. 我觉得我现在正在受惩罚。

❼ 0. 我对自己并不感到失望；1. 我对自己感到失望；2. 我讨厌我自己；3. 我恨我自己。

❽ 0. 我并不比其他任何人坏；1. 我时常检讨自己的软弱与错误；2. 我一直在责备自己的过失；3. 我对我的每一点毛病都要自责。

❾ 0. 我没有任何自杀的想法；1. 我有过自杀的念头，但又不愿意那样做；2. 我想自杀；3. 如果有可能我就会自杀。

❿ 0. 我现在不容易哭；1. 我比过去更容易哭；2. 我现在总是哭；3. 我过去一直容易哭，但现在想哭却不能哭。

⓫ 0. 我现在不容易发脾气；1. 我比平常爱发脾气；2. 我好些时候动不动就发脾气；3. 现在我总是发脾气。

⓬ 0. 我对周围人感兴趣；1. 我不像过去那样对周围人感兴趣了；2. 我对周围人不太感兴趣；3. 我对周围人一点也不感兴趣。

⓭ 0. 我能像过去一样很快做出决定；1. 我不像过去决定问题那样迅速了；2. 我决定问题比以前困难多了；3. 我现在不能解决任何问题。

⑭ 0．我觉得我并不比以前难看；1．我对现在的衰老与失去魅力感到焦虑；2．我的容貌全变了，不再那么动人了；3．我认为我现在很丑。

⑮ 0．我工作做得很好；1．我现在做一件事要花很大的气力；2．我现在想自己去做一件事很难；3．我现在什么工作也做不了。

⑯ 0．我睡觉很好；1．我睡觉不如以前了；2．我比平常要早醒一两个小时，并且很难再入睡；3．我比平常要早醒好几小时，并且不能再入睡。

⑰ 0．我不感到疲劳；1．我变得比平常容易疲劳了；2．我现在做什么事都感到疲劳；3．我太疲劳了，什么事都不能做。

⑱ 0．我的食欲同以前一样；1．我的食欲不如以前了；2．我现在食欲很坏；3．我没有任何食欲。

⑲ 0．我最近没有瘦；1．我的体重减轻了1~5千克；2．我的体重减轻了3千克；3．我的体重减轻了4~5千克。

⑳ 0．我不担心我的健康情况；1．我对胃胀、大便干燥等很忧虑；2．对身体问题我很苦恼，很难解脱；3．对身体问题我过于忧虑，不能自拔。

㉑ 0．我对异性仍然感兴趣；1．我对异性不如过去感兴趣了；2．我现在对异性不太感兴趣了；3．我对异性完全不感兴趣了。

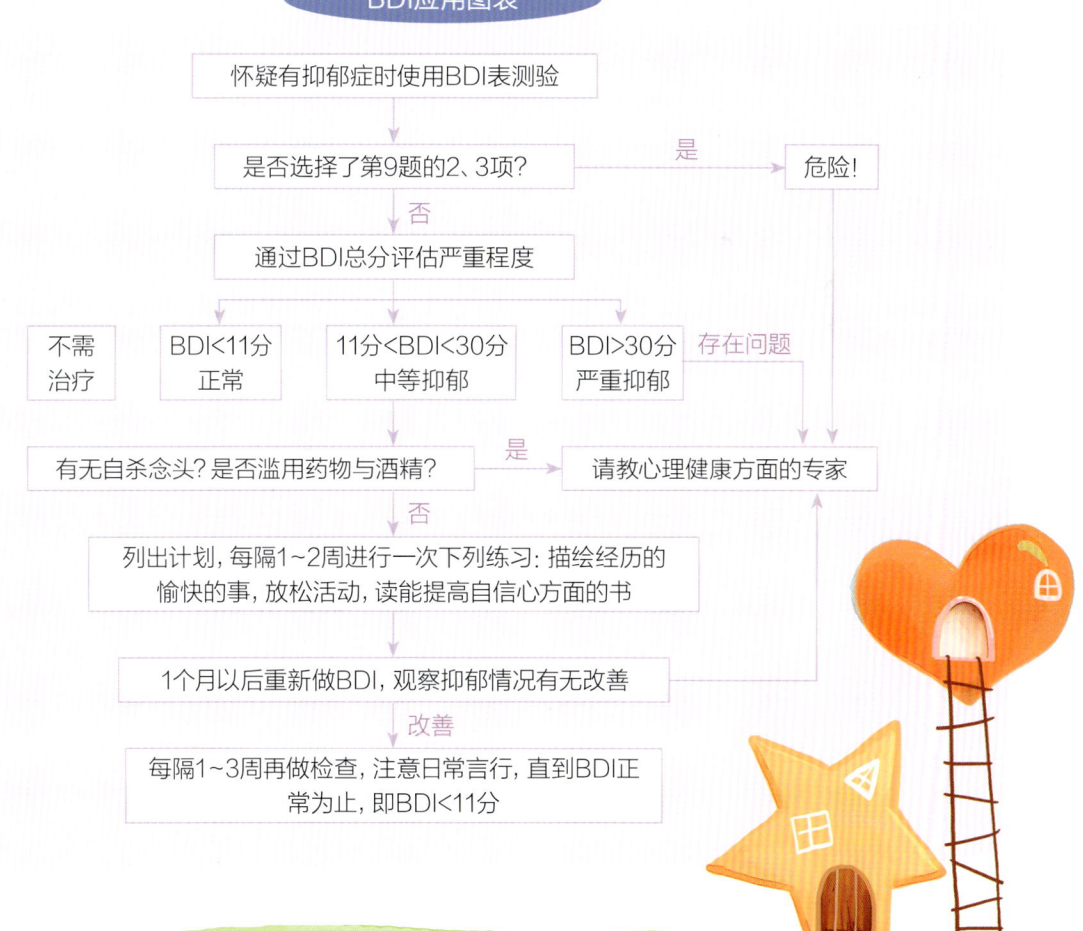

BDI应用图表

大猩猩围兜

准备工具：
1. 保丽龙胶（酒精胶）
2. 穿带器
3. 珠针
4. 手缝线
5. 手缝针
6. 刺绣针
7. 小剪刀
8. 线剪
9. 绣线
10. 螺丝起子
11. 粉土笔
12. 硬尺
13. 布剪
14. 熨斗

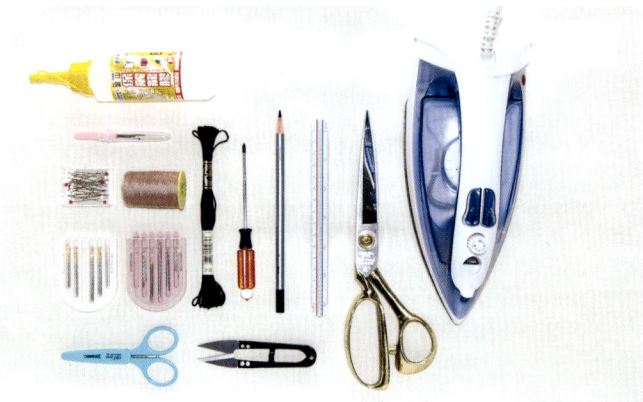

DIY 做法

依纸型裁剪所需布片（如图a, b）。

（图a） （图b）

❶ 在大猩猩嘴巴布片上用粉土笔画出线条图案，然后以刺绣针绣上线条。

❷ 头部布片重叠在脸部布片上，车缝固定。

❸ 耳朵布片正面相对，车缝留返口。翻回正面，对折后车缝斜角一道，两耳皆同。

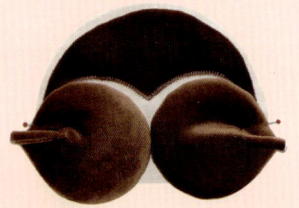

❹ 两耳朵与脸部布片正面相对车缝固定。

❺ 脸部布片正面相对，车缝留返口，翻回正面，返口处以藏针缝缝合。

❻ 两手部布片各车缝一公一母的魔鬼毡。

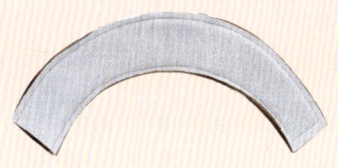

❼ 手部布片正面相对，车缝留返口，转角处剪牙口并翻回正面。

❽ 手臂布片正面相对，车缝留一短边返口，翻回正面。

❾ 将手部布片开口处内折1厘米，手臂布片(窄端)塞入手部布片开口，车缝固定。

❿ 取一手臂布片车缝固定于嘴巴布片适当位置上，另一边亦同，然后将多余的布片剪掉。

⓫ 嘴巴布片正面相对，车缝留返口。

⓬ 翻回正面，返口处用藏针缝缝合。

大猩猩围兜纸型

猩猩手臂
- 正反布片各2片
- 单胶棉×2
- 布衬×2

猩猩耳朵
- 正反布片各2片
- 单胶棉×2
- 布衬×2

猩猩头部
- 布片×1
- 布衬×1

⓭ 脸部布片用藏针缝缝在嘴巴布片上。眼睛及鼻孔用保丽龙胶粘在适当位置上，完成。

猩猩嘴巴
- 正反布片各1片
- 单胶棉×1
- 布衬×1

猩猩脸部
- 正反布片各1片
- 单胶棉×1
- 布衬×1

猩猩手部
- 正反布片各2片
- 单胶棉×2
- 布衬×2

准爸爸必读

夫妻按摩，浪漫又解压

按摩前的准备

- 彻底清洁双手。
- 服装以舒适为主。
- 时间避开刚吃饱或饥饿的时候，以免影响消化器官。
- 可搭配婴儿油、乳液、精油，让按摩过程更为舒适、好推拿。
- 选择温度适宜、灯光柔和、安静的地点，如卧室的床上就是不错的地方。
- 可播放一些轻松的音乐来放松心情。

帮孕妇按摩时的注意事项

在帮孕妇按摩前，要先征询中医师的意见，力道的控制要稳定适宜，针对酸痛的地方进行轻压即可，并随时感受自己的力量，避免给孕妈妈造成不适或伤害。

按摩小技巧

- 将手打直并微微向前倾，以身体力量进行按摩会较省力。
- 孕妇也可以依上述方式帮丈夫按摩，以手肘或掌心根部按摩丈夫肩颈，可省下孕妇许多力气哦！
- 以婴儿油或乳液轻轻地按摩准妈妈的腹部及腰部，可减缓或预防妊娠纹的产生哦！

一般来说，怀孕初期（0~3个月）以及产前1个月的孕妈妈，医生是不鼓励按摩的，因为穴道与人体各部位器官皆有呼应，此时按摩很容易因为按摩穴位不当或者力道过大，而对孕妈妈以及腹中胎儿造成不良影响。

怀孕中后期因为孕妈妈腰部承受较大的压力，可针对几个紧张或酸痛的地方，以轻柔力道进行肌肉放松式的按摩。

胎气弱、有流产史的孕妇应尽量不要按摩。

适合孕妈妈按摩使用的润滑液（如精油），要以低刺激性、舒缓为主，不可使用具有活血功能的精油（如罗勒、川红花、辛夷、高浓度的玫瑰），这些对孕妈妈皮肤会有刺激感的都要避免。

🌿 开始按摩

准爸爸只要遵循以上原则，就可以依下述方法开始按摩了。

① 头部按摩要诀（增进头部气血循环顺畅）

- 双手放在孕妈妈头部两侧轻压，以帮助松弛，然后用手指轻柔弹压整个头部。
- 拇指放于鬓角处，以食指中指轻压太阳穴。
- 以拇指轻按眉间位置，然后推向眉毛至太阳穴。
- 轻按眼部周围。
- 双手轻按孕妈妈的两边脸颊。

按摩姿势以侧躺较为舒服，千万不要压到肚子

> 按摩后,来一杯养生饮品
> 通常按摩结束后,身心都会有很大的放松,此时可喝些温开水、温牛奶,牛奶中所含的钙质以及氨基酸可帮助肌肉放松,让孕妈妈更好入睡。
> 推荐按摩后饮用的养生饮品:碎酸枣仁15克、红枣5个、甘草10克。将这些材料冲入1000毫升热开水,稍降温之后温热饮用,对于入眠以及放松身心压力有不错的效果。可在按摩前将饮品先冲泡好,按摩结束后即可马上享用好喝的饮品。

❷ **肩部按摩要诀**(帮助气血循环,达到舒缓、放松经络的目的)
- 双手按压在孕妇肩上,并慢慢地下滑至肩膀处。
- 再以手掌之力将肩胛骨附近肌肉轻轻地往上推,重复数次。

❸ **背部按摩要诀**(与五脏内腑息息相关的部位,可增强器官功能并舒经活络)
- 双掌放在孕妇肩胛中央位置,以垂直和平行方式向外及向下轻压。

❹ **脚部按摩要诀**(可适度减轻准妈妈腿部水肿)
- 以双手从准妈妈小腿至大腿方向轻轻按压。
- 以拇指轻轻按压准妈妈膝关节。
- 先托着准妈妈的脚跟,用另一只手轻轻按压小腿直至大腿。
- 撑住准妈妈的脚跟,双手拇指按压准妈妈脚掌。
- 轻轻按摩每一根脚趾。

　　按摩是非常舒适及能放松的,也可借此让夫妻了解对方的身体状况,并在过程中分享彼此心情,夫妻感情也在无形之中渐渐深厚。婚姻即是生活的累积,而生活就是由这些小细节建立起来,唯有永续不断地经营,才能提高生活质量并维持和谐快乐的婚姻。

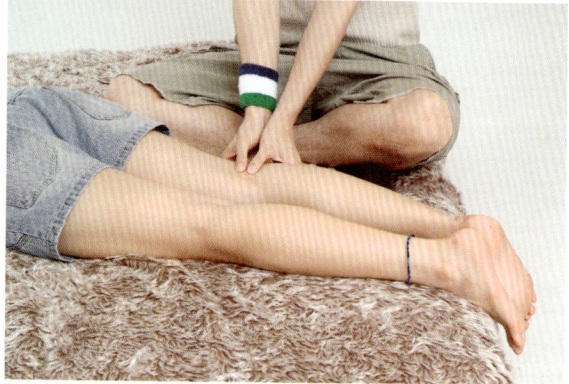

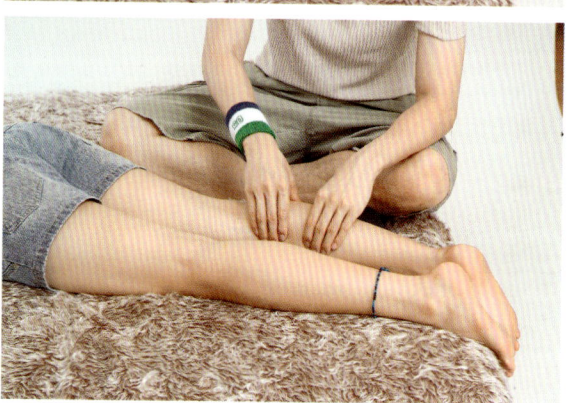

胎教要点

继续控制体重,预防胎儿过重

坚持胎教运动、散步

坚持身体清洁,每天洗澡,勤换内衣内裤

警惕孕后期出血

预防早产,积极安胎

准备好产包随时分娩

本月每两周产前检查一次

Chapter 9

胎宝宝第9个月
爸爸妈妈为你祈福

胎宝宝成长之旅

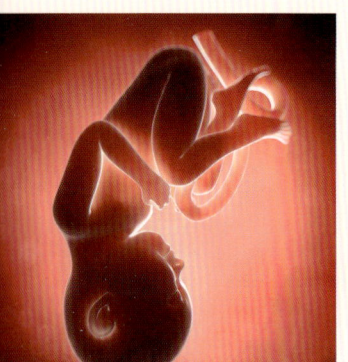

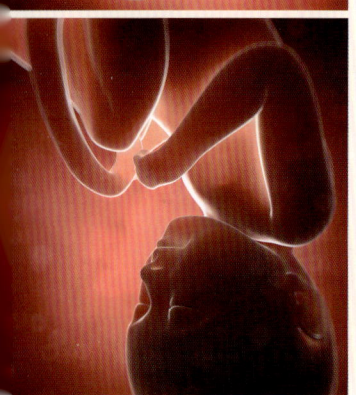

9个月的胎宝宝身长45~48厘米，体重2000~2800克。皮下脂肪较前丰满，周身呈圆形，皮肤的皱纹、毳毛均减少许多，皮肤颜色为淡红色，指甲长至指尖部位。男孩的睾丸已降至阴囊中，女孩的大阴唇已隆起，左右紧贴在一起，性器官和内脏已发育齐全。

大脑发育良好。听觉发育已健全，对外界的声音已有反应。而且能够表现出喜欢或厌烦的表情。此期的早产儿较易存活，因为各系统发育较完善，生存能力较强。

胎宝宝33周

- 胎儿肺部和消化系统已基本发育完成。
- 脑细胞显著发育，如果不给予刺激，没有使用过的脑细胞就会消失。
- 胎儿眼睛能辨别明暗，甚至能跟踪光源。
- 身长增长缓慢而体重增加迅速。

胎宝宝34周

- 胎儿各个器官继续发育。胎儿已具备呼吸能力。
- 皮下脂肪更加丰富，皱纹减少。身体和四肢继续长大。
- 胎儿占据了子宫，胎动受限。
- 对外界的刺激，会以身体动作或者脸部的表情来表示愉快和不愉快。

胎宝宝35周

- 胎儿呼吸系统、消化系统发育已近成熟。
- 生殖器官也已接近成熟。身体开始变得圆润。
- 有的胎儿头部已降入骨盆。
- 有的胎儿长出了一头胎发。胎儿的指甲已长到指尖。

胎宝宝36周

- 胎儿身体部分的骨骼变得结实，头骨还很柔软，这是为了分娩时头能顺利通过产道。
- 宝宝已经有了睡眠和醒着的区别。

你的身体变化

9个月的时候，宫底已升至心窝正下方，子宫高28~30厘米，胃和心脏受压迫感更为明显。有时感到气喘、呼吸困难，胃饱感。由于子宫压迫膀胱，排尿次数增加，尿频明显。开始会有尿失禁、便秘、腰酸背痛更严重。有的人会感到有时有轻度子宫收缩。这些都是正常的生理过程。此时最容易有产前抑郁症。

怀孕9个月时，妊娠高血压的危险系数加大，应注意控制体重的快速增长。同时还要注意，如出现突然出血，羊水流出的情况应立即上医院。

家务劳动量力而行，不要做重体力劳动，不要长时间洗澡淋浴，按计划进行各项产前检查，以防早产。

怀孕第33周

如果是初产妇，腹中的宝宝可能转为头向下。由于胎头下降，压迫膀胱，孕妇会感到尿意频繁，还会感到骨盆和耻骨联合处酸疼不适（有的孕妇还会感到手指和脚趾的关节胀痛），腰痛加重。这些现象标志着胎儿在逐渐下降，全身的关节和韧带逐渐松弛，是在为分娩做身体上的准备。不规则宫缩的次数增多，腹部经常阵发性地变硬变紧，外阴变得柔软而肿胀。

怀孕第34周

这时孕妇可能会发现脚、脸、手肿得更厉害了，脚踝部更是肿得老高，特别是在温暖的季节或是在每天的傍晚，肿胀程度会有所加重。即使如此，这时也不要限制水分的摄入量，因为母体和胎儿都需要大量的水分。若是初产妇则胎儿头部大多已降入骨盆，紧压住子宫颈口，经产妇的胎儿入盆时间一般要晚一些，甚至有些产妇的胎儿在分娩前才入盆。

怀孕第35周

由于胎儿增大，并且逐渐下降，相当多的孕妇此时会觉得腹坠腰酸，骨盆后部附近的肌肉和韧带变得麻木，甚至有一种牵拉式的疼痛，使行动变得更为艰难。孕妈妈应该努力使自己平静下来，注意休息，养精蓄锐。

怀孕第36周

此时孕妇体重增长已达到最高峰。肚子相当沉重，大得连肚脐都膨突出来，起居坐卧都相当费力。此时上下楼梯时一定要注意安全。

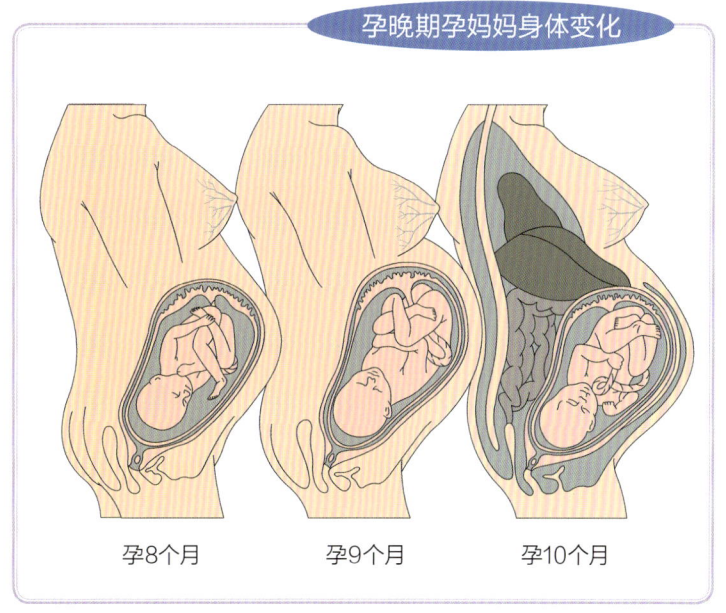

孕晚期孕妈妈身体变化

孕8个月　　孕9个月　　孕10个月

优境养胎

产前检查特殊项目

B型链球菌检查

建议检查时间：怀孕35~37周时。

检查目的：预计自然生产的孕妇，检查在阴道口及肛门口是否有B型链球菌，以免传染给新生儿。

重要性：新生儿的B型链球菌感染病情常来势凶猛，大多在出生的第一天就发病，根据统计，15%~40%的孕妇，产道里会出现B型链球菌，其中30%~50%将传给新生儿。

一旦新生儿感染，如果在出生7天内就发病，通常会出现败血症，其发生率约占新生儿的1‰，但其病死率为10%~25%；7天后发病的晚发型病例则以脑膜炎最为常见，病死率为2%~6%。对于产前B型链球菌感染的孕妇，若在待产中预防性给予抗生素，则新生儿发生B型链球菌感染的比率可降低75%。

建议实施对象：建议孕妇（尤其是自然产）最好都能筛检。

什么情况应立即去医院

❶ 孕妇阴道突然出现血性分泌物，俗称"见红"或"血先露"，是由于子宫颈内口附近的胎膜与子宫壁分离，毛细血管破裂出血所致，属分娩先兆，一般将在24~48小时内分娩，所以应尽早到医院就医。

❷ 出现阵发性规律性子宫收缩，至少10分钟一次，每次约30秒，历时1小时缓解，此时无论是否属临产期，均应立即去医院就医。

❸ 阴道突然有大量液体流出，似尿液，可能是胎膜早破，有引起上行感染的可能，有脐带脱垂危害胎儿的可能，此时，孕妇应平卧，由他人用担架或救护车立即送往医院。

❹ 头痛、头晕、血压突然升高；阴道流血但无腹痛，可能有胎盘位置异常。若有腹痛，可能有胎盘早剥的情况，应立即送到医院。

❺ 脸和手部浮肿，视力模糊。

❻ 尿量明显减少或小便时有疼痛的灼热感。

❼ 持续性或剧烈性的腹痛。

❽ 胎动次数逐渐减少。若胎动次数减少或12小时未感胎动，这提示胎儿在子宫内有缺氧的表现，需立即入院做吸氧等处理。

❾ 胎儿心率每分钟>160次或每分钟<120次或胎心减弱、不规则，都说明胎儿有危急情况，需立即送医院。

以上情况也是做丈夫的日常需要观察的主要内容，同时要安排好孕妇去医院的车辆、衣物。

轻松舒缓孕后期不适

心悸

原因：因为怀孕的血量大约增加50%，会增加心脏的跳动次数，以应付增加的血量。此外，二尖瓣脱垂、甲状腺功能亢进也会造成心悸。

改善对策：
- 避免摄取含咖啡因的饮料，如咖啡、茶、可乐等。
- 需排除甲状腺功能亢进的问题。
- 若心悸严重，要去看心脏科，以确认是否有心脏方面的问题。

容易喘

原因：包括子宫变大往上顶、贫血、先兆子痫。

改善对策：
- 若单纯是子宫变大，顶到横膈而容易喘，只能躺高多休息。
- 若合并先兆子痫，或已经肋膜积水、腹腔积水，当然会喘，一定要及时治疗。一旦发展到子痫症，孕妇跟胎儿的病死率会大幅增加。
- 贫血也会喘，可补充铁剂、叶酸，或是干脆吃孕妇复合维生素比较方便。

晕眩

原因：晕眩大多是因为贫血造成的。因为怀孕后期，胎儿会吸收很多母体的营养物质。此外，怀孕后期多有相对贫血，是因为体内水分多，相对把血液稀释了，造成贫血，当然会晕眩。

改善对策：
- 检查是否有缺铁性贫血。
- 避免久站、久坐、突然站起来。
- 可坐下弯腰，脸朝下垂在两膝间。
- 可以躺下时，头低脚高。

漏尿

原因：尿道原本有个角度，让膀胱内的尿液较不易漏出。但受到胀大的子宫压迫，这个角度会变得比较平，就容易漏尿。

改善对策：
- 注意腹部不要用力，例如不要提重物、上坡，否则子宫会更下垂、更压迫。
- 生产完大多能改善。若生产后漏尿的状况不能恢复，可做凯格尔运动，或求助于泌尿科医生。

必读小叮咛

在密闭空间、人潮多的地方，氧气不够，孕妇很容易受不了而有晕眩的症状，所以提醒孕妈妈有座就坐，以防晕眩。但如果晕眩的问题一直无法改善，必须就医。

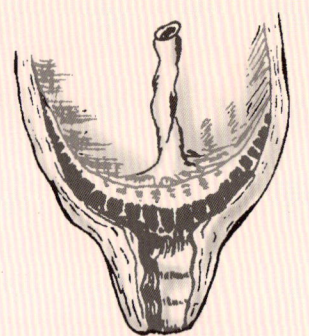

完全性前置胎盘

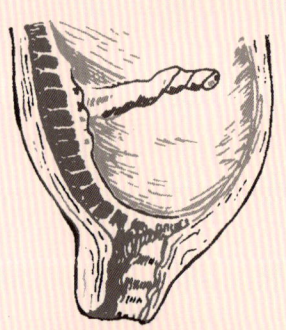

部分性前置胎盘

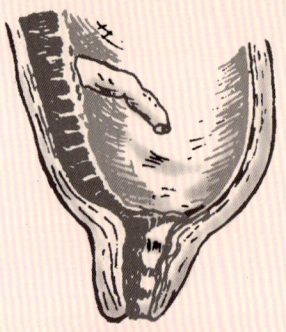

低置胎盘

怀孕后期的出血

怀孕后期（一般指怀孕28周以后）的出血，比较麻烦的是"前置胎盘"和"胎盘早期剥离"。

🌿 前置胎盘

在正常情况下，受孕后胎盘便生长发育，附着在子宫体上部的前壁或两侧壁。如果胎盘附着在子宫的下部，将子宫内口全部或部分遮盖住，就叫作前置胎盘。前置胎盘是引起晚期妊娠出血的主要原因，也是妊娠期严重并发症的一种，如果不能及时处理或处理不当，往往威胁孕妇及胎儿的生命。

前置胎盘分完全性前置胎盘（中央性前置胎盘），即子宫颈内口全部为胎盘组织所遮盖；部分性前置胎盘，即子宫颈内口的一部分为胎盘组织所覆盖，而另一部分为胎膜所覆盖；低置胎盘（边缘性前置胎盘），即胎盘下缘不超越子宫颈内口或在其边缘。在临产时，子宫颈口开大，低置胎盘可变为部分性前置胎盘。

前置胎盘的孕妇常在产前或生产阵痛时发生大量的出血，非常危险。因而，孕妇要加强产前检查，初次出血以后，应立即做出诊断。现在主要是依靠超声波或同位素扫描进行胎盘定位。这两种方法对母胎都没有危险，诊断的准确率也较高。

在明确诊断以后，孕妇要卧床休息，尽量减少活动。如果贫血，还需要输血，尽量维持到妊娠36周，然后由医生选择分娩方式，提前住院分娩。

🌿 胎盘早期剥离

胎盘和脐带是胎儿与母亲间联系的桥梁。胎儿经由胎盘和脐带获取生长和发育所需的养分，同时亦经由此管道将其新陈代谢所产生的废物由母体排出体外。因此，胎盘功能的健全与否，关系着胎儿的成长与健康。

"胎盘早期剥离"，顾名思义，是指在胎儿出生之前，胎盘就和子宫从其着床处分离。如此一来，胎盘和子宫间的紧密联系被破坏，母亲会因此产生产前出血，而胎儿也因此而减少了正常来自母亲的养分供给，以致危害胎儿的健康。若发生严重的胎盘早期剥离而导致严重出血，且没有察觉及紧急处理时，则可能产生产妇凝血功能被破坏而加速出血现象，进而导致产妇休克、肾脏衰竭及胎死腹中等严重的并发症。

现已知妊娠高血压或子痫、高龄产妇、抽烟、饮酒和多胎次生产都是胎盘早期剥离的危险因素，因此需避免并定期产检。一旦发生，必须尽快剖宫产，以挽救孕妇和胎儿的生命。

子宫破裂

此外，待产时若子宫收缩太强或频率太密，造成子宫破裂，也会有大量出血或休克的现象，必须立刻手术抢救胎儿并止血。子宫破裂很少发生，但却不容易预防，只能靠生产中严密的监视。若不幸发生，正确诊断并及早处理是母子均安的成功关键。

引起孕期出血的其他因素

许多其他因素也会造成怀孕中出血，包括：子宫颈疾病、阴道外伤或静脉破裂、凝血功能失调等。

❶ 凝血功能失调：所引起的流血，必须先矫治其潜在原因，有时需配合输液或凝血因子治疗。

❷ 静脉曲张破裂或阴道外伤：如果出血量不是很多，可以靠局部压迫止血，并密切追踪观察即可，多量的出血则需手术缝合。

❸ 子宫颈疾病：包括炎症、息肉及肿瘤，在出血时可请医生内诊来判断。

若有出血现象，尽速就医检查。切勿道听途说、胡乱服药或接受非正式的医疗，否则延误就医时机，将会影响母亲和胎儿的预后。

胎盘早期剥离三种出血类型

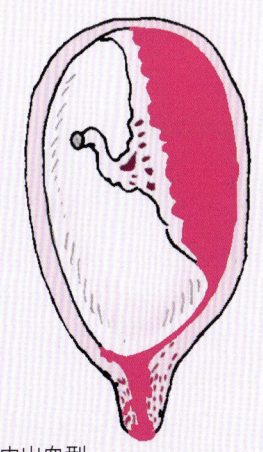

内出血型
出血多积于宫腔或胎盘后，面积较大

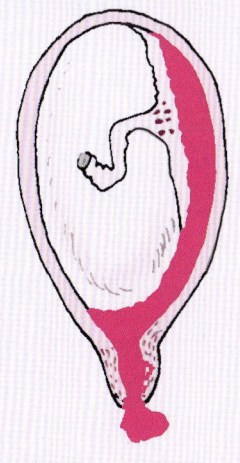

混合出血型
出血较多，血液冲开胎盘边缘外流

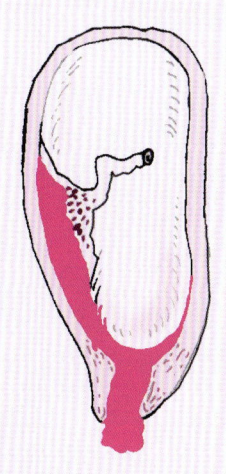

外出血型
一般为部分早剥，并发症少

早产安胎须知

早产不仅是新生儿死亡的主要原因，早产儿也容易产生许多并发症，如败血症、失明、脑瘫等。虽然早产的发生，至今仍约有50%原因不明，但为了降低早产概率，孕妇除了尽量避免高危险因子之外，还需要尽快就医，胎儿在母亲的子宫内多待一天，就增加胎儿出生后的存活率。

早产的高危险因子

生活行为： 抽烟、喝酒、工作过劳、贫血等。

孕前状况： 年龄小于18岁或大于40岁、怀孕间隔太密、曾有不良的产科病史、子宫曾接受过手术（如人工流产）等。

怀孕期间： 前置胎盘、早期破水、羊水过多或过少、妊娠高血压、身心压力太大等。

什么样的状况需要安胎

到了怀孕中后期时，若出现以下早产迹象，就要尽快就医：

① 早产阵痛：每小时有5～6次以上，也就是每10分钟有1次以上的子宫规律收缩。
② 像月经来时的腹痛或肿胀感，而且是一阵阵的感觉。
③ 会感到一阵阵的下背酸痛或腰酸感。
④ 阴道分泌物增加或夹杂红色血丝。
⑤ 腹部有下坠感，或阴道有压迫感。
⑥ 有想拉肚的感觉或肠绞痛。
⑦ 阴道流出清澈透明的水样液体。
⑧ 胎动次数较平常减少一半以上。

遇到上述情形时，尽早就医。若是诊断之后发现有破水现象，或是子宫颈打开，或子宫收缩频繁，且给予口服药物也无法改善时，就需要安排住院安胎。

现在有催产素抑制剂，它的不良反应大概只有传统安胎药物的10%，但价格较贵。

安胎注意事项

原则上，若是孕妇已经破水，并已有胎儿感染情形，或子宫颈已开2指以上时，医师可能就会放弃安胎，选择让胎儿提早娩出。虽然现在23周以上出生的早产儿都有机会存活，但是这样的孩子出生后易有后遗症。

安胎期间最好不要吃刺激性食物，也不要任意吃什么补品，最好都询问过医师再食用较为安全。此外，也要注意个人卫生、避免感染。

饮食上要以高纤食物、青菜、水果为主，并要喝足够水分（每天大约摄取2000毫升，包含汤汁）以避免便秘。

由于长期卧床可能会造成深部血栓静脉炎，可以在床上稍微运动一下上半身的关节（如头颈、肩膀），然后下半身可以做一些等张或等长的运动，如勾脚背和踩床板的足踝关节运动，以促进血液循环。做这些运动时，一定要注意不要压迫到腹部，切勿做些抬大腿的动作，以免增加腹部压力。

出院回家休息，孕妈妈也要格外注意自己的生活作息，千万不能大意，避免久坐或久站。即使是轻微简易的家事也暂时请丈夫和家人帮忙，以减少子宫不稳定收缩的发生而产生早产迹象。此外，避免按摩刺激乳房，以免引起子宫收缩。需留意子宫收缩及变硬次数，阴道是否有流出液体、出血等异常状况，如有异常要尽快至医院就诊。

安胎期间，孕妈妈心理会出现焦虑，因为会担心胎儿的安危、自己的身体状况。一旦胎儿的状况稳定下来，可以在床上看书、看电影，或是打电话给亲朋好友聊聊天，也要提醒自己尽量要往正面去看，才不会陷入沮丧的情绪。

安胎妈妈内心最感到难以适应的就是那种突然失去自我的控制感，还有强烈的挫折感，因此这时候家人的安慰支持就显得非常重要。

Q: 什么是胎儿窘迫？

胎儿窘迫是指胎儿在妈妈肚内吸不到氧气，供氧量出了问题，造成胎儿生命迹象不稳定。导致胎儿窘迫的原因大致有以下几种：

❶ 胎盘功能不良：像是胎盘剥离、胎盘钙化（老化），造成胎儿无法顺利获得养分，因而缺血、缺氧。

❷ 低血压：妈妈自己也缺血缺氧，影响胎儿。

❸ 脐带问题：怀孕过程中脐带打结，或是生产时脐带脱垂等，皆会造成胎儿窘迫。

Q: 什么是早产？

目前欧洲、美洲对于早产的定义是在37周之前生产，早期羊膜破裂（破水）是引起早产的主因。目前发现34周和37周出生的宝宝存活成功率其实差不多，因此目前对早产的认知越来越松。而早产是一种信号，如果宝宝已有迹象要出生，硬把他塞回去也不一定好。而预防早产的最佳方式就是维持良好的生活习惯。

Q: 什么是胎膜早破？

胎膜具有保持羊水及保护胎儿的功能。如果怀孕过程中胎膜在临产前自然破裂，羊水经阴道流出，称为胎膜早破。胎儿原本是生存于羊水之中，如果胎膜提早破了可能会增加细菌感染的机会，且胎儿的活动空间会受到限制，因此严重时可能会造成胎儿窘迫、胎死腹中，对妈妈而言，也可能造成羊水栓塞、难产和产后出血率增加，严重者甚至危及生命，因此若有胎膜早破状况，务必立即去医院。

打造完美婴儿房

除了安全考虑之外,从小给宝宝一个专属的空间,也比较容易培养孩子独立的人格。因此,如果家里一时真的挪不出空间当婴儿房,最少,也要给宝宝一张专属的婴儿床。

🌿 考虑一:舒适性

❶ **温度适中:** 小婴儿的体温调节能力还不好,很容易随着外界温度高低变化。因此,室内温度最好控制在22~26℃,宝宝会觉得最舒服。

❷ **灯光柔和:** 婴儿房内的灯光要充足柔和,不可太过刺眼。可以使用类似自然光的灯泡或是卤素灯照明。夜晚时,最好在婴儿房里留上一盏小夜灯。

❸ **色调协调:** 刚出生的宝宝视力还没发展完全。因此,婴儿房的色调最好不要太过鲜艳,以免过度刺激宝宝的眼睛。

❹ **加装窗帘:** 婴儿房内可以加装窗帘,避免阳光直射房内,刺激宝宝的眼睛。在选购时,婴儿房内的窗帘应避免附带拉绳的款式,或是挑选拉绳不超过30厘米的款式尤佳。

❺ **木质地板佳:** 石材地板太冷硬,而铺地毯容易暗藏尘螨,引起孩子的过敏问题,因此,婴儿房内的地板材质,最好选择木质地板。至于婴儿房内经常铺设的安全地垫,为了怕不法厂商使用甲苯或二甲苯等有毒性的化学物质制造,购买时,最好选择有厂牌的产品,此外,安全地垫买回来之

后，最好先放到阳台曝晒，让地垫的塑料味散去。如果使用1个月后安全地垫还有怪味道，最好停止使用。

考虑二：安全性

① **婴儿床**：购买婴儿床时，记得注意婴儿床床板到上横杆的高度必须要有60厘米以上，婴儿床的栏杆间隙必须小于6厘米，以免小孩从栏杆往外探头被卡住。此外，婴儿床两边的床沿，会有高、低的调整位置。婴儿床内最好有缓冲围垫，围在婴儿床四个内围，以保护宝宝头部；围垫上的带子不宜过长，以免勒到宝宝脖子。婴儿床的涂料必须是无铅、无毒且不易脱落，才不会使宝宝在啃咬中中毒。

② **床垫**：婴儿床垫应该有较硬的结构设计。太早让宝宝使用过软的弹簧床垫，容易造成孩子的脊椎变形。而且，太软的床垫在宝宝翻身时，容易遮住其口鼻，造成窒息等意外。

③ **床单**：婴儿床的床单要拉紧一点，不要铺得太松，让床单有张力，以免床单松脱，宝宝手一挥，会不小心盖住口鼻、发生窒息。

④ **棉被**：为了考虑宝宝安全，睡觉时，可以考虑让宝宝穿睡袍而不盖棉被，以免宝宝睡觉的时候乱动，把棉被盖到口鼻而不自知。如果使用棉被，最好使用轻薄的棉被或毛毯，塞进睡垫内。宝宝睡觉时，最多只将棉被覆盖到胸部。

⑤ **桌角护套**：可以粘贴于各式尖角，保护小婴儿的安全。

⑥ **插座**：插座上假如没有插头，最好拿个插座孔护盖罩住，以免发生意外。

⑦ **监视器**：市面上有各种声音或影像监视器，可以帮助爸妈监测孩子在婴儿房内的动静及安全。

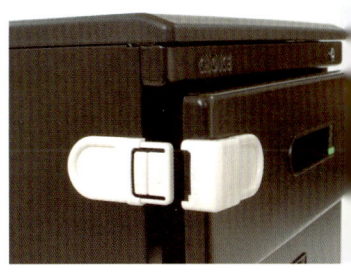

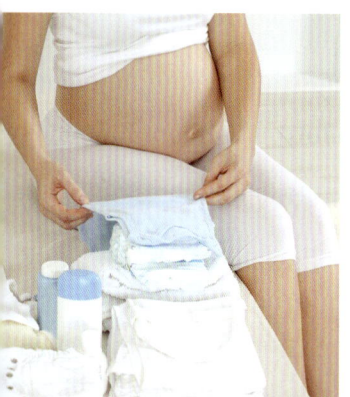

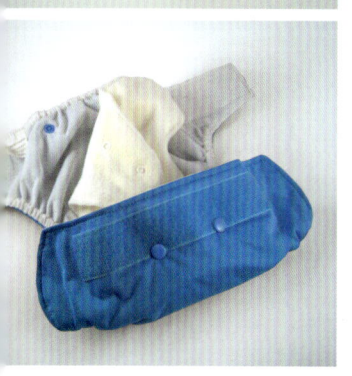

如何准备生产包

🌱 36周前即可准备

正常的产兆是出现在预产期前后两周，通常医师在孕妇怀孕37周即不会再为其安胎，也就是说孕妇怀孕37周后，就要有分娩的心理准备。在此之前，生产包也就应该准备好了。

🌱 生产包这样分类&准备

第一类	生产时会用到的物品：包括产褥垫、卫生护垫、面巾、湿纸巾、毛巾、冲洗器、水杯（或保温瓶）及吸管
第二类	产后会用到的物品：包括盥洗用具、束腹带、哺乳胸罩、薄外套、帽子、袜子及拖鞋、大脸盆、环保餐具、洗碗精少许、本、笔
第三类	宝宝会用到的物品：宝宝装、帽子、手套及袜子、大毛巾、包巾
重要文件	包括医院挂号证、产妇医保卡、孕妇手册、夫妻双方身份证

🌱 注意事项

- 待产时先拿第一类包及重要文件，生产后再请先生回家拿第二类包，第三类包出院当天再带来即可。
- 长发者请戴绑发带或发夹。
- 有近视眼者最好戴普通眼镜，不要戴隐形眼镜。
- 不要戴饰品到医院。
- 大脸盆以臀部可坐浴为原则。
- 至医院待产时勿化妆、勿涂指（趾）甲油。
- 如果您有计划帮宝宝记录成长过程，不要忘记带婴儿成长记录册，请护士小姐将宝宝的小脚印印在成长记录册上留下纪念。

产后必备清单

孕妈妈可以依据自己的需求与预算拟定一份用品清单,准爸爸也要一起阅读。

束腹带

孕妈妈生下宝宝之后,肚子里原来让宝宝居住的空间会突然被空出来,使用束腹带可以帮助子宫、腹部的器官回复到原来的位置,同时可以支撑妈妈的腰、腹部,使妈妈不易腰部酸痛。对于剖宫产的妈妈来说,它更是个帮助固定伤口,让妈妈下床活动也不会拉扯到伤口的好帮手,目前医院通常会请剖宫产妈妈在产前自行准备或由医院准备束腹带,在做完手术之后就可穿上。

孕妈妈应选择透气(如棉质)、伸缩性良好的束腹带,千万不要穿得过紧,让自己透不过气,同时尽量准备两件做替换。

使用时机:妈妈产后就可穿戴。由于产后42天是身体恢复的关键期,因此建议妈妈最好能穿戴1个月到40天左右。之后若肚子复原状况良好,则不必再使用。

若不穿束腹带,肚子与骨盆就无法回复原状了吗?

束腹带可以协助器官复位,但这不代表不使用束腹带,肚子就不会回复原状。不过如果坐月子的时候变胖,脂肪会堆积到骨盆四周,那么骨盆就可能因此变大。

束裤

束裤的功能主要是雕塑身材,包括托高乳房、防止驼背、提臀,以及修饰全身的线条等,妈妈可依个人需求选择不同款式。

使用时机与方式:有意使用塑身衣裤的妈妈,必须在恶露排完或是量较少以及阴部伤口复原之后再穿,否则会影响恶露的正常排出,或是引发阴部感染问题。束裤贴身的程度应该先由松到紧,紧身的程度也千万不要让自己透不过气,最好选用外阴部有开口或较透气的塑身衣裤。

医护人员提醒妈妈,塑身衣裤虽可塑形,但不会减去身上的脂肪,若要瘦身,还是得靠适当的运动才行。

产褥垫

产褥垫与卫生巾是类似的东西,但孕妈妈产后恶露排出的量极大,而产褥垫的吸水性比一般卫生巾更强。等到恶露的量逐渐变少,妈妈可更换卫生巾。

哺乳衣

哺乳衣的设计不仅让妈妈方便喂奶,也可避免乳房裸露于外。有意喂母乳的孕妈妈,产前就可购买哺乳衣。若不打算购买哺乳衣,妈妈亦可穿着前方有扣子或是容易掀开的上衣来适应喂母乳的需求。

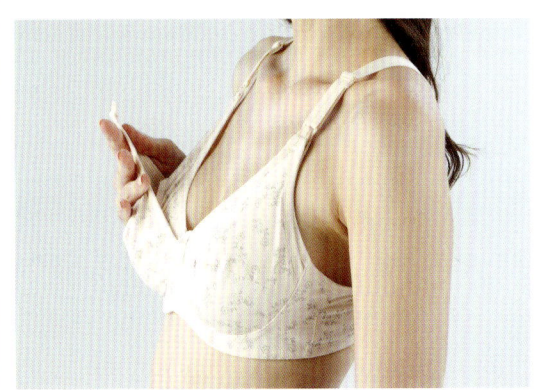

溢乳垫

产后妈妈的乳房只要受到一点刺激就会溢出奶水,溢乳垫可吸收不慎溢出的母乳,以免弄湿衣服。目前大致分为免洗型与可清洗型。

消水肿这样吃

80%的孕妈妈在怀孕第8~9个月时开始，会出现水肿现象，有一些孕妈妈则会提早一点出现。

除了适度运动、不要长时间走或站以及坐着时尽量在脚下垫一个矮凳，孕妈妈在饮食方面可以食用一些具有利水消肿作用的食疗药膳。

排骨炖冬瓜

原料 猪排骨250克，冬瓜150克。

调料 葱白、姜各4克，料酒1勺，鸡精少许，盐适量。

做法 ①排骨洗净，剁成块，投入沸水中氽烫一下，捞出来沥干水。②冬瓜洗净，切成稍大的块。③将排骨块放入砂锅，加适量清水，加入姜、葱白、料酒，先用大火烧开，再用小火煲至排骨八成熟，倒入冬瓜块，煮熟，拣去姜、葱白，加入盐、鸡精搅匀即可。

功效 清热解毒，利水消肿。

白菜炒鸭片

原料 大白菜250克，鸭肉100克。

调料 姜丝、蒜片各10克，香油1勺，料酒3勺，水淀粉、盐各适量。

做法 ①将大白菜洗净，切成片；鸭肉切成片，用料酒腌好。②锅内烧油至七成热的时候，放入鸭肉片炒至八分熟时倒出。③锅内留油，加入姜丝、蒜片、大白菜片，用中火炒至快熟时放入鸭肉片，加入盐炒透，再加入水淀粉勾芡，淋入香油，翻炒几次即可。

功效 滋阴养胃，利水消肿。

避免空热量食物

所谓的空热量(empty calories)食物,就是含有高热量,却又有少量(或缺乏)基本维生素、矿物质和蛋白质的食物。

孕妈妈如果要避免发胖,每天摄取的食物,一定要含有自身和宝宝所需的蛋白质、维生素、矿物质及有益的脂肪。而有些食物,只吃下热量却又缺少营养素。例如一罐汽水含有585.2千焦(140千卡)的空热量(38毫克的糖、70毫克的钠,添加咖啡因、各种防腐剂,完全缺乏蛋白质、维生素和矿物质)。一份标准快餐的热量高达4180千焦(1000千卡)以上,而只有微量的维生素或矿物质。一份薯条含有961.4千焦(230千卡)的空热量和270毫克的钠。

但这些食品最糟的除了缺少营养素,还有多加了什么,大多数空热量食品为了更美味可口而添加大量的脂肪。一份健康食物的热量应该20%来自脂肪,其余则来自碳水化合物和蛋白质。一份麦当劳大汉堡含有3385.8千焦(810千卡)热量,其中高达2048.2千焦(490千卡)热量(61%,55克)来自脂肪。汉堡中55克的脂肪是一天的正常摄取量。

下表分别列举了低热量食物、中热量食物和空热量食物,孕妈妈在孕后期一定要避免摄入空热量食物,一是控制体重,二是要摄入营养素供宝宝发育。

食物类别	低热量食物	中热量食物	高热量食物及空热量食物
五谷根茎类及其制品		米饭、吐司面包、馒头、面条、小餐包、玉米、苏打饼干、高纤饼干、清蛋糕、芋头、红薯、马铃薯、早餐谷类	起酥面包、菠萝面包、奶酥面包、油条、丹麦酥饼、小西点、鲜奶油蛋糕、派、爆玉米花、甜芋泥、炸薯条、八宝饭、八宝粥
奶类	脱脂奶	全脂奶、调味奶、酸奶(凝态)、酸奶(液态)	奶昔、炼乳、养乐多、奶酪
鱼类肉类蛋类	鱼肉(背部)、海蜇皮、海参、虾、乌贼、蛋白	瘦肉、去皮家禽肉、鸡翅、猪腰、鱼丸、贡丸、全蛋	肥肉、五花肉、牛腩、肠子、鱼肚、肉酱罐头、油渍鱼罐头、香肠、火腿、肉松、鱼松、炸鸡、热狗
豆类	豆腐、豆浆(未加糖)、黄豆干	甜豆花、咸豆花、油	油豆腐泡、炸豆包、炸臭豆腐
蔬菜类	各种新鲜蔬菜及菜干	皇帝豆	炸蚕豆、炸豌豆、炸蔬菜
水果类	新鲜的水果	纯果汁(未加糖)	果汁饮料、水果罐头

快乐胎教课堂

唱歌胎教法

音乐胎教如今已被广泛采用。而俄罗斯的专家说,传统的音乐胎教要求孕妇在静止的状态下,尽可能放松,感受多由古典音乐带来的恬静、安宁。这种方式通常使孕妇在较长时间内保持愉悦的心情,有助于调节孕妇的生理功能,促进胎儿发育。但此法也有不足之处,那就是胎儿只能单纯地感受音乐,得不到来自母亲的信息,胎教效果有时并不理想。此外,音乐播放设备的质量、音响效果如果不好还会严重影响胎儿健康。俄罗斯专家建议,将音响设备放到一定距离以外,让音乐只起伴奏作用,由孕妈妈演唱歌曲。这样可以把与胎儿交谈同音乐胎教的长处结合起来,寓教于唱地与胎儿沟通,促使其发育过程中产生积极的心理变化。莫斯科市开设了采用"歌唱胎教"的孕妇辅导室。

医学和音乐专家针对孕妇的特点设计制作了孕妇之歌。歌曲韵律大多取材于一些俄罗斯著名诗人充满童真的诗歌,歌词中既有类似"世上只有妈妈好"的内容,也包括了小朋友做游戏的情节以及天气、四季和动植物知识。俄专家称:经"歌唱胎教"的胎儿在母亲腹中始终发育健康。出生后,这些婴儿开始转头、翻身、坐、立、行走、说话的时间均早于未受训的婴儿。新法胎教也使孕妇们获益匪浅。在指导下定期唱歌的孕妇,血压正常、稳定,且没有发生精神抑郁、产前恐惧等情况。此外专家还透露,即使孕妇五音不全,甚至不幸失聪也没有关系。经过相应的辅导,她们同样可以通过歌唱向胎儿传达母亲的心声,促其茁壮成长。

欣赏德沃夏克《母亲教我的歌》

小提琴独奏曲《母亲教我的歌》，作于1880年。原作为一首歌曲，后来被改编为小提琴、大提琴等乐器的独奏曲以及管弦乐曲、合唱曲等形式。

这是德沃夏克根据波希米亚抒情诗人阿多尔夫·海杜克的诗篇谱写的《母亲教我的歌》。歌词是：

当我幼年的时候，
母亲教我歌唱，
在她慈爱的眼睛里，
隐约闪着泪光。
如今我教我的孩子们，
唱这难忘的歌，
禁不住辛酸的泪水，
滴滴流在我这憔悴的脸上。

这是一首洋溢着母爱亲情的歌。旋律带有摇篮曲的摆动感，句尾的切分节奏和大跳音程更增强了波浪式的起伏感，曲调温和亲切，表现了对往事的怀念。后面的乐句虽然流露出伤感，催人泪下，但爱意绵绵的音韵萦绕心中。最后乐曲用哀婉动人的旋律终曲，给人意犹未尽的感觉。让人感到无论面对生命不能承受之轻还是不能承受之重，都能时常带着淡定自信的笑靥。

古诗云："谁言寸草心，报得三春晖。"作为儿女，谁不爱自己的母亲，谁又何曾不想报答亲爱的母亲？！母亲怀胎十月，又历经艰辛把子女抚养成人，付出了全部的心血和汗水。"世上只有妈妈好，有妈的孩子像个宝，投进妈妈的怀抱，幸福享不了。"自古以来，人们都是通过深情隽永的歌声来表达心中对母亲无限的感激与热爱。

欣赏《仲夏夜之梦》序曲

门德尔松为莎士比亚的喜剧《仲夏夜之梦》共写过两部音乐作品，一部是在1826年作者17岁那年所作的钢琴四手联弹《仲夏夜之梦》序曲，次年改编成管弦乐曲，被称为是音乐史上第一部浪漫主义标题性音乐会序曲；另一部是1843年为《仲夏夜之梦》所写的戏剧配乐。《仲夏夜之梦》序曲是门德尔松的代表作，它曲调明快、欢乐，是作者幸福生活、情绪开朗的写照。

"仲夏夜"意思是一年中夜间最短的日子，西方传统认为这天晚上会发生许多稀奇古怪的事情。莎士比亚的《仲夏夜之梦》是一部神话喜剧，叙述了古雅典的贵族情侣拉山德和赫米娅夜入仙林，仙王令他的侍从蒲克向男子眼中滴花汁，睁眼后互相认错爱人，仙王本人也受到花汁的迷惑，爱上了驴首怪人等离奇的故事。

《仲夏夜之梦》序曲展现了神话般的幻想、大自然的神秘色彩和诗情画意。全曲流露出的青春活力和清新气息，又体现了同龄人难以掌握的技巧和卓越的音乐表现力，充分表现出作曲家的创作风格及独特才华，是门德尔松创作历程中的一个里程碑。

在虚无缥缈的引子之后，小提琴轻盈灵巧地描绘了小精灵在朦胧的月光下嬉游的舞姿。随后出现欢乐而愉快的音乐和抒情的爱情旋律，这段旋律的进行与主部主题形成了有效的对比，第三个主题表现了热情激动的恋情，具有幽默、谐谑的特征。尾声中小提琴在柔和的音区和力度上演奏，乐曲最终在安宁里结束。当一切事情都令人满意地安排好以后，主角们高高兴兴地离开了舞台，小精灵们也随之而去。

乌龟呼吸法

乌龟在中国人眼中是长寿的象征。从它身上可体会到那种恬淡的宁静，与世无争的心态，还有那种说不尽的"禅"意。

看武侠小说里对乌龟的呼吸方法描述得神乎其神，"龟息大法"真的可以令人长寿吗？

从生态学来说，乌龟的长寿有一部分的原因确实是它那种独特的呼吸方法所致。因为龟不能直接呼吸到空气，必须靠嘴巴吞入空气，像吃东西那样将空气吞咽进体内，同时要靠四肢与腹部共同用力起伏，才能带动肺部对氧气进行吸收。靠吞咽进行呼吸运动能够令脑干神经得到充分的供氧，所以乌龟才会长寿。另外，你发现没有，乌龟的呼吸是靠全身运动来进行的，人要是想练成此功，还真是不容易呢。

乌龟的特质及其淡泊自然的性情是你我都望尘莫及的。你也可以管它叫懦弱，但是它真的从来都不得罪人。"有房的人好说话"，它这样幸福的"业主"终日躲在自己的小窝里自得其乐，但凡有什么风吹草动的，脑袋一缩，家才是最安全的地方，不是吗？不论外面的世界多么烦乱，多么不顺，可是自己的窝永远是最舒适、最让人安稳的地方。哪怕是外面你争我斗的，家也是最让人安心的地方。乌龟的外形不讨人喜欢，但是它优雅从容的举止却显得那样的悠哉。所以，我们要像乌龟那样，懂得享受生活和知足常乐！

瑜伽冥想——莲花座

选择一处清幽之所，让自己投入冥想当中：

第一步　双腿盘坐。

第二步　身体直立，想象背部、颈椎和头顶都在一条直线上。

第三步　闭上双眼，面部肌肉放轻松，可以面带自然的微笑。

第四步　均匀呼吸，由深度腹式呼吸开始，保持三拍吸气、三拍呼气，心中默念简单语音"噢……姆……"让思想集中在声音的延续中，如果你发现走神了，也不用着急，有意识地让自己镇静下来即可。

第五步　收势。深度腹式呼吸，保持三拍吸气、呼气，双手向上合十，感受上身的伸展，双手合十慢慢地落到胸前，左手向膝盖后放实，手心着地，右手上举，左脚伸直，臀部离地，左手撑地，放下；右手落下，右脚伸直向外伸展，臀部离地，双手撑地，慢慢放下后可直立。

胎教故事——《小猫墨菲与小老鼠》

这是一只名叫墨菲的小猫。她感觉她听到的动静像是一只老鼠传出来的。这只小老鼠躲在柜子后面，正在逗墨菲玩儿呢。他一点儿都不害怕猫。

墨菲猛地向小老鼠扑过去，不过她迟了一步，不但没有抓到老鼠，还撞到了自己的头。她想：哎哟，这柜子的木头可真够硬的！

小老鼠站在柜子顶上，探着头，看着墨菲。墨菲用一块抹布包住了自己的头，在火炉边坐了下来。

小老鼠觉得墨菲好像伤得不轻，就悄悄地顺着一根摇铃铛的绳子滑了下来。墨菲看上去越来越难受，小老鼠一点儿一点儿挪到她身边。

墨菲用双手抱着受伤的头，她从抹布上的一个小洞里偷偷地看着小老鼠。小老鼠已经离她非常非常的近了。突然之间——墨菲扑到了老鼠的身上！

因为墨菲总受到小老鼠的戏弄，她觉得自己也应该报复一下小老鼠——墨菲有时候也很会恶作剧的哦。她把小老鼠裹在了抹布里，把他像球一样踢来踢去。

但墨菲忘记了，那块抹布上还有一个洞。等到她再打开抹布的时候——小老鼠早就不见了！

小老鼠早就钻出了小洞，跑掉了，瞧，这会儿，他正在柜子顶上跳舞呢！

双语胎教——*Happy New Year*

1=F

1 1 1 5·	3 3 3 1	1 3 5 5 4 3 2
Hap-py New year,	Hap-py New year,	Hap-py New year to you all.
新 年 来 到,	新 年 来 到,	祝贺 大 家 新 年 好。

2 3 4 4	3 2 3 1	1 3 2 5· 7· 2 1
We are sing-ing,	we are danc-ing,	Hap-py New year to you all.
快 乐 唱 歌,	纵 情 跳 舞,	祝贺 大 家 新 年 好。

1 1 1 5·	3 3 3 1	1 3 5 5 4 3 2
Hap-py New year,	Hap-py New year,	Hap-py New year to you all.
新 年 来 到,	新 年 来 到,	祝贺 大 家 新 年 好。

2 3 4 4	3 2 3 1	1 3 2 5· 7· 2 1
We are sing-ing,	we are danc-ing,	Hap-py New year to you all.
快 乐 唱 歌,	纵 情 跳 舞,	祝贺 大 家 新 年 好。

中医胎教

古人说，妊娠九个月，孕妇应"饮醴食甘，缓带自时而待之，是谓养毛发，多才力"，"无处温冷，母着炙衣"。这时的胎儿在母亲体内增长力气和重量，活动越来越频繁，力气越来越大，但他也有安静的时候。孕妇要注意让胎儿休息，在他安静的时候不要过多地刺激他，而是给他听些轻柔流畅的音乐。同时孕妇要减轻紧张情绪，孕妇的紧张、恐惧心理对胎儿是一种不良的刺激。

凡妊娠至临月，当安神定虑，时常步履，不可多睡饱食，过饮酒醴杂药。宜先贴产图，依位密铺床帐，预请老练稳婆（稳婆：原称为宫廷或府服役的收生婆。旧用为收生婆的别称），备办汤药器物。迨产时，不可多人喧哄怆惶，但用老妇二人扶行，及凭物站立。若见浆水，腰腹痛甚，是胎离其经，令产母仰卧，令儿转身，头向产门，用药催生坐草。若心烦，用水调白蜜一匙；觉饥，吃糜粥少许。勿令饥渴，恐乏其力。不可强服催药，早于坐草。慎之！

与胎宝宝一起快乐

报告与睡觉

夜深了,妻子闹失眠,翻来覆去总不能入睡,她央求丈夫说:"你快给我做个报告吧!"

丈夫问:"那有什么用?"

妻子说:"我听说,你在单位一做报告,听的人就全都睡着了。"

心理游戏——你的心胸是宽还是窄

❶ 当别人因不小心损坏了你的东西时,你是否连声责怪,喋喋不休,使人难堪?

❷ 当你和别人分东西吃了一点亏时,是否闷闷不乐,有失落感?

❸ 当你和别人发生矛盾时,过后是否能主动找他人排解疙瘩,消除矛盾,委曲求全?

❹ 当别人没经你同意,动用了你的东西时,你是否能装作若无其事、无关紧要的样子?

❺ 当你的老乡或好友和别人吵嘴时,你是否能以调解人的身份,公正地进行调解和劝阻?

❻ 当别人跟你学习某项特长而最后超过了你的水平时,你是否产生嫉恨情绪,后悔当初不该传教?

❼ 当你自己觉得工作成绩比别人好,但没有评上先进或受奖励时,你是否怨天尤人,消极怠工?

❽ 为了集体或他人的利益,需要你做出一些牺牲时,你是否能欣然答应,甘愿吃亏?

❾ 你是否感到自己总被生活中的一些小事所缠而情绪波动较大,时常感觉到惆怅和烦恼?

❿ 你是否能很快忘记一些不快的而又无关大局的事情,始终保持乐观的情绪和旺盛的精力?

本测验结果自明。产前你会有很多着急事、烦心事,你现在的状况要求你放宽心。解不开的疙瘩要与家人商量,办不了的事麻烦别人去办。你现在要做的事就是安心待产。

艺术胎教

孕妈妈绘画剪纸也是胎宝宝教育的内容之一。心理学家研究认为，画画、剪纸不仅能提高人的审美能力，产生美的感受，还能通过笔触和线条，释放内心的情感，调节心绪的平衡。

孕妈妈在画画的时候，不要在意自己是否画得好，你可以持笔临摹名人的美术作品，也可以随心所欲地涂抹，只要你感到是在从事艺术创作，感到快乐和满足，你就可以画下去。画画具有和音乐治疗一样的效果，即使不会画画，你在涂涂抹抹之中也会自得其乐。

剪纸，可以先勾画出轮廓，而后细细剪，剪一个胖娃娃、双喜临门、喜鹊登梅、牧童放牛，或胎宝宝的属相，如猪、狗、猴、兔等，别怕麻烦，别说没时间，别说不会剪，因为，问题不在于你剪得好坏，而在于你在对胎宝宝进行艺术教育，你在对胎宝宝传递深深的爱，传递美的信息。

剪纸——雪花

准爸爸必读

应帮妻子做点什么

妊娠晚期，做妻子的从精神上、体力上更需要丈夫的支持和关心。这也是做丈夫的义不容辞的责任。即将做爸爸的丈夫应做好这些事情：

❶ 妻子面临分娩，可能有些思想压力，有些烦躁不安的情绪，丈夫除了给予宽容、理解外，还要给予关心和照顾。

❷ 帮助妻子学习有关分娩的知识，了解分娩也是一个自然生理的过程，不必过分担忧。

❸ 为妻子分娩、为小宝贝的到来做好经济上、物质上、环境上的准备。可以和妻子共同学点哺育抚养婴儿的知识，检查宝宝出生后用具是否准备齐全，主动操心补充齐全。

❹ 从生活上多关心妻子，保证妻子的营养和休息，让妻子为分娩积蓄能量。注意保护好妻子的安全。

❺ 做好家庭自我监护，以防早产。

Q: 孕妈妈出现哪些症状必须立即就医？

- 出现宫缩，每10分钟痛一次，持续6次以上。
- 发热。
- 出血，量多量少都一样，可能为前置胎盘、胎盘早期剥离、流产或早产。
- 严重头痛、腹痛、呕吐、血压高、视力模糊、不明原因瘀血、黄疸（眼睛、皮肤）等，都可能是子痫的症状。

Q: 有预订坐月子中心的必要吗？

依个人需求，家中有人愿意帮忙照护，则可待在家中坐月子。若要到坐月子中心，最好在怀孕中期身体情况还不错时，到几家坐月子中心加以比较、了解，注意硬件设施、卫生，了解婴儿的照护情形及膳食的供应状况。

怀孕妇女最需要的，就是家人的关心与认同，不论是饮食、居家生活、胎教或是心理支持，若丈夫能尽一份心力，陪伴妻子度过280天的生活，会使两人感情更加亲密，也与腹中宝宝的关系更为紧密！

胎宝宝第10个月
勇敢，我们在一起

胎教要点

保证充足的休息和睡眠

注意产前良好的情绪

不要单独出远门

严禁性生活

注意临产前的3大征兆

一定要坚持产前检查，每周1次

做好产前监测

胎宝宝成长之旅

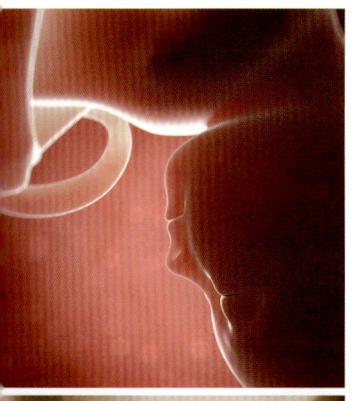

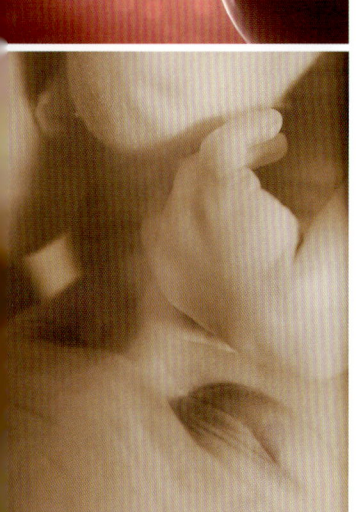

10个月胎儿身长48~50厘米，体重3000~3500克。胎儿外表皮肤呈淡红色，皮下脂肪组织发育良好，无皱褶，胖而圆。手、脚的肌肉已发达，骨骼已变硬。头发已长3~4厘米。

胎儿的内脏系统，心、肝、肺、胃、双肾的循环系统已建立。呼吸、消化、泌尿器官已全部发育成熟可工作。胎儿的发育已具备了在母体外存活的能力(如出生后会吸吮但较弱，哭得有力，四肢动作活泼)。这个时期的胎儿很安静，很少剧烈活动。

羊水开始递减。胎头进入骨盆腔。胎动减少。胎毛消失。胎宝宝以头下脚上姿势缩起来，膝盖靠着鼻子，大腿贴着身体准备出生。

胎宝宝37周

- 胎儿肺部发育基本完成。
- 全身已变得圆滚滚的。
- 手、脚的肌肉已发达，骨骼已变硬。
- 听力此时已经充分发育。

胎宝宝38周

- 胎儿两个肾脏已发育完全。
- 肝脏已能处理一些代谢废物。

胎宝宝39周

- 胎儿在母腹中的位置不断下降。
- 胎儿身上的胎脂已逐渐脱落、消失。
- 很多胎儿头发已较长，长1~3厘米。

胎宝宝40周

- 胎儿各部分器官已发育完成，肺部是最后成熟的一个器官。
- 胎儿继续在储备着脂肪。
- 胎盘为胎儿体重的1/6，紧贴宫壁。
- 胎儿已具备了在母体外存活的能力。
- 胎儿已成熟为足月儿，他(她)随时准备出生。

你的身体变化

初产妇90%以上在预产期前2~6周，胎先露下降到骨盆入口平面以下，上腹憋闷的症状得以缓解，食欲变好，子宫较宽，宫底降至脐与剑突之间。

由于子宫下降入盆部对膀胱的压迫增加，尿频、便秘会变得明显，或觉得尿不干净。子宫出现收缩现象，这种情况反复出现就是临产的前兆。阴道分泌物增多，产道变得柔软有弹性而有利于胎儿的分娩。

怀孕第37周

从本周起至分娩，应每周进行一次产前检查。孕妇感觉下腹部的压力越来越大，突出的肚子逐渐下坠，这就是通常所说的胎儿开始入盆，即胎头降入骨盆，是在为分娩做准备。子宫底的位置逐渐下降，这时孕妇的肺部和胃部都会觉得松快一些，呼吸和进食也比前一段时间舒畅了，食欲因此也有所好转，吃了食物后胃里也不会那么难受了。但是行动却日益艰难。由于胎头下降牵拉宫颈，有的孕妇会觉得胎儿好像就要掉出来了似的。而且膀胱受到压力，使孕妇总有便意，不得不一次次往厕所跑。阴道分泌物也更多了，要注意保持身体清洁，特别要注意阴道分泌物是否正常，有没有血性分泌物，如果其中带有血迹，应马上去医院检查。

怀孕第38周

孕妇可能会既紧张又焦急，既盼望宝宝早日降生，又对分娩的痛苦有些恐惧。应该适当活动，充分休息，密切关注自己身体变化，即临产征兆的出现，随时做好入院准备。

怀孕第39周

由于子宫占据了骨盆和腹部的大部分空间，孕妇会感到非常不舒服。几乎所有的准妈妈现在都会感到心情紧张不安，或因对分娩的焦虑，或因对分娩的期待。但是孕妇能做的只有放松心情，耐心等待，通过各种方式熟悉产程，了解每一个阶段的身体变化，做到心中有数，做好充分的思想准备。和家人商量一下万一分娩不顺利时该如何处理，以免到时候意见不统一而产生矛盾。

怀孕第40周

十月怀胎，一朝分娩，所有的辛苦等待即将结束，期待已久的小生命很快就要投入你温暖的怀抱中。大多数孕妇都能自己生下宝宝，即采用阴道分娩，这是最自然、最健康的分娩方式，也有利于宝宝的身心健康。特殊产妇应听从医生的建议，选择更为合适的分娩方式。大多数的胎儿都将在这一周诞生，但真正能准确地在预产日期出生的婴儿只有5%，因为在计算预产期时已包括了合理误差，提前2周或推迟2周内都是正常的。但如果推迟2周后还没有临产迹象，特别是胎动明显减少时，就应该尽快去医院，医生会采取相应措施，尽快使胎儿娩出，否则对胎儿也不利。孕期的最后阶段一定要避免夫妻生活，避免对子宫的任何压力。

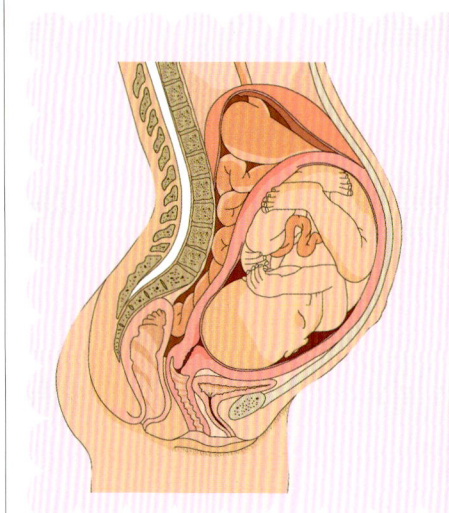

迎接宝宝出生

即将生产的三大征兆

一般而言，在怀孕37周以后，都算是足月生产。所以到了孕期35~36周时，会有一些不同的感觉：

- 因为胎儿头部下降到骨盆中，会有一点肚子变轻的感觉；
- 子宫也有一些不规则的收缩，叫作假性阵痛，这都是怀孕晚期容易发生的状况。

不过，还是必须等到以下3种情况发生时，才是生产的征兆。

征兆1：落红或见红

在怀孕时，子宫颈头由子宫颈黏液栓塞着，以避免感染；当子宫开始收缩前24~48小时，子宫颈头的黏液栓塞会随着血液掉下来，这时孕妈妈会发现阴道排出类似果冻状的红褐色胶状黏液，大小约似硬币，这也就是俗称的"落红"。这虽是即将分娩的征兆，但并不代表会立刻生产，若出血的量不多，还不需要入院；一旦大量出血，便可能是胎盘早期剥离，必须立刻就医。

征兆2：阵痛

伴随子宫收缩而产生，会造成子宫颈变薄及扩张，它有下列特性：

- 阵痛时腹部整个变得很硬，整个子宫都会感到收缩痛，不痛时渐渐变软。
- 阵痛由开始的不规则渐渐变得规则，起初可能是每15分钟收缩一次，持续15~30秒，随着产程进展，收缩愈来愈密，持续时间和强度逐渐增加。
- 这种阵痛不会因为按摩、走动、休息而减轻。
- 初产妇：等到规则的收缩阵痛约5分钟一次，就可到医院待产。
- 经产妇：只要是规则收缩开始，就应到医院待产，尤其是有急产病史的孕妇更应提高警觉。

征兆3：破水

破水是因为包围胎儿及羊水的羊膜破裂所致，羊水（是无色、清澈、有腥味的液体）似尿液一般由阴道流出，当孕妈妈发现阴道有无色、无味的水样液体流出时，就要怀疑是不是破水了。孕妈妈自我感觉无法控制它的流出。

破水，是正常的产兆之一，此时需减少走动，尽快到达医院，最好能平躺休息，接受医护人员的照护是保障安全的做法。如果羊膜腔破裂超过24小时，将会增加胎儿感染的机会。

用什么样的心情面对生产

每一位母亲都会经历这个疼痛又甜美的兴奋时刻，您一定要尽自己最大的努力，让小宝宝安全健康地来到这个世界，让这一刻成为美好的回忆。

保持良好的精神状态，以乐观、豁达、积极、自信的心情去面对生产，并和医护人员密切合作，在他们的指导、帮助下，您一定可以顺利生产。大多数生第一胎的准父母，对迎接生产的心情是既害怕又期待。如果准父母能在生产前，对生产相关事项多一些了解及准备，必能减轻焦虑并顺利度过生产过程。

另一种可能征兆——有便意、腹泻或腰酸

当胎头下降压迫到直肠，此时产妇会有便意感，甚至会腹泻，通常这时子宫颈口已开7~8厘米，大约1小时内就可以生下胎儿。产妇阵痛时，通常也会感觉腰酸，那是因子宫收缩时压迫腰部及背部；有一些经产妇可能没感觉阵痛，只是觉得腰酸就已经快生了。

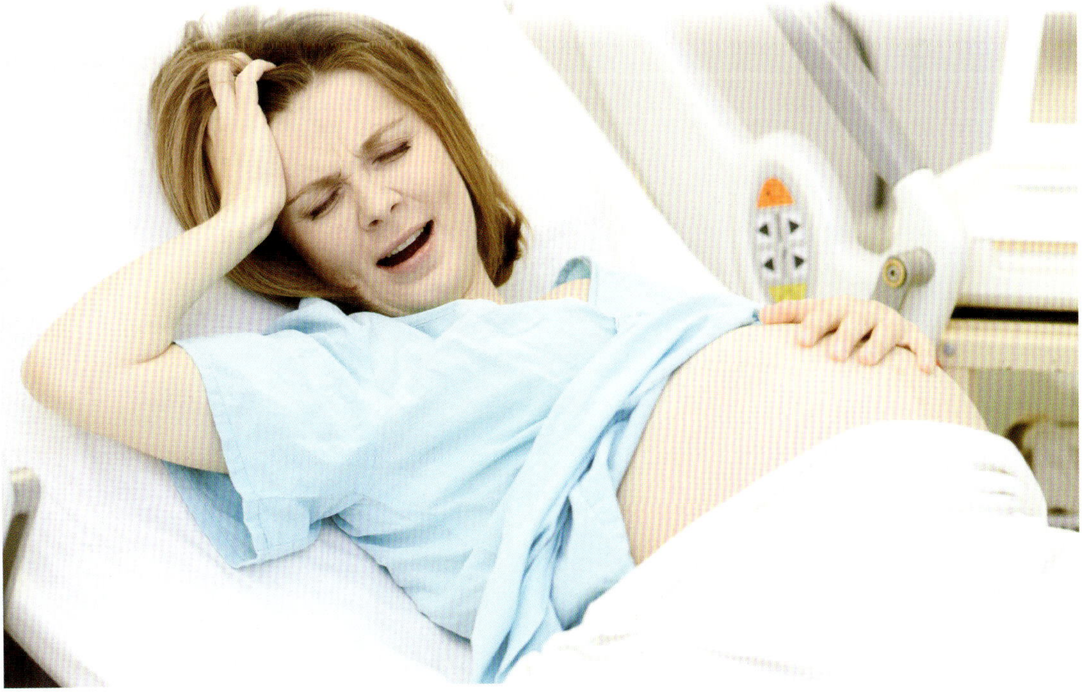

真阵痛还是假阵痛

当怀孕后期的准妈妈感觉下腹疼痛时,最常见的问题便是"我是不是快要生了?"

如何区别真假阵痛

真阵痛与假阵痛

区别重点	假阵痛	真阵痛
发生时机	生产前3~4星期开始发生	进入产程后开始发生
规则性	间隔与强度无规则性	间隔与强度有规则性
疼痛改善	会因为走动、休息而改善疼痛的感觉	疼痛感强烈,无法因走动或休息而改善
疼痛部位	疼痛发生部位限下腹及腹股沟,很少伸展至背部周围	疼痛部位在腹部、背部、尾椎骨处,整个子宫收缩且结成硬块
子宫颈变化	子宫颈没有扩张和变薄	子宫颈因子宫收缩而渐扩张与变薄
胎头	胎头浮动且不会下降	胎头固定并持续下降
其产兆	没有合并其他产兆	可能会合并其他产兆

假阵痛

虽然假性阵痛会自然舒缓,但是当痛起来的时候还是会令人坐立难安。因此准妈妈除了放松心情,注意观察疼痛是否为真性阵痛,以便及早准备待产之外,也可以用下列方式来减轻假性阵痛所引起的不适:

- 改变姿势,试着走动或坐着、躺着休息。
- 利用拉梅兹呼吸法,有时候也能得到不错的效果。
- 尝试在特别疼痛或酸的部位进行按摩。

真阵痛

真性阵痛为有规则的子宫收缩、间隔变短、频率变快及强度变大,伴随着子宫颈的扩张和变薄,表示进入产程的开始。

急产怎么办

要沉着，别慌张

突然破水不用慌张，因为这时准备到医院还有充裕的时间。虽然破水会刺激产生子宫收缩，除非已经有规则或强烈的子宫收缩情况，这时才有可能在到院之前生。

要不要叫救护车

要看时间跟路段，如果是上下班高峰时间，因为会塞车，所以要叫救护车，才可以不理会红绿灯，直奔急诊室。

其他不塞车的时间，若路程不长，可以搭家人或朋友的车，或叫出租车就好，不用执着非叫救护车不可。

但如果产检已得知有前置胎盘，就一定要叫救护车。

破水之后多久要生

突然破水要区分状况，如果是已经足月（37周之后），因为本来就要生，就入院准备生产。

若还没足月就破水，则需要处理。例如，若破水的情况只是渗出，躺着休息之后会愈合，就可以安胎，但大多数安胎不会超过一周，又因为怕感染，而且不差这几天，所以大多会选择生产。

一般而言，破水要看是早期破水或足月破水。大多数情况，会在24小时内把宝宝生出来，但也不会没在24小时内生出来就剖腹，例如产妇没有发烧（代表没有感染），母婴状况都很好，产程也都有进展，那么即使破水超过24小时也没关系，人在医院内就比较安全，医师会评估状况，假如是37周之后就会进行接生。

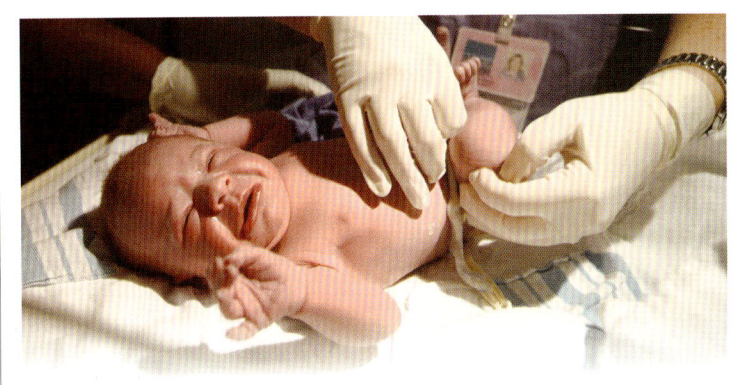

在医院外生了怎么办

万一真的在路上突然破水，因为会刺激子宫收缩，这时不要慌张，先到附近的医院或诊所就医。记住，破水之后不会马上生，都还有充裕的时间可以就医，千万不要慌张！除非原本就有宫缩，才有可能生产，所以一定要注意子宫收缩的状态。依现在的技术，只要宝宝有1500克都能存活下来。

万一生在救护车上，救护车上都有紧急救护措施，随车人员会先引导孕妇慢慢深呼吸、不要慌张。万一等不及，生在救护车上，车上因有无菌医疗器材，随车人员会先帮宝宝断脐，胎盘会等入院之后才由产房的医师处理。

千万不可自行断脐

若是在家、在办公室、在公交车上等，万一宝宝等不及就来报到，怎么办？千万不可以自行断脐，因为没有无菌的设备。只需用衣服或毛巾包住宝宝以保暖，若宝宝有哭就是呼吸道通畅，不用剪脐带，其实半小时后，胎盘会自行从产妇的子宫壁脱落，只要立刻送医院，妈妈和宝宝暂时不会有什么问题。

前置胎盘出血就要住院

前置胎盘的孕妇，一有出血就要安胎住院直到生产，因为会危及母婴生命的状况随时会发生！这种状况即使现今医学进步，还是很紧急，必须在大医院住院比较安全，有人甚至失血到1万毫升，最后靠切除子宫保命！

自然生产全过程

生孩子是最令人紧张的一刻,因为自然生产虽是人的本能,却也有风险。不过,只要多了解生产这回事,绝对有助于生产。这里就带着准爸妈们了解生产过程。

是否到医院待产去

不少产妇有跑到医院要生产,却被医院赶回家的经验,究竟有哪些标准,可以判断产妇是否快要生了,而不必白跑医院一趟呢?

基本上,除了产妇的羊水已经破了,必须尽快到医疗院所生产之外,一般的产妇必须先确定已经有规则阵痛的现象,才表示真的要生了,不过,从规律化的阵痛到生下宝宝,怀第一胎的产妇通常需要9~15小时。除非产妇有急产的可能,否则当产妇刚发生规则阵痛时赶去医院时,医院通常会请产妇再多走动走动、爬一爬楼梯,或是回家休息。

5分钟痛一次,即可待产

通常当产妇痛到不行、跑到医院想住院时,医护人员会进行内诊,了解产妇的子宫颈究竟开了几厘米。一般来说,当产妇的子宫颈口开了3厘米以上(医院会以手指作为测量标准,一指大约两厘米),医院才会让产妇待产。不过,有一些民办医院在产妇有产兆时,就可以让产妇先到待产室待产。

基本上,当初产的产妇子宫5分钟收缩一次,而经产的产妇子宫约10分钟收缩一次时,就应到医院待产。

这是因为此时子宫收缩的强度与密度都会变高,子宫颈会开得比较快。

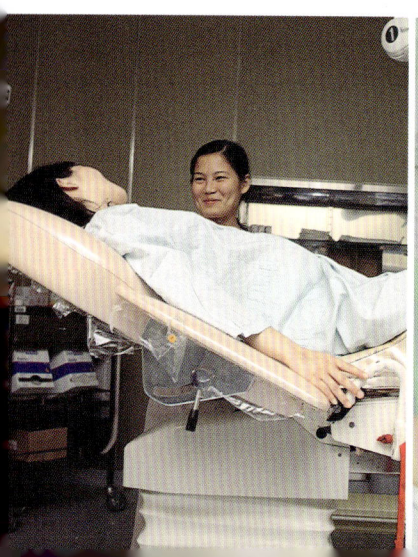
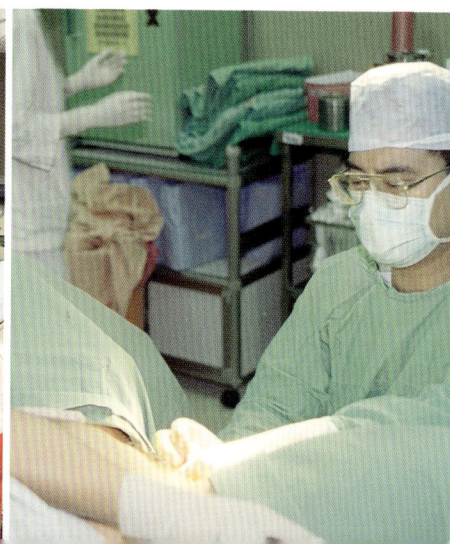
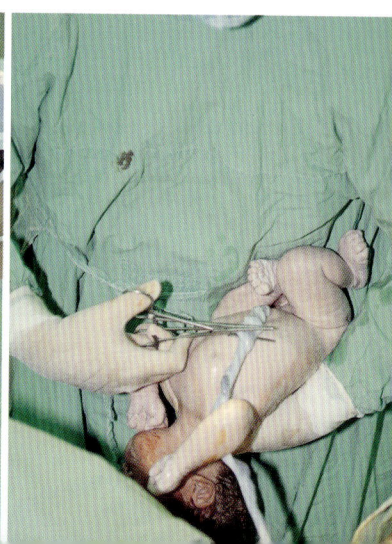

分娩必然痛吗

人们都知道阵痛是分娩的前兆,但专家们统计后发现,有10%的产妇分娩前没有疼痛的感觉。医生们发现,疼痛的强度与子宫收缩的强度不成比例,而产痛的程度却和产妇精神紧张的程度成正比,精神越紧张,疼得越厉害。于是有人得出这样的结论:害怕是产痛的根源,特别是初产妇,对分娩有很多猜测、忧虑甚至恐惧。她们的忧虑是多种多样的,如害怕发生难产,怕孩子出现意外,怕产痛、怕出血……英国产科专家格·迪里德说:精神最不紧张的产妇,感到的疼痛最轻。疼痛是一种感觉,对于相同的刺激因素,因个体的敏感程度、耐受能力等差别不同,所感觉到的疼痛的强度也不同。实际上,分娩是一种自然的生理过程。在现代医疗条件及良好的围产监护下,产妇应该是更乐观的。家属和医护人员对产妇要给予足够的宽慰,打消产妇的恐惧,增添她的希望和快乐。

在产前,孕妇要练习深呼吸、浅呼吸、短促呼吸及憋气等方法。在宫口开到4厘米以后,在宫缩时,产妇可在吸气时鼓起肚子,呼气时瘪下肚子。呼吸及腹部动作越慢越好。在宫缩过去以后,产妇要尽量放松。在胎儿即将娩出时,要听从医生的命令,努力配合,避免产道损伤。

在一些情况下,医生给产妇注射哌替啶等药物,使产妇平静、舒服地迎接宝宝的降生。

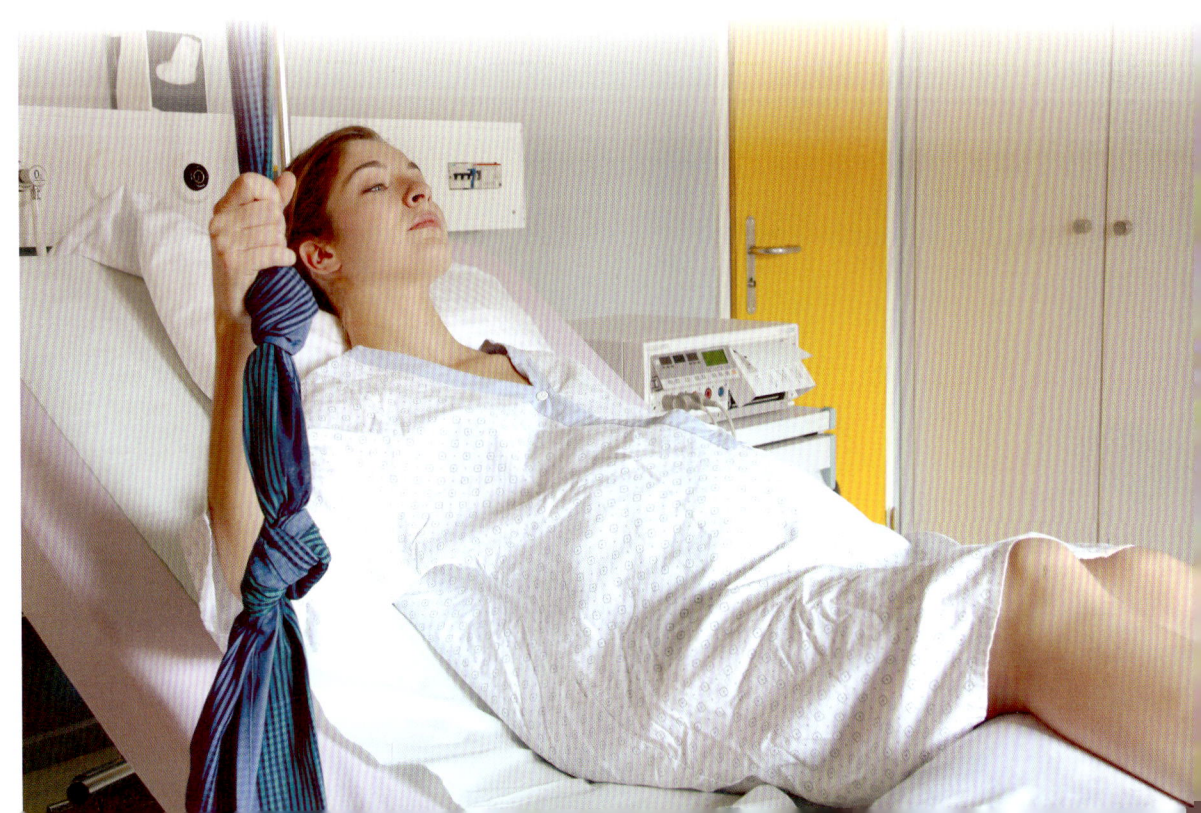

自然生产Q&A

Q: 到底该不该无痛分娩?

无痛分娩是一种有质量的生产方式,由于从产痛到生产会历经十几、二十几小时,在痛这么久的情况下,过度换气造成二氧化碳浓度降低、子宫过度收缩;也会使肾上腺素分泌增加,加上长时间的焦虑与阵痛,都会影响子宫收缩,减少提供给胎儿的氧气。

有人担心打完无痛分娩的针后,可能导致生产时没办法用力。事实上,无痛分娩主要是麻痹感觉神经,让产妇感觉不到痛而已,但依旧保留运动神经,让产妇要用力时还是可以出力。当感觉神经麻痹时,会让血管比较放松,这时就要补充较多的点滴,以免提供胎儿的血液过少而产生胎儿窘迫的现象。

若产妇属于出血体质或血友病,就不建议无痛分娩。因为出血体质会导致产妇出血后不易止血,可能会使脊膜上积血太多而压迫到里面的神经。现在医院在生产前都会先做凝血功能的检查,若凝血功能正常,麻醉师也会详细询问病史以确保安全。

无痛分娩打在脊膜外,所以很少有人会对无痛分娩的药物过敏,也不易有不良反应。但脊膜与脊椎相隔距离很短,若麻醉科医师不小心将针打到脊椎里,使脑脊髓液流出,患者就会感到头痛,不过最后会复原,而且这种情况很少发生。也有可能发生麻醉药打太多,使麻醉的程度太深,把排尿的感觉神经麻痹,导致产后尿不出来,不过这些等药效退了就好。

Q: 用手推肚子帮产妇生产好吗?

通常医护人员用手肘推产妇的肚子时,表示宝宝已经在产道口还没生出来,但产妇也快没有力气了,这时医师才会推肚子以让产程缩短。用手肘推肚子其实是把宝宝屁股往前推个一两厘米,若没这样做,有可能会再花0.5~2小时的时间生产。因为被推肚子而造成子宫破裂的概率是非常低的,所以不需要太担心。但若子宫曾动过手术,就不会用手推产妇的肚子。

如果不让医护人员用手推,想要剖宫产的话,这时才请麻醉科医师过来准备麻醉、开刀,时间是不是来得及,医师一定会跟产妇沟通。

Q: 自然产时,会有哪些因素而生不出来?

生产要素有3P:

- power(力量):因为生产所费

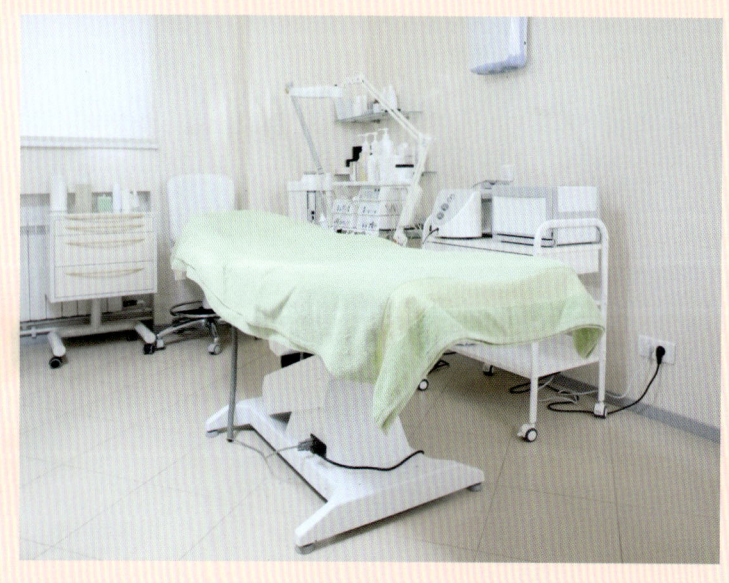

力气很大、时间又长,产程后面要有足够power才能顺利将宝宝生出来。

- passage（产道）：产道要够宽,宝宝才出得来。有些孕妇的产道很窄,而产道有一个地方叫坐骨脊,是产道最挤的地方,胎儿的头和肩膀需要经过坐骨脊,才能生出来。

- passenger（乘客=胎儿）：胎儿体型不能太大,因为产道很小,可能会过不去；再来还要看胎头的角度好不好,比如说胎儿的头必须朝下,而且脸要背向肚子才是胎位正。由于产道窄小,只要头的角度不对,胎儿就出不来。

Q: 请问生产时需要剪会阴吗?

医师要剪的地方为会阴（阴道口与肛门间）。把会阴剪开是为了让胎儿顺利从产道出来,这样才不会破裂,伤口比较好缝合,且伤口会呈现漂亮的一直线。而且剪的时候,会阴已经撑得很薄了,剪开时并不会痛,生完之后也会注射局部麻药再缝合,所以也不会痛。剪开的长度为会阴的1/2~2/3。

Q: 医师会使用哪些辅助工具来协助生产?

- 真空吸引器：由于胎头的骨缝未愈合,即使使用真空吸引器让宝宝的头有点尖尖的,也会自己恢复。

- 产钳：由于会伸进产道里,有可能会让产妇产道裂伤。但医师会依据经验在必要时使用,产妇不必太过担心。

产钳能帮助宝宝尽快出来,以减少产妇痛苦,缩短胎儿缺氧窘迫的时间

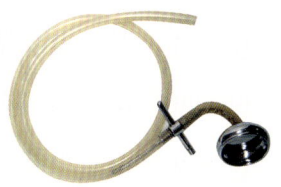

真空吸引器是借由真空吸引的负压帮助,将胎头牵引出来,在胎儿头顶留下的"产瘤"会在1周左右消失

Q: 会对麻醉药剂过敏吗?

在产检后期,妇产科医师会先请孕妇去麻醉科的咨询门诊挂号,交由麻醉科医师针对孕妇的病史做详细的评估,研究孕妇是否对哪些药物过敏。麻醉药不止一种,若孕妇对其中一种过敏,麻醉科医师会根据她的病史来决定适合的麻醉药。

Q: 阵痛时大叫,会浪费力气吗?

阵痛时大叫确实会浪费力气。不过阵痛时大吼大叫跟个人个性及忍耐力有关,有人对痛的忍耐力低,一点点痛就一直叫；也有产妇从头到尾不吭一声的,忍耐力超高。

较好的方法是,在阵痛时能配合医护人员正确的指导与呼吸,陪产者给予支持与安抚,会减轻产痛的感觉,也才能有效地用力。

Q: 到底该如何用力?

产妇经常用错力,不但白费力气,也会造成产道严重肿胀。建议产妇将用力焦点放在肛门口,方法是：双手抓住东西往后拉、抬头看肚脐、屁股往前挪,这样就会将力气用在肛门口了。

Q: 我不生了行不行?!

"我要剖腹!""我不生了!"在待产室经常听到产妇这样叫着！因为她们实在痛到受不了,或生太久了！那怎么办呢？通常医护人员会给予鼓励,例如告诉产妇："不用怕,我们会帮你,我们评估你应该可以自然生,加油!"

很多产妇都表示,生完孩子后,那些产痛都忘记了！因为,生产是一件很自然的事、很美妙的过程！生产有待你俩去共同面对与体会,祝福您生产顺利,迎接可爱宝贝的到来！

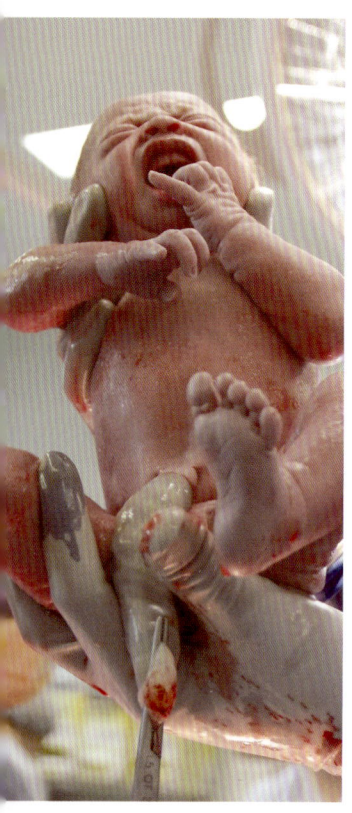

自然产还是剖宫产

什么是自然产

自然产指的是让胎儿经由产妇的产道生出，而产道指的是从子宫颈口经骨盆腔到阴道这条路径。

自然产又可分为不需要任何器械协助的自然生产，以及使用可夹住胎儿头部的产钳助产，与利用负压吸住胎儿头部的真空吸引器助产。一般来说，产妇并不需要依赖任何工具就能生下宝宝。

❶ 自然产的优点

对产妇来说	• 产后恢复快，通常生产当天或第二天即可下床 • 住院时间只需2~3天 • 产后就可进食 • 并发症较剖宫产少
对宝宝来说	• 产道的挤压能帮助胎儿的肺部扩张 • 在阴道分娩时，胎儿的头部与胸腔都不断受到挤压，可以刺激其呼吸中枢，并且将肺部内多余的液体排出，帮助他出生后顺利地呼吸 • 在阵痛过程中，胎儿身体内的儿茶酚胺激素大增，不仅能帮助胎儿面对整个分娩过程，也让胎儿在出生后有较好的适应能力

❷ 自然产的缺点

- 生产时间较难安排。
- 必须承受从待产到生产时的阵痛和产痛。
- 产程较长。
- 可出现会阴与阴道裂伤。
- 阴道会较为松弛，但产后做凯格尔运动可回复70%~80%松紧度。

❸ 自然产的危险性

- 有可能引发新生儿胎便吸入综合征。
- 胎儿在子宫内会发生脐带绕颈、打结或脱垂等现象。
- 真空吸引器助产若使用不当，可能引起胎儿头皮血肿，或是头部裂伤。
- 伤害会阴组织，甚至会造成感染，或外阴部血肿等情形。

- 使用产钳助产不当，可能使产妇的产道受伤。
- 有可能因为子宫收缩不好造成产后出血。
- 较容易发生产后感染或产褥热。

什么是剖宫产

剖宫产指的是经由腹部切开子宫将胎儿取出，其详细步骤为：先在孕产妇下腹部划开伤口，再依序切开皮下脂肪、肌膜、腹肌、腹膜层、子宫肌肉层，最后是划开羊水腔，然后娩出胎儿。在取出胎盘后，再依序缝合以上各层，最后再以可吸收的细线缝合腹部皮肤。

- 腹部划开方式：横切伤口不明显；直切安全快速。
- 子宫切法：下段横切出血量少，破裂概率最低。
- 麻醉方式：半身麻醉不影响胎儿且产妇可保持清醒。

❶ 剖宫产适用对象

- 子宫状况不适合自然产：前胎剖宫产或是子宫曾接受过手术的产妇。
- 产程迟滞：子宫颈扩张速度不佳、胎头下降速度过缓等。
- 胎位不正：胎儿若是横位则非剖宫产不可，但若是臀位则可在某些条件下尝试自然产。
- 胎儿体重过大或过小：体重4000克以上的胎儿或是体重低于1500克的胎儿。
- 胎儿窘迫：通常是在自然产待产过程中发现这个现象，必要时医师会决定剖宫产。
- 胎盘有状况：胎盘剥离或有前置胎盘时，两者均会造成大出血或危害到母子的安全。

当产妇患有某些疾病时也需要剖腹产以维护母子的安全。

❷ 剖宫产的优点

- 可避免阵痛与生产之苦；
- 可避免自然生产过程中的突发状况；
- 可以减少阴道松弛或是脱垂、尿失禁的现象；
- 腹腔内若有其他疾病或是子宫有问题者，可一同处理，亦可直接进行结扎手术。

❸ 剖宫产的缺点

对产妇来说	• 出血量较多 • 麻醉有可能发生意外或后遗症 • 产后恢复时间较自然产长 • 住院时间较长 • 腹部会留下疤痕 • 并发症发生概率高于自然产，如伤口感染、骨盆腔或腹腔的器官粘连或有损伤；也可能发生泌尿道、心血管与呼吸系统方面的并发症
对宝宝来说	新生儿可能会发生呼吸窘迫症

必读小叮咛

剖宫产原因排行：剖宫产的各种原因当中，比例最高者为前胎剖宫产，再者就是产程迟滞，胎位不正是第三名，胎儿窘迫则占第四位。

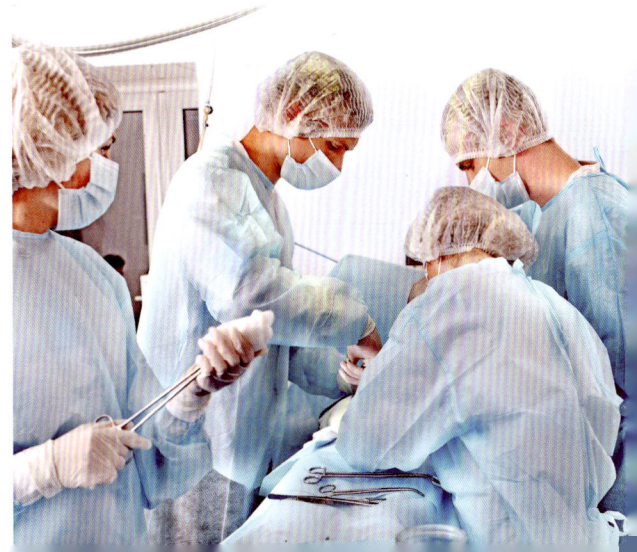

剖宫产的过程

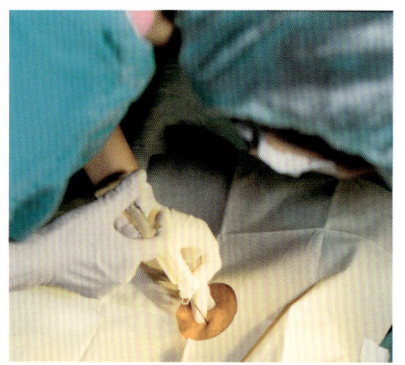

❶ **进行麻醉**：由麻醉科医师为产妇进行半身麻醉，除非有特殊情形才进行全身麻醉。

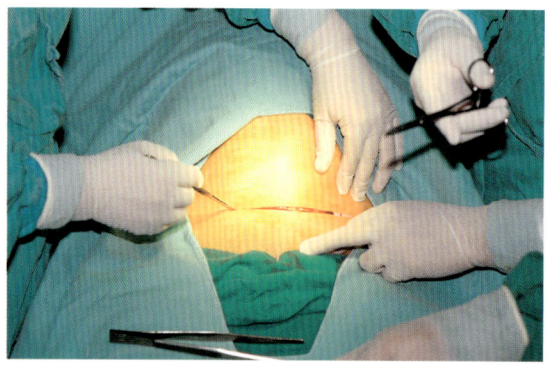

❷ **取出胎儿**：麻醉生效后，医师开始动刀划开皮肤、皮下脂肪、肌膜，并进入腹腔或以腹腔外方式切开子宫，最后取出胎儿。

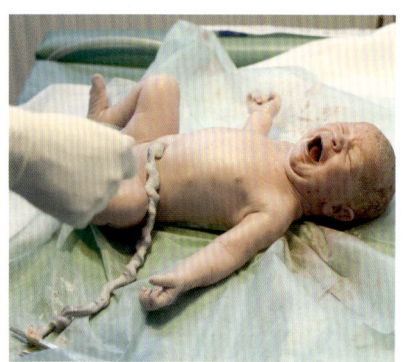

❸ **剪脐带**：医师顺利抱出宝宝，并为宝宝剪断脐带。

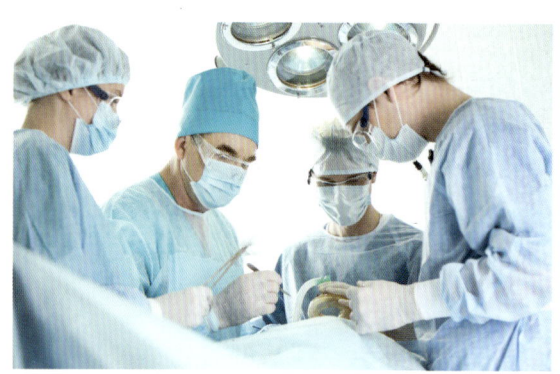

❹ **处理胎盘、缝合伤口**：医师继续为产妇处理胎盘，并缝合层层的伤口。

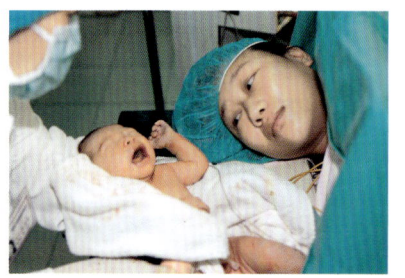

❺ **母子第一次亲密接触**：等到妈妈的麻药消退，且精神与身体状态良好，而宝宝的身体状况也正常时，就可以让产妇试着喂母乳。

剖宫产Q&A

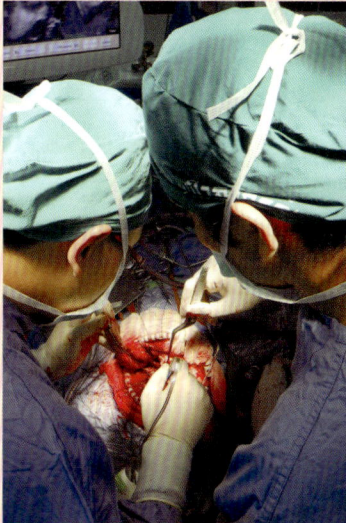

Q: 剖腹的时间通常会定在何时?
一般来说,通常会选在预产期的前一到两周进行,这是因为有七成左右的产妇在预产期之前就会出现产兆与阵痛,若是超过这个时间很可能还没剖腹产妇就先阵痛了。另外,若胎儿超过预产期两个星期仍未出生,容易产生危险。

小儿科对于35周以后出生的胎儿已有完善的照顾能力,但除非有特殊情况,否则不建议在37周之前剖腹。

Q: 可以等阵痛后再剖腹吗?
这个要求在技术上是没有问题的,但缺点如下:

❶ 产妇临时剖腹,可能无法在手术前做好充分的准备;
❷ 医院可能当时没有床位或空间可以手术;
❸ 除了要承担剖宫产可能的风险之外,也要忍受阵痛,以及面临阵痛带来的风险,包括胎盘剥离、胎儿脐带绕颈或是脐带压迫到身体等;
❹ 自然产中因为产道挤压胎儿所带给胎儿的好处,例如呼吸状况较顺利、活力较佳等并不会因为阵痛(子宫收缩)而产生,因为胎儿没有经过产道。

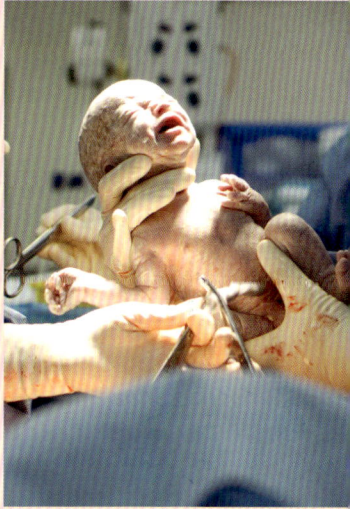

Q: 剖宫产后可马上喂母乳吗?
剖宫产对于奶水的分泌是没有影响的,剖宫产妈妈照样可以喂母乳。医生会鼓励剖宫产的妈妈以侧躺的方式喂母乳,因为以坐姿喂母乳会碰到伤口。

Q: 剖宫生产后应该要隔多久才能再怀孕?
子宫需要至少半年的时间才能完全复原,若是再考量到整个身体还有照顾第一胎宝宝的状况,则需要一年左右的时间。

Q: 第一胎剖腹,第二胎可以自然产吗?
前胎剖宫产者若真的想自然生产,至少先要符合3个条件:①这一胎没有剖宫产的适应证了;②胎位是头位,也就是可以自然产的位置;③前胎剖宫产子宫的切开方式是采取下段横切,因为这个方法的破裂概率最低。

第一胎剖宫产,第二胎试着自然产的成功率为50%~80%,但研究结果显示,一次剖宫产后的阴道生产与一次剖宫后再次行剖宫产相比之下,前者对于产妇与胎儿都是较不安全的。

一次剖宫产后,再行剖宫产仍是目前较多数的选择,尽管尝试自然产成功者不少,但这样做仍存在着潜在风险,医师只能协助产妇评估解释,产妇必须慎思选择。

会阴切开影响性生活吗

产妇及其家属怕"动剪刀",除了害怕以外,一个最大的担忧就是怕影响今后性生活。

会阴是指阴道口到肛门之间约2厘米的软组织结构。在产妇分娩过程中,由于阴道口相对较紧,影响胎儿顺利娩出,有时需要做会阴切开手术,以扩大婴儿娩出通道。据调查,一般妇产科经阴道分娩的产妇会阴切开比例已高达86%。手术增加的主要因素在于:90%以上的产妇为初产妇,其会阴较紧;胎儿发育良好,个头普遍较大,给自然分娩带来困难。如果片面强调保护会阴,容易造成阴道撕裂,还可能延长产程危及胎儿。

其实,会阴切开并不可怕,一般在手术时都要进行局部麻醉,产妇基本感觉不到切开的疼痛。对产妇来说,会阴切开比在分娩中出现撕裂伤引起的痛苦要少得多,而且会阴切开的伤口整齐,易缝合,愈合快,疤痕少,恢复效果好。如果该做会阴切开术而不做,产妇就可能出现会阴中、重度撕裂伤,其后果轻则缝合、愈合慢,疤痕大,重则导致大便失禁,甚至危及胎儿安全。

实践表明,做过会阴切开手术的产妇性生活并未受到影响。在正常情况下,产妇会阴切开后都能在一周内愈合,再经过一段时间,可以完全恢复,阴道仍然能保持良好的弹性,对日后性生活毫无影响。

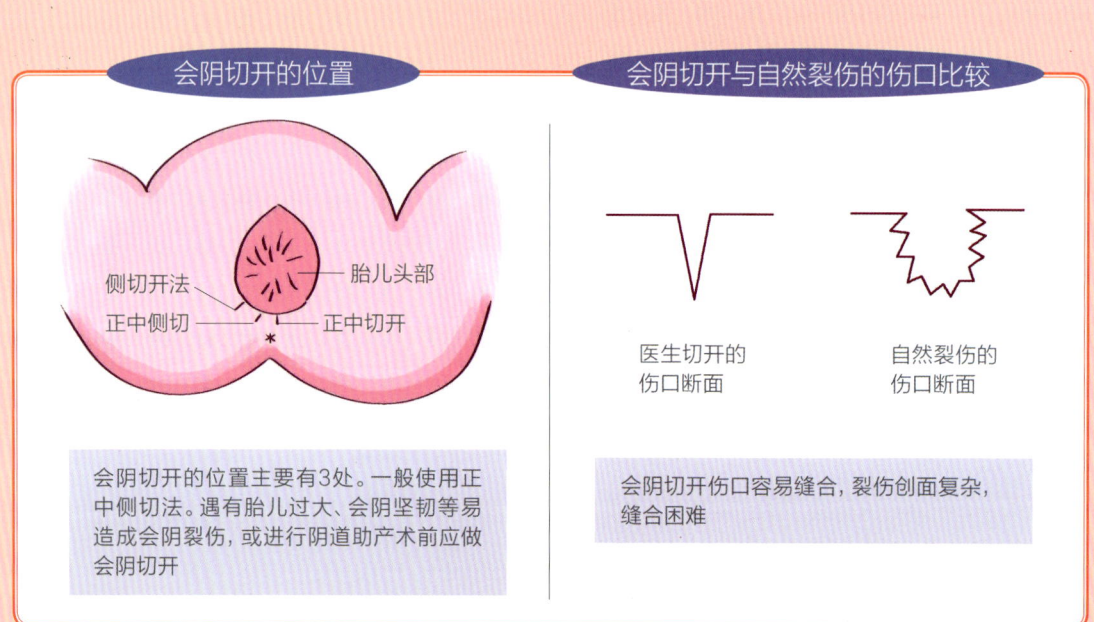

会阴切开的位置主要有3处。一般使用正中侧切法。遇有胎儿过大、会阴坚韧等易造成会阴裂伤,或进行阴道助产术前应做会阴切开

会阴切开伤口容易缝合,裂伤创面复杂,缝合困难

医生的"私房话"

❶ **没那么痛**：影视剧里的女人们都在以各种方式渲染分娩的痛苦，让毫无经验的准妈妈们感到更加恐惧。其实那是演员秀出来的痛苦。产科医生告诫即将进产房的产妇：不要喊，那没用。而且，也没那么痛。"不要喊"是为了节省体力，而"没那么痛"是实话。

❷ **身体的尴尬**：许多女性分娩怕的不单单是痛，而是生产时身体的自尊。一旦解开这个心结，分娩的可怕程度马上减半。其实真正上了产床最多30分钟，让你感觉有心理障碍的姿势并没有多长时间。所以，不要为分娩时的不雅而选择剖宫产。生命诞生的一刻是很美妙的。

❸ **恐惧侧切**：如果孩子不是太大，产妇又积极与医生合作，侧切完全可以避免。

❹ **要自信**：产痛是一种很奇怪的痛，在孩子出生的那一刹那，一秒钟前感受到的所有不适都被一种巨大的幸福感取代。信心真的很重要，你要这样告诉自己：我完全能够自己生！

❺ **与医生好好配合**：要想漂亮地完成分娩，就要好好地与医生合作。因为在生产过程中，你必须依赖医生的指导。

❻ **懂得放松情绪和身体**：生产过程顺利的产妇很懂得如何放松，那些极度缺乏自信的产妇浑身较劲，这也是生产过程延长的重要原因。最好参加产前培训，学习呼吸技巧，帮助自己在产房里放松下来。

分娩前吃点什么

医生过去都希望产妇分娩时不要进食或是喝饮料，以免临时需要全身麻醉进行剖腹时不方便。现在建议分娩中的妇女进食少量容易消化的食物。

❶ 早一点儿进食。在分娩初期进食以储存能量。

❷ 进食次数多一点儿。以小吃代替正餐（少量多餐或吃零食）。

❸ 吃高热量食物。分娩初期，尽量往肚子里填些复合碳水化合物（谷类、面食）；分娩晚期，小口吃或喝一些简单的碳水化合物，如水果、果汁、蜂蜜等。

❹ 吃容易消化的食物，避免脂肪太多或是油炸、油腻的食物。

❺ 尽量多喝水。分娩初期，每小时补充至少240毫升的水分。

产后护理

分娩后半小时：第一次喂奶

分娩结束后，妈妈可闭目养神或打个盹儿，不要睡着了，因为要给宝宝喂第一次奶，医护人员还要做产后处理。

一般情况下，分娩后半小时就可以让宝宝吸吮乳头。产后第一天可以每1~3小时哺乳一次（每次哺乳5~10分钟），哺乳的时间和频率与宝宝的需求以及妈妈感到奶胀的情况有关。产后第一天，妈妈身体虚弱、伤口疼痛，可选用侧卧位喂奶。

分娩后4小时：排尿

正常情况下，自然产后2~4小时妈妈就会排尿，产后12~24小时排尿会大为增加。如果4小时后仍没有排尿，应及时找医生检查，以免发生尿液滞留。为了避免尿液滞留，建议妈妈每15~20分钟收缩和放松骨盆肌肉5次，这样可以刺激排尿，避免使用导尿管。并适量喝水，吃点蔬菜水果、高纤维食物。

下床排尿前，要先吃点东西，以免昏倒在厕所。上厕所的时间如果较长，站起来的时候动作要慢，不要突然站起来。

应特别注意保持会阴部的清洁，大便要从前往后擦，小便要从后往前擦，避免污染会阴伤口，为安全起见应使用无菌卫生巾并及时更换。

new baby | 0.5h | 4hs | 6hs | 12hs

自然产后24小时护理

分娩之后，妈妈身体比较虚弱，也会感觉非常疲惫，因此，一般情况下，在正常分娩后24小时内，应卧床休息。家人要做好以下的身体护理工作，帮助妈妈早日恢复活力。

分娩后6~12小时：适当活动

- 深呼吸：用鼻子缓缓地深吸一口气，再从口慢慢地吐出来。
- 手指屈伸运动：从大拇指开始，依次握起，再从小拇指依次展开。两手展开、握起，展开、握起，反复进行。
- 转肩运动：臂屈，手指触肩，肘部向外侧翻转。返回后，再向相反方向转动。
- 背、腕伸展运动：两手在前，握住，向前水平伸展，背部用力后拽。两肘紧贴耳朵，两手掌压紧。坚持5秒，放松。再次把两手在前相握，手掌相外，同样向前伸展，握掌。坚持5秒，放松。
- 脚部运动：脚掌相对，脚尖向内侧弯曲，再向外翻。两脚并拢，脚尖前伸。紧绷大腿肌肉，向后弯脚踝。呼吸2次后，撤回用在脚上的力。两脚并拢，右脚尖前伸，左脚踝后弯，左右交替。
- 颈部运动：仰卧，两手放于脑后，肩着地，只是颈部向前弯曲。复原，颈部向右转(肩着地)，犹如向旁边看，然后向左转。

分娩后吃什么

一般产后第1天,妈妈要吃些稀的食物,可以适当喝些鸡汤、排骨汤、小米粥、红糖水,对下奶有效。多吃新鲜蔬菜和水果,不仅增加维生素的摄入,而且对防止便秘也有帮助。禁食生冷、辛辣食品。

产后24小时就医指导

❶ 在刚分娩后的24小时内,妈妈的体温会略有升高,一般不超过38℃。此后则会恢复到正常范围内。如果此后体温仍居高不下,应及时就医诊治。

❷ 产后首先要注意预防产后出血,胎儿娩出后,在24小时内阴道出血量达到或超过500毫升,称为产后出血。其原因与子宫收缩乏力,胎盘滞留或残留、产道损伤等有关。一旦阴道有较多出血,应通知医生,查明原因,及时处理。

❸ 产后24小时内若感到会阴部或肛门有下坠不适感、疼痛感,应请医生诊治,以防感染和血肿发生。

剖宫产后24小时护理

剖宫产与自然分娩相比,术中出血量多,术后易发生感染,恢复也比自然分娩慢,通常自然分娩4天后即可以出院,但剖宫产则需5~7天才可以出院。

产后6小时

目前,一般剖宫产的妈妈都是采用的硬脊膜外腔麻醉方式,为了避免麻醉带来的术后头疼,妈妈应注意保持头偏向一侧平卧,不要垫枕头。

护士会定时为妈妈按摩子宫,观察子宫收缩和阴道流血情况。并每隔一段时间为妈妈测量血压,查看面色,测量脉搏和体温,观察小便的颜色、量的多少,并将这些情况记录下来。还会根据具体情况在妈妈腹部放置一个沙袋,减少腹部伤口的渗血。

打算进行母乳喂养的妈妈,做完手术进病房后就可以开始给宝宝喂奶了。喂奶时请教护士怎样哺乳不会压迫到伤口。妈妈咳嗽、恶心、呕吐时,也应压住伤口两侧,防止缝线断裂。

剖宫产术后6小时内应当禁食。

要确保腹部切口及会阴部清洁,发痒时不要搔抓,更不要用不洁净的物品擦洗。同时要注意观察妈妈的阴道出血量,如发现超过月经量,及时通知医生。

产后6~12小时

麻药的药效基本上已经过了,可以开始使用枕头了。这时最好采用侧卧位,可以将被子或毯子垫在背后,使身体和床形成20°~30°角,这样可以减轻身体移动时对伤口的震动和牵拉痛,会觉得舒服一些。

妈妈可能会开始感觉腹部伤口疼痛,可以让医生开些处方药,或者可以使用镇痛泵缓解痛苦。

一些容易发酵产气多的食物,如糖类、黄豆、豆浆、淀粉类食物应该少吃或不吃,以防腹胀更加严重。

产后12~24小时

12小时后,妈妈可以在家人或护士的帮助下改变体位,翻翻身、动动腿。

术后知觉恢复后,就应该进行肢体活动,24小时后应该练习翻身、坐起,并下床慢慢活动,条件允许还应该下地走一走,运动能够促进血液循环,使伤口愈合更加迅速,并能增强胃肠道蠕动,尽早排气,还可预防肠粘连及血栓形成而引起其他部位的栓塞。

住院期间的特别叮嘱

由于麻药的影响,以及害怕伤口疼痛的关系,剖宫产后容易发生便秘。为了防止便秘,产后的3~5天内,妈妈应大量饮水,最好饮用热茶和不低于室内温度的水,促进肠的蠕动。

只要体力允许,在导尿管拔除后尽早下床活动,并逐渐增加活动量,这样不仅可促进肠蠕动和子宫复旧,还可避免术后肠粘连及血栓性静脉炎形成。

在饮食方面,顺利排气后,饮食可由流质改为半流质,食物宜富有营养且容易消化。可以选择蛋汤、烂粥、面条等,让饮食逐渐恢复到正常。

剖宫产后两个月内,注意不要提举任何比自己的宝宝更重的东西。产后3周内最好不要开车。

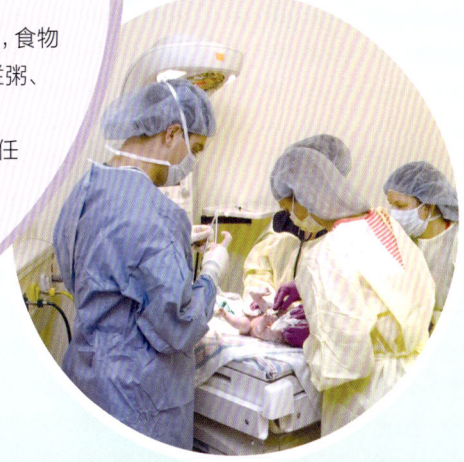

产后保健要做好

一般而言,产后2周之内,体重可以减轻大约9千克。在产后运动的配合之下,在3个月内可以逐渐恢复产前的身材。

产后子宫的复原

刚生产完的妈妈,摸肚子时会摸到一大块东西,那就是子宫。由于子宫会从怀孕前的100克,长大到足月时的1200克,小宝宝出生后,子宫仍然重达1000克,大约是怀孕20周的大小。

因此,产后如果走动太剧烈或突然翻身移动,可能会感觉到肚子里有个东西咚地转向一侧,那是因子宫晃动的关系,所以转身、翻身动作尽量不要太大,必要时,穿上束腹带可以加速复原、减轻不适。大致上,子宫在产后6个星期可以回到正常大小。

❶ 产后第2天的子宫底大约位于肚脐,而后每天约下降1厘米(可由腹部摸到),10天后才可恢复到在骨盆腔内,要恢复至怀孕前的原状,需时6周。

❷ 有时候太过强烈的子宫收缩会导致产后痛,这种下腹闷痛较常发生于生第二胎以上的经产妇,通常于产后三四天内消失。

❸ 原则上,如果子宫摸起来已经很硬,出血量又不是很多,就不必再一直做子宫环状按摩了。

恶露

恶露是渐次剥落的子宫内膜细胞,混着渗出的红细胞、白细胞及一些退化细胞。正常情况之下,恶露一开始比较浓,是深红色的液体;如果是鲜血,并且带有多量血块,则是不正常的。

产后1~3天	红恶露
产后4~7天	浆恶露
产后1~3周	白恶露

产后应注意事项

❶ 要有充分的休息和睡眠。

❷ 补充足够的水分,如牛奶、汤类等。

❸ 阴部清洁、勤换卫生棉及清洗,大小便后也要冲洗。

❹ 每天必须沐浴,以维持皮肤正常排泄功能,但须避免泡盆,沐浴后应尽快拭干水分及吹干头发。

❺ 要摄取足够的营养,不必忌食,但生冷食物仍不宜,若哺乳则勿食韭菜、人参、麦芽等会退奶的食材。

❻ 产后满4星期,不管有无喂母乳,即应开始避孕;若要再受孕,建议至少间隔6个月,让子宫及母体能获得充分的休息。

❼ 产后满6周必须回到帮您接生的医院或诊所,请医师或助产士做产后检查,若一切恢复正常,即可恢复性生活。

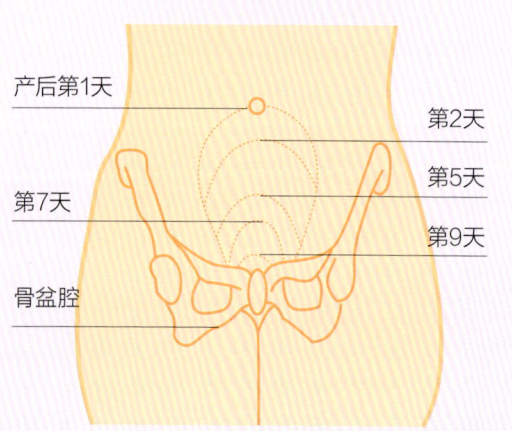

产后子宫复位过程

必须立即就医的异常现象

❶ 产后发热：当体温超过38℃时。
❷ 产后大量出血：红色恶露不止，超过500毫升，或1小时内一片卫生巾全湿。
❸ 乳腺炎：乳房局部红、肿、热、痛。
❹ 会阴部发红及肿痛。
❺ 排尿困难：排尿时感觉疼痛及烧灼感。

会阴、伤口痛

一般而言，会阴肿胀在3天内会缓解，在第3天以后，走路应该不受伤口疼痛影响才对。需注意的是，每次换棉垫时及大小便后，都要冲洗会阴部以保持清洁。会阴伤口在产后1个月内大致都会长好，不过1个月后，有时摸起来还是会比较硬。产妇不妨于洗澡时，用温水做局部按摩或温水坐浴，帮助伤口软化及促进会阴部之血液循环，可促进会阴部缝线吸收及复原。

❶ 如何做阴部冲洗：以41~43℃的温水，由上往下方向冲洗（由尿道往肛门的方向，以避免肛门的大肠杆菌感染会阴部伤口），冲洗后以卫生纸轻柔擦干。因产后之子宫颈尚未密合，勿做阴道内冲洗。
❷ 伤口的照顾：采侧坐或侧卧，减少会阴伤口的压迫。若产后会阴部水肿，生产当天可使用局部冰敷会阴伤口，减少伤口肿痛；第2天后可使用温热敷，以促进血液循环。

何时该回诊

• 自然生产者：约产后42天回诊。

• 剖宫生产者：约手术后7天回诊巡视伤口，产后42天回诊检查子宫、卵巢恢复情况，以及做子宫颈抹片检查。

产后运动

抬腿及提臀等产后运动，对子宫及下腹复原很有帮助

产后性保健——凯格尔运动改善产后性生活

凯格尔运动是以推广人凯格尔医生命名的骨盆腔运动,目的是锻炼和强化支撑膀胱、子宫和大肠的肌肉。正确和定期的锻炼能达到停止漏尿的效果。这项运动对促进性生活也有一定的帮助。骨盆腔运动的做法如下:

❶ 可以将一只手指头放入阴道中,收缩阴道附近的肌肉,如果收缩的肌肉正确,手指头就可以感受到收紧的压力,在收缩的同时,腹部、大腿以及背部尽量不要用力。

❷ 除了用手指感觉之外,也可以利用解尿的时候感觉骨盆腔肌肉的收缩,在解尿中途憋住小便,感觉是用哪些肌肉停住小便,这些肌肉就是需要训练的骨盆腔肌肉群。

❸ 收缩肌肉时心中默数,1秒1拍,从1数到4,维持4~5秒,再放松肌肉,反复进行。原则上每天2~3次,一次5分钟。如果正确地做并不轻松,一段时间后可以默数到八拍,再放松八拍。

❹ 如果已经达到骨盆腔运动的目的,之后可以每周3次,一次5分钟以维持运动的成效。

❺ 一般来说不论是什么时间、什么姿势,骨盆腔运动都可以做,不过一开始可以从坐着或是站立时,两膝靠拢开始比较容易。在固定的时间练习,效果会比较好,例如早上清醒但还未起床时,以及上床睡觉时花5分钟做这项运动。

快乐胎教课堂

分娩期的心理变化

分娩不仅是妊娠的生理终结，而且是一个身心事件——人的一生中几乎没有其他的事件能像分娩一样带有那么多秘密和各种各样的意义。

临产前，产妇的依赖性增加，被动性加强，行为相对幼稚化，过多地要求别人关心自己，主观感觉异常的体验明显增多，对体内的胎儿活动尤其关注。初产妇没有分娩的经验，对微小的变化过于焦虑与担忧、胆小及怕孤独。对即将来临的分娩感到紧张及恐惧不安，害怕分娩疼痛，害怕胎儿出生缺陷，害怕暴露身体，害怕分娩时失去控制，害怕宫颈不扩张或扩张费时，害怕阴道试产失败后改为剖宫产，害怕分娩时产道裂伤或胎儿损伤，少数产妇害怕生女孩而受歧视。其中主要的心理机制是对自己如何耐受产痛的揣测。

孕晚期分娩心理的压力，影响着胎儿个性的发育。

最美好的时刻

时间过得真快，这十月怀胎，你是不是过得充实又愉快呢？

应该是你所度过的最好的时光吧！

迎接新生命，是最令人喜悦的期待！你完成了终身大事，一个新生命降临人间啊！

看着baby一天天成长，更是爸爸妈妈们最大的安慰！"我有很多美丽的花朵，但最美丽的花朵是孩子。"爱尔兰作家王尔德这样说。

总之，生之喜悦、雀跃的心情，只要为人父母，都有深刻体会！

怀孕与婴儿时期，是人生重要而关键的时刻，祝福你：幸福、平安！

凡·高最有名的作品无疑是这幅《向日葵》。凡·高一生中共作了11幅《向日葵》，有10幅在他死后散落各地，只有一幅目前在凡·高美术馆展出

凡·高《向日葵》赏析

　　凡·高曾多次描绘以向日葵为主题的静物，他爱用向日葵来布置他的房间。凡·高曾说过："我想画上半打的向日葵来装饰我的画室，让纯净的铬黄，在各种不同的背景上，在各种程度的蓝色底子上，从最淡的维罗内塞的蓝色到最高级的蓝色，闪闪发光；我要给这些画配上最精致的涂成橙黄色的画框，就像哥特式教堂里的彩绘玻璃一样。"

　　凡·高作画时，怀着极狂热的冲动，他认为黄色代表太阳的颜色，阳光又象征爱情，因此具有特殊意义。他确实做到了让八月阳光的色彩在画面上大放光芒，这些色彩炽热的阳光，发自内心虔诚的精神情感。画作像闪烁着熊熊的火焰，是那样艳丽、华美，同时又是和谐、优雅甚至细腻，笔触粗厚有力，色彩单纯强烈。然而，在这种粗厚和单纯中却又充满了智慧和灵气。

双语胎教——Happy Birthday

1=F

Happy birthday to you, Happy birthday to you, Happy birthday to you, Happy birthday to you.

祝你生日快乐,祝你生日快乐,祝你生日快乐,祝你生日快乐。

中医论分娩

产妇临盆,必须听其自然,弗宜催逼。安其神志,勿使惊慌,直待花熟蒂圆,自当落矣。所以凡用稳婆,必须择老成忠厚者,预先嘱之。及至临盆,务令从容镇静,不得用法催逼。余尝见有稳婆忙冗性急者,恐顾此失彼,因而勉强试汤,分之掐之,逼之使下,多致头身未顺,而手足先出,或横或倒,为害不小。若未有紧阵,不可令其动手。切记!切记!又或有声息不顺,及双胎未下之类,但宜稳密安慰,不可使产母闻之,恐惊则气散,愈难生息。又尝见有奸诡之妇,故为哼讶之声;或轻事重报,以显己能,以图酬谢,因致产妇惊疑,害尤非细,极当慎也。

《立斋医按》载一稳婆云:"止有一女,于分娩时,适当巡街侍御行牌取我视其内室分娩。女为此惊吓,未产而死。后见侍御更以威颜分付,追视产母,胎虽顺而头偏在一边。此时若以手人推正,可保顺生;因畏其威,不敢施手,但回禀云:此是天生天化,非人力所能。因是子母俱不能救。"由此观之,可见产时当用静镇自然,而一毫惊恐疑畏有不可使混于其间者。

与胎宝宝一起快乐

开心一笑

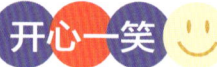

自白

产房里即将临产的妻子对丈夫说："我要告诉你，我的双眼皮是割的，鼻子是隆起来的，下巴是做的，所以娃娃生下来不像我的话，你不要吃惊。"

丈夫安慰她说："我早知道了，不要紧。我也要告诉你：我的右眼是假的，牙齿是装的，左腿是假肢！"

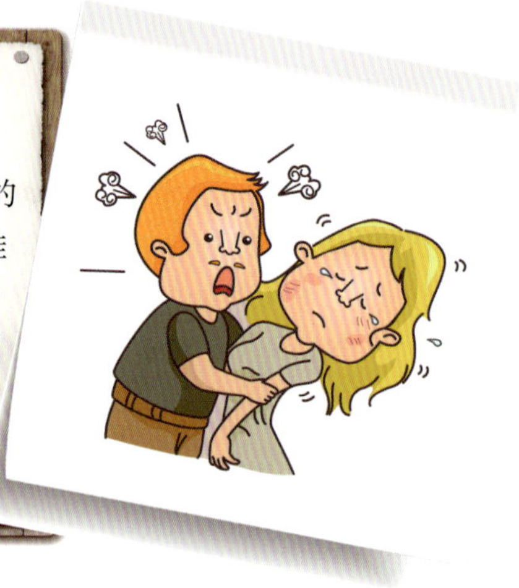

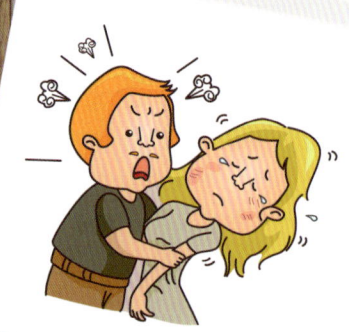

千纸鹤——叠一只美丽的千纸鹤，为宝宝许下一世的祝福

取正方形纸，先折双菱形。然后按照下图所示步骤折成纸鹤。

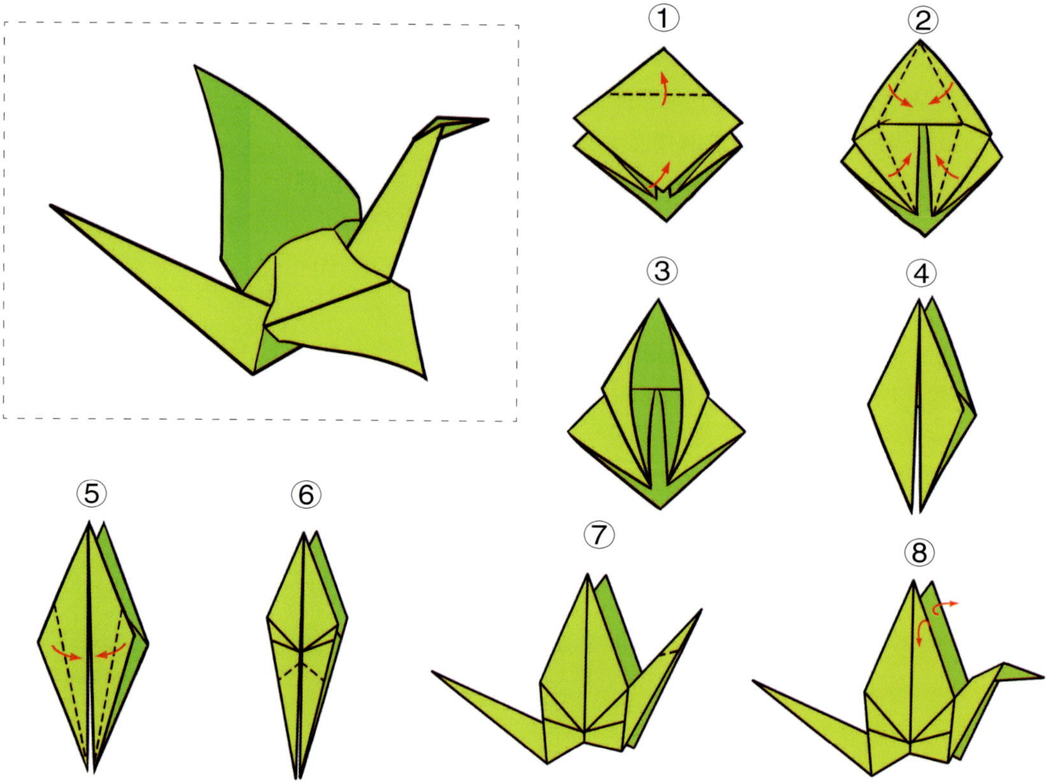

准爸爸必读

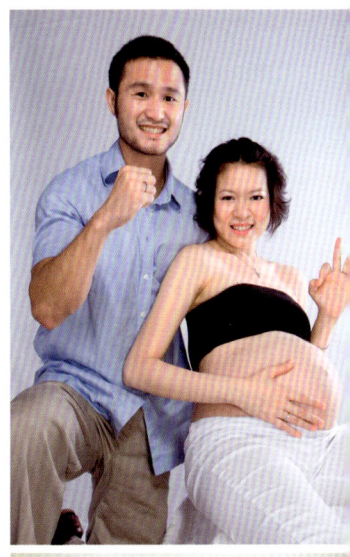

待产时最依赖的人

预产期越来越逼近，安妮与老公讨论到一个问题："到底要不要进产房陪产？"安妮表示："孩子是我们两人的，我觉得如果能够一起迎接孩子，应该更有意义，而且我比较不会害怕。"

"产痛刚开始时不太痛，我还能下床走走，但是后来越来越痛时，真的很不舒服，我一直告诉老公，我的腰好像快要断掉了，他就一直帮我按摩。刚开始真的觉得按摩后会比较舒服，子宫颈口快全开时，反而很不希望他碰我，我还把他的手推开呢！"

"那天生产的人好多，护士小姐没办法只照顾我一个人。可是有老公随时在身边，发生什么事，他都可以帮我解决或反映给护士小姐。"

"他还提醒我怎么呼吸，帮我喊口令，也会拍拍我的身体，叫我没有宫缩时尽量不要用力，放松身体的肌肉。有他提醒我就真的比较能够放松，可以在子宫没有收缩时休息一下。"

"快要生的时候，他帮我擦汗，一直握着我的手在旁边守着我，那种感觉就像自己在最无助的时候，找到一个可以支撑的力量。"安妮边说着生产时的感受边红着眼眶，"现在想想那种感觉真的很好，很谢谢他一直陪我，也看到我为了生孩子所付出的努力跟辛苦，虽然很痛，但觉得一切都很值得，是一种爱与被爱的感觉。"

因为她需要我

问到大伟全程陪产的关键是什么，他笑着说："其实我们从开始怀孕就有讨论到这个问题，有的人叫我千万别进去，因为以后会性无能。说句实在话，我很想陪她生产，可是也会有点怕。"

"我上过产前的课程。到她待产时，真的像书上说的，反正把握原则，痛的时候呼吸快一点，不痛的时候呼吸就放慢，而且肌肉要放松，我就是照着做，一看她不痛，就赶快拍拍她，提醒她不要用力了，还帮她按摩脚和手呢！"

"当医生把我老婆换到产台时，我的心跳突然变得好快，一方面很兴奋快要看到孩子，一方面又很心疼老婆。看到她很痛苦还要拼命用力的样子，我却不知道我能做什么，就只能拉着她的手，对她说：'加油！我们的孩子快生了！'然后在心中默祷着，期待能母子平安。"

"当孩子生下来的时候,我听到了她的哭声,心情感动到极点!我看到医生手上抱着一个手脚挥舞、光溜溜的小孩,我就一直握着我老婆的手,对她说生了!生了!我的孩子躺在她妈妈的怀中,而我抱着我老婆,另一手摸着她,那种感觉到现在都还很强烈,真的很兴奋,实在是……难以形容!"

陪产前要做功课

大伟在陪产安妮待时,总是体贴地帮忙擦汗、按摩、倒水,协助妻子在床上用便盆,在产痛时也会喊着口令让妻子配合着呼吸跟放松,看得出他的用心照顾。有护士夸他时,大伟认真地表示:"我可是做过功课的,我老婆告诉我医院办的妈妈教室的上课时间我都记下来,除非真的有重要的事,不然我都陪着来,所以妈妈教室我也跟着上了几次。上课时就会说到女人在待产、生产的时候会有哪些不舒服,老婆也会跟我讲她需要什么,比如说要喝水、上厕所,而且她会一直喊腰酸,产房的护士也教我怎么帮她按摩,我就帮她按摩腰。反正待产那段时间就是只能等呀,等子宫颈口开了才能用力嘛!所以我尽量帮她,让她比较舒服就是了。"大伟一边说着,一边把手放在腰上比画着。

"最重要的是,我上了拉梅兹的课程,但是好像没有临场感,反正照着书本做就是了。到她待产时,真的像书上说的,那种痛是一阵一阵地来,而且越来越强!不过我真的会跟着她紧张,虽然记得书上写的,但临场却

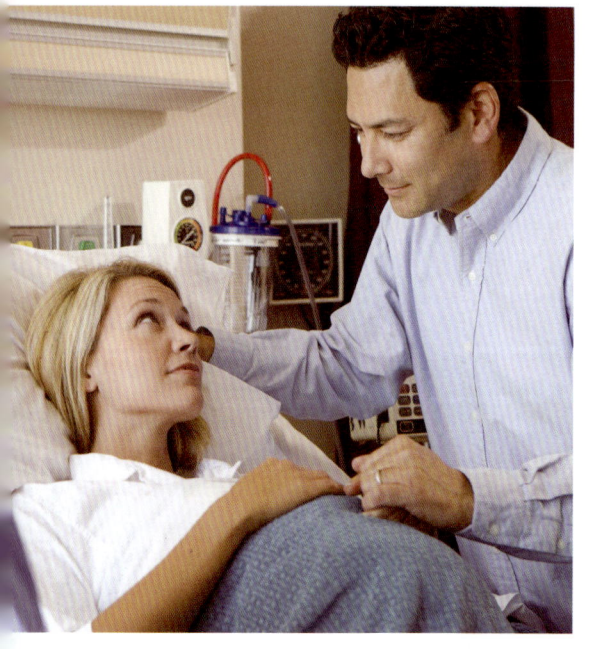

不太会用,后来护士小姐又教我们一次,我就懂了。反正把握原则,痛的时候呼吸快一点,不痛的时候呼吸就放慢,而且肌肉要放松,我就是照着做,一看她不痛了,就赶快拍拍她,提醒她不要用力了,还帮她按摩脚和手呢!"大伟一边说着一边手舞足蹈,似乎又回到妻子生产时的情境。

好奇地问到大伟怎么会知道安妮痛不痛时,大伟骄傲地说:"看那个监测器呀!护士在我老婆身上绑了两个东西,我问护士那是什么?她说一个是听小孩心跳的,另一个是监测子宫收缩。后来我看那个记录纸,每次我老婆痛的时候,图形就会上来,我就知道了!后来护士也教我把手放在我老婆的肚子上,肚皮变硬了就是在宫缩,变软了就是宫缩停了,反正只要她不宫缩、不痛时,就赶紧提醒她放松就是了!"看来,大伟真的是位用心的好丈夫。

Chapter 11

与新生宝宝 度蜜月

新生儿医学

新生儿体格发育表

1个月男孩体格发育指标

项目	年龄组	下限值	中间值	上限值
身高	2周	50.4 cm	52.3 cm	54.3 cm
身高	1个月	52.8 cm	54.7 cm	56.7 cm
体重	2周	3.2 kg	3.8 kg	4.3 kg
体重	1个月	3.9 kg	4.5 kg	5.1 kg
头围	1个月	约为37.9cm		
胸围	1个月	约为37.6cm		
囟门	1个月	1.5~2cm		

1个月女孩体格发育指标

项目	年龄组	下限值	中间值	上限值
身高	2周	49.6 cm	51.5 cm	53.4 cm
身高	1个月	51.7 cm	53.7 cm	55.6 cm
体重	2周	3.1 kg	3.6 kg	4.1 kg
体重	1个月	3.6 kg	4.2 kg	4.8 kg
头围	1个月	约为37.1cm		
胸围	1个月	约为36.9cm		
囟门	1个月	1.5~2cm		

新生儿发育状况

🌿 呼吸

新生儿从出生的那一声啼哭开始，即开始建立了自主呼吸，但较浅表且不规则，频率较快，一般40～60次/分，早产儿可达60次/分以上。新生儿以腹式呼吸为主，易出现呼吸节律不齐及深浅交替。观察新生儿的呼吸变化，要在新生儿安静的情况下，观察其胸、腹部起伏情况，每一次起伏即是一次呼吸。注意观察胸廓两侧的呼吸运动是否对称；呼吸是否急促、费力，有无呼吸暂停；口周皮肤的颜色有无青紫。

🌿 体重

孩子生长发育，体重是非常重要的指标。对于出生体重的评价是不是合适，一定要结合孩子孕周来一起评价。临床上叫作"适于胎龄"，意思就是说孩子出生的体重跟胎龄应该是相吻合的。体重小的孩子确实不容易养。但体重达到或超过4000克以上的"巨大儿"，属于高危孩子。大部分"巨大儿"的母亲都是能找到一些病因的，比如妊娠糖尿病，母亲糖尿病生出的"巨大儿"，别看他体重很大，其实发育是不成熟的，他的血糖的代谢会有很大的问题。这样的孩子出生后的24小时内经常容易出现低血糖，低血糖对新生儿来说是非常严重的问题，如果低血糖得不到及时处理，持续的时间过长直接影响身体健康。在医院里对"巨大儿"会监测血糖，比如出生半小时提前喂奶、糖水，检查他的血糖水平，这样能够避免低血糖。

另外，别看孩子很大，但是实际上他的器官发育是不成熟的。一般来说，糖尿病母亲生出的孩子，孕周相当于小2周，比如孩子是40周生的，可能发育的水平就是38周，如果是38周就相当于早产的水平。所以这样的孩子，尽管是足月，也会出现像早产儿一样的问题。4000克以上的孩子也有一少部分孩子没有其他问题。

体重小的问题有两个：一是早产。没到日子，体重也不可能长到正常体重。还有一个是有身体的疾病因素，出生的体重不到2500克，这个孩子叫"足月小样儿"，孩子的体重不能太大，也不能太小。

宝宝出生体重增减平均值

出生月数	体重增减	平均值
1～2周	—	稍微降低
第3个月	+	30克/日
第3～6个月	+	20克/日
第6个月～1周岁	+	10克/日

🌿 脐带

新生儿脐带在离肚脐1～2厘米处被结扎。

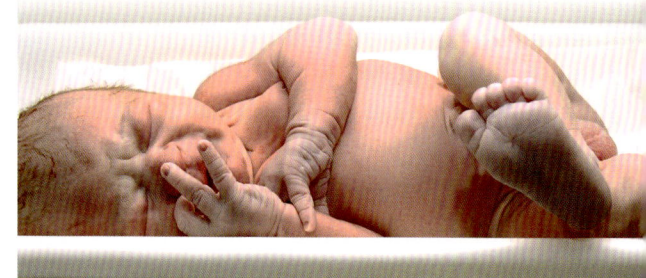

前囟

前囟是新生儿头顶的柔软部位,是头颅骨尚未连接的间隙。前囟要到宝宝2岁左右时才闭合。宝宝的头皮覆盖着这个间隙,它虽然十分坚韧,但是千万不要让宝宝的前囟受重压。不必对前囟做特别的照顾,但是,如果一旦发现覆盖其上的头皮绷紧或出现隆起(膨胀凸出),或在前囟部位出现不正常的萎陷(异常的凹陷)时,就应立刻请医生诊查。

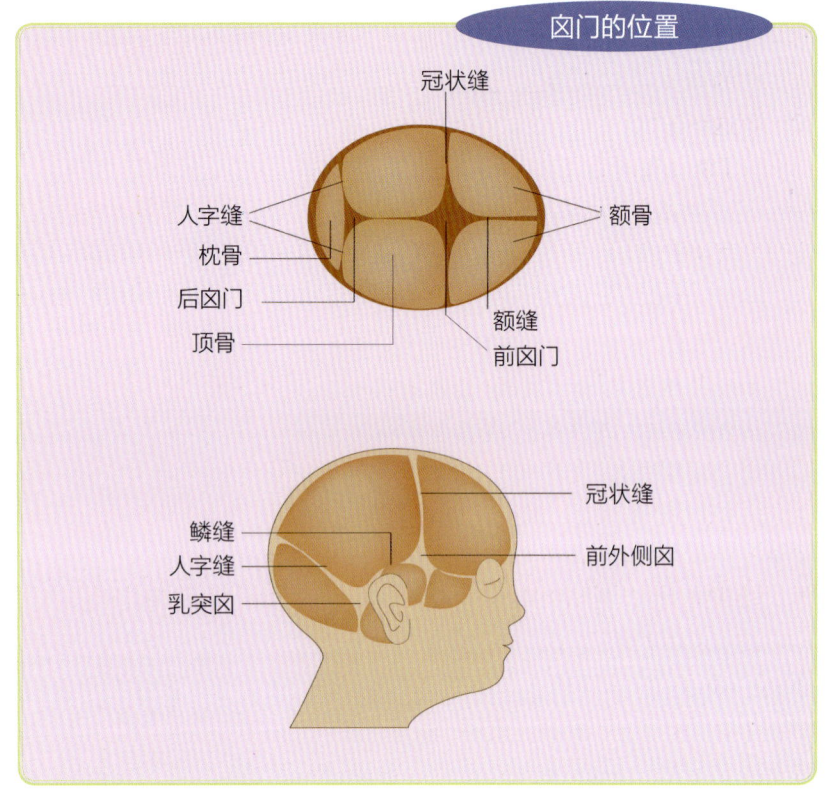

囟门的位置

皮肤

新生儿的皮肤也许会被白色的脂质所覆盖。目前人们普遍认为不必清除胎脂,这不仅因为胎脂具有保护的特性,而且也因为它在2~3天之内就自然地被皮肤所吸收。但是,如果在宝宝皮肤的皱褶内有大量胎脂堆积并可能引起刺激时,就应把它擦拭干净。

体温

新生儿的正常体温在36~37℃,但新生儿的体温中枢功能尚不完善,体温不易稳定,受外界温度环境的影响体温变化较大,新生儿的皮下脂肪较薄,体表面积相对较大,容易散热。因此,要对新生儿注意保暖。尤其在冬季,室内温度保持在18~22℃为宜,如果室温过低则容易引起硬肿症。

视觉

新生儿一出生就有视觉能力,34周早产儿与足月儿有相同的视力,父母的目光和宝宝相对视是表达爱的重要方式。眼睛看东西的过程能刺激大脑的发育,人类学习的知识85%是通过视觉而得来的。

听觉

新生儿的听觉是很敏感的。如果你用一个小塑料盒装一些黄豆,在宝宝睡醒状态下,距宝宝耳边约10厘米处轻轻摇动,宝宝的头会转向小盒的方向,有的宝宝还能用眼睛寻找声源,直到看见盒子为止。如果用温柔的呼唤作为刺激,在宝宝的耳边轻轻地说一些话,那么,宝宝会转向说话的一侧,如换到另一侧呼唤,也会产生相同的结果。新生儿喜欢听母亲的声音,这声音会使宝宝感到亲切，不喜欢听过响的声音和噪声。如果在耳边听到过响的声音或噪声，宝宝的头会转到相反的方向，甚至用哭声来抗议这种干扰。

为了使宝宝发展听力，母亲在喂奶或护理时，只要宝宝醒着，就要随时随地和他说话，用亲切的语声和宝宝交谈，还可以给宝宝播放优美的音乐，摇动有柔和响声的玩具，给予听觉刺激。

触觉

新生儿从生命的一开始就已有触觉。习惯于被包裹在子宫内的宝宝，出生后自然喜欢紧贴着身体的温暖环境。当你抱起宝宝时，他们喜欢紧贴着你的身体，依偎着你。当宝宝哭时，父母抱起他，并且轻轻拍拍他们，这一过程充分体现了满足新生儿触觉安慰的需要。新生儿对不同的温度、湿度、物体的质地和疼痛都有触觉感受能力。就是说他们有冷热和疼痛的感觉，喜欢接触质地柔软的物体。嘴唇和手是触觉最灵敏的部位。触觉是宝宝安慰自己、认识世界和外界交流的主要方式。

睡眠

婴儿月龄与睡眠时间			
年龄	总睡眠时间	白天的睡眠时间	晚上的睡眠时间
新生儿	18~20小时	8~10小时	10~12小时
2个月	16~18小时	10~12小时	6~8小时
3个月	14~15小时	10~12小时	3~4小时
4个月	14~15小时	10~12小时	3~4小时
6个月	13~14小时	10~12小时	2~3小时
9个月	13~14小时	10~12小时	2~3小时
1岁	12小时	10~11小时	1~2小时

新生儿生理病理征象

体重减轻

新生儿出生后2~3天，由于皮肤上胎脂的吸收、排尿、体内胎粪的排出及皮肤失水，以及刚出生的新生儿吸吮能力弱、吃奶少，体重非但不增，反而出现暂时性下降。在出生后3~5天体重下降有时可达出生体重的6%~9%，在出生后7~11天恢复到出生时的体重，这称为生理性体重下降。如果体重下降超过出生体重的30%，或在出生后第13~15天仍未恢复到出生时的体重，这是不正常的现象，说明有某些疾病，如新生儿肺炎、新生儿败血症及腹泻或母乳不足等，应做进一步检查。

黄疸

新生儿出生后的皮肤为粉红色，生后2~3天时，细心的父母会发现宝宝的皮肤发黄，有的眼巩膜（白眼珠）也发黄，第4~5天明显，8~12天后自然消退。宝宝除皮肤发黄外，全身情况良好，无病态，医学上叫作生理性黄疸。

生理性黄疸的表现是：宝宝吃奶很好，哭声响亮，不发热，大便呈黄色，4~6天时黄疸明显，在出生后第8~12天消退，如果是早产儿可以在出生后第3周消退。

一半的足月儿，还有50%~60%以上的早产儿都要经历出黄疸的过程，这是一个很普遍的现象。绝大部分孩子是属于生理性黄疸，其中有一少部分孩子是病理性黄疸。

头部血肿

新生儿头颅血肿是头经产道娩出时受到挤压，位于骨膜下的血管受损伤出血所形成的，多于出生时或出生后数小时出现，数日后更明显。其表现为血肿发生在骨膜下，不超过骨缝，局部肤色正常，有波动感，消退时间需2~4周。此症多无明显不良后果，如果头颅血肿过大，可引起新生儿贫血或胆红素血症，即出现黄疸，此时应做相应处理。

乳房肿胀

不管是男婴还是女婴，受到母亲激素的影响，造成单侧或双侧的乳房肿胀，通常发生在出生后几天，2~4周后，乳房即恢复正常的平坦。

脱皮

出生3~4天的新生儿的全身皮肤开始"落屑"，有时甚至是大块的脱落，这也是一种生理现象。1~2周后一般可自然落净，呈现出粉红色、非常柔软光滑的皮肤。

尿红

新生儿出生后2~5天，有的父母发现宝宝尿血，其实，宝宝并没有尿血，一般持续数天可自行消失。如果36小时后无尿，应立即诊治。

生理性脱发

有些新生儿在出生后几周内出现脱发。新生儿生理性脱发，大多数会逐渐复原，属正常现象，妈妈不要着急。目前医学对新生儿生理性脱发还没有清晰的解释。

呼吸时快时慢

新生儿正常的呼吸频率是每分钟40~50次。新生儿中枢神经系统的发育还不成熟，呼吸节律有时会不规则，特别是在睡梦中，会出现呼吸快慢不均、屏气等现象，这些都是正常的。

出怪相

新生儿会出现一些如皱眉、咧嘴、空吸吮、咂嘴、屈鼻等表情，这是新生儿的正常表情，与疾病无关。

认识新生儿反射

家长可以先对这些反射动作有基本认识,若觉得有异常或担心的象,必要时为宝宝做进一步的检查。

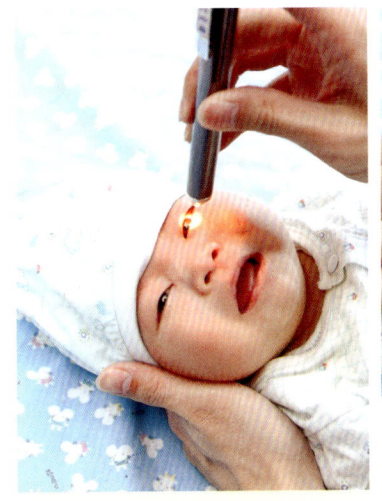

瞳孔光反射:当医师用手电筒照新生儿眼睛时,其瞳孔会缩小,此反射动作可看出其第二对脑神经(即视神经)和第三对脑神经(动眼神经)是否正常。

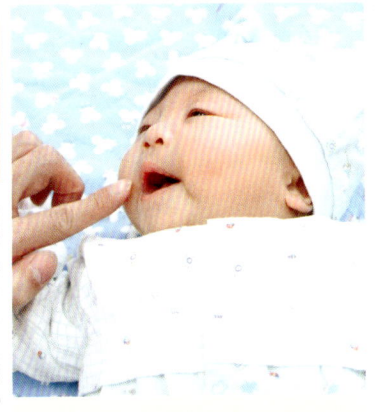

寻乳反射:将手指头轻轻触碰新生儿的嘴角时,他的头会自然转向该侧,找到手指头后会想要含住、吸吮。不过此反射动作在出生1~2个月后,随着大脑的发展,就不太明显了,4个月左右就会完全消失。

行走反射:将宝宝直立举起、并微微前倾时,他的脚会开始上、下踏步,好像要准备走路一样。此反射动作大约在出生后6个月内消失。

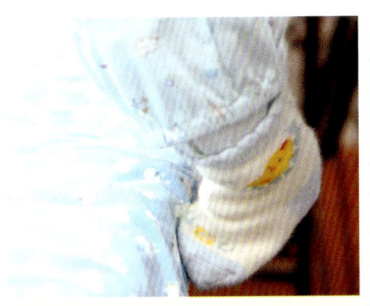

足踏反射:将宝宝的脚背轻轻碰向桌面,他的膝盖会缩起,并将脚抬起,再往外跨出,好像在做踏步动作一样。此反射动作大约在出生后6个月内消失。

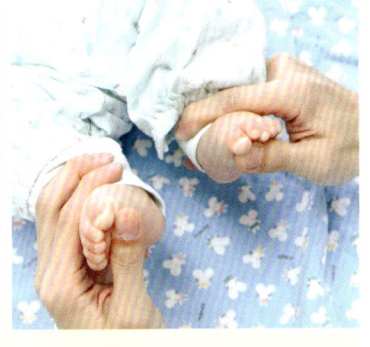

手、脚的抓握反射:将东西轻碰宝宝的掌面时,他会马上抓握不放开;将东西放到宝宝的脚掌并触碰脚趾时,宝宝的脚趾头会立时像含羞草一样,想要包住该物。抓握反射动作出生时就会出现,在出生后2~3个月消失,但持续具有抓握的能力。

非对称强直性颈反射：宝宝平躺时，将其头部转向某一侧，此时该侧手臂会伸直，另一侧的手臂则会弓起，好像弓箭手一样。这个反射动作因为牵涉到比较多的神经肌肉，以及平衡系统的发展，因此是在宝宝出生后1～2个月内才会开始出现，然后在6～7个月消失。

膝反射：在宝宝的膝盖肌腱处用小槌子轻轻敲一下，宝宝的小腿会立时弹一下。若宝宝的膝反射太强（一直来回摆荡），表示脑部可能有损伤情形（如脑瘫）；反之，若宝宝的膝反射太弱，则表示有周边神经或肌肉的问题，上述两种情况都需要做进一步的检查。

此外还有惊吓反射，因为检查的动作较危险，需要由医护人员执行。

1岁以前出现的反射动作

出生后两个月左右，爸妈会发现宝宝有"追寻反应"，这是指宝宝的视线会随着物体的移动而移动（60厘米内、90°内的距离）。另外，当你将宝宝正面向上扶起时，其胸部会微微向上抬起，这是"牵引反射"，可看出宝宝的肌肉张力是否正常。

出生2个月内的新生儿，其平躺时的正常身形会呈现「W+M」形，也就是宝宝的两只手臂会自然蜷缩成W形，两条腿会自然弯曲成M形。将宝宝面朝下平放在手上时，正常状况下宝宝的背部会呈现平直、手臂微张，若是呈现"倒U"形（背部拱起）、手臂下垂无力，则是异常状况。

当宝宝3～4个月大时，颈部肌肉已有力量，俯卧时可抬高约45°，并且直立抱住时，颈部不需支撑已可直立；6个月时，靠着手臂力量的帮助，颈部甚至可抬高约90°，并且能够用手抓取可接触范围内的物品（若是不行，表示可能肌肉力量或中枢神经系统有问题），且具备左、右手交换对象的能力。

当宝宝8～9个月大时，会出现"降落伞反射"动作，也就是将宝宝抱起、面朝下移动，接近地面时，其手臂会自然向下准备撑住，这是一种自我保护的反射动作，若是没有出现此动作，表示宝宝的大脑可能有损伤情形，或是手部肌肉无力。这个阶段的宝宝也会出现"侧位支持反射"动作，就是当宝宝坐着时，若是用手轻推宝宝某一侧，他的另一侧手臂会马上出现撑住身体的动作，不让自己摔倒。

脑部有重度损伤、异常，或是神经肌肉严重障碍的宝宝，基本上在出生一两个月内就可借由上述这些肢体或反射动作异常而发现。但若是轻微的脑部或神经肌肉障碍，可能就要等比较大时才能观察得出来。比方说，若是6个月大还不会翻身，七八个月尚不会坐、爬，或是习惯用单侧手臂或身体、动作不协调、吞咽困难等现象，家长就需带宝宝进一步就医检查，找出原因，并尽早接受治疗或复健。

宝宝肢体动作异常的可能原因

宝宝若无法出现上述正常的反射和肢体动作，不外乎是在以下四个方面中的任一项出了问题：脑细胞、神经纤维、神经纤维与作用部位的交接处、肌肉组织，需要逐项检查以找出问题所在。

脑细胞的问题通常是因为缺氧（在子宫内或是生产过程中发生）、在子宫内受到病毒感染（母亲感染后经由胎盘传给胎儿，如疱疹病毒）或染色体异常而造成。

脑瘫为常见的肢体异常原因，它的特征是一旦脑细胞受到伤害，将无法复原，但也不会再恶化。不过脑瘫的儿童因为仍在发展阶段，随着年龄不同会有不同的表现和变化。

脑瘫的原因很多，像是染色体异常、早产、产程过长、在母体内即受到感染、妊娠高血压（胎盘功能降低，或因母体血流供应不佳造成胎儿缺氧）、母亲吸毒，或是出生后罹患脑膜炎、脑炎、头部外伤、剧烈摇晃等，都是造成脑部伤害的危险因子。脑瘫会影响到肢体的协调，甚至智力。严重的脑瘫宝宝在出生后两三个月内就可发现其肌肉张力异常、关节僵硬、两脚交错（剪刀脚）等反常动作。

家长若发现孩子有吞咽问题，发展迟缓、张力反射异常或是抽筋的现象，都有可能是脑瘫的症状，需尽快就医检查，以把握黄金早疗时间。虽然脑部的伤害已无法复原，但是早期疗育和做复健与物理治疗，可让现有的功能发挥最大效果，对于往后的发展和功能的提升有很大帮助，亦可预防肌肉挛缩。因此，掌握早期治疗的黄金时间非常重要。

新生儿用品、哺乳和训练

新生儿居家用品

衣着类

宝宝的衣物选择以纱布、棉质、透气为佳。给宝宝穿着之前,建议先洗过会比较干净卫生。为了避免刮伤宝宝柔嫩的肌肤,现在大部分婴儿衣物的标签都会做在衣物外层;若是附在内里,可以耐心一点将标签的缝线拆掉,若只是用剪刀剪掉,宝宝穿起来还是会不舒服。

此外,在选购宝宝衣服时也要注意产地,并尽量挑选知名厂牌,较能保障衣物质量,避免有不好的材质或颜料危害宝宝健康。

- **小衣服**:包括薄布衣、棉布肚衣、棉衣、连身衣。
- **包巾**:依季节有分厚薄,可用来包裹宝宝身体,或当成薄被来使用。可准备两件。
- **肚围**:亦有厚薄之分,可包住宝宝的肚子,避免着凉。
- **帽子、袜子、手套**:可依需求准备。
- **小毛巾**:超好用的必备小物,可以当作喂奶巾、洗澡巾、擦脸巾,甚至也可以垫在宝宝枕头上,方便时常换洗,因此可以多准备几条,并且以素面为佳。纱布巾用途虽多,但可别混用。

由于新生儿的流汗量较大,喝奶时有可能会溢奶弄脏,换尿布时尿便可能溢出,因此宝宝的纱布内衣、棉布肚衣、棉长裤最好各准备4~6件。不过像连身衣可不用一下买太多,因为有许多礼盒是以此类商品为主,会收到亲友赠送。

🌿 哺喂用品

- **奶瓶**：现在的奶瓶材质大概分为四类——玻璃、PP、PES、PPSU，在高温消毒时不会有双酚A（环境激素）释出。在准备量上，大奶瓶(240ml)约6支，小奶瓶(120ml)约2支，若全母乳亲自哺喂，奶瓶准备量可更少。

  排气奶瓶无法完全排除喝到空气的可能。若是妈妈有在亲喂母奶，建议可以选购十字或Y字孔的奶瓶嘴，因为这样的奶嘴可使宝宝的吸吮能力不减弱（宝宝若不吸，奶就不会流出来）。但各家厂牌的孔径大小不同，要留意选购适合新生儿的孔径。另外，在清洗十字或Y字孔的奶瓶嘴时，也要格外小心，以免孔径受损破裂。

- **温奶器**：可将冰冷的母奶或牛奶隔水加热。
- **吸乳器**：有分电动式和手动式两类。电动式比较省力，但手动式比较能够吸取到深层的乳汁，排空效果较好。
- **集乳袋**：可用来储存母乳放入冷冻库，只能使用一次。集乳袋有平放式和直立式两种，通常会设计上、下两个出口，以达到无菌保存的目的。
- **哺乳枕**：可让妈妈以最舒服轻松的姿势喂母奶，避免因长期姿势不良而造成身体酸痛。

  因为奶垢不容易清洗干净，因此奶瓶6~8个月需更换。而安抚奶嘴和奶瓶式奶嘴则2~3个月就需更换。

🌿 清洁用具

- **消毒锅**：现在市面上主要有蒸汽消毒锅（又分可烘干和无烘干功能）和紫外线消毒锅两种。可耐高温的玻璃、PP、PES、PPSU奶瓶均可使用蒸汽消毒锅，尤其PP材质的奶瓶勿使用紫外线消毒，可能会造成脆裂。此外，PC材质的餐具、玩具不适合高温消毒，PC餐具可以用开水烫过消毒，玩具则可以用除菌纸巾擦拭。安抚奶嘴建议一天消毒一次；奶瓶最好每次使用完就消毒，一定要消过毒才使用。

- **奶瓶刷、奶嘴刷**：现在有的奶瓶刷是可转式的，使用起来很方便，可以清洁到奶瓶的各个角落。奶瓶刷的刷毛也有很多材质，若是塑料类的奶瓶，建议使用海绵材质的刷毛，以防刮伤奶瓶。而奶嘴造型特殊，建议最好使用奶嘴刷来清洁，不要用一般的牙刷，才不会有死角洗不到。另外，要注意的是，奶瓶刷和奶嘴刷使用完之后，要倒挂风干，不建议用烘的，以免变质。

卫生和沐浴用品

- **尿布**：不论是哪种尿布，原则上3个月内的婴儿最好2~3小时就要换一次，所以一天大约需要10片尿布。一开始给宝宝使用尿布时，最好不要一下买太多，而是先买一些给宝宝试试，若是宝宝的皮肤没有任何不良反应，才可放心购买多量。
- **尿垫**：可避免换尿布时弄脏床单，外出时亦可方便随时能为宝宝换尿布。
- **婴儿油、乳液、护肤霜**：帮宝宝换尿布时，可在宝宝的屁股上抹上一层薄薄的护肤膏或凡士林，可有助隔绝尿便的刺激。
- **宝宝专用指甲刀**：因为宝宝的手指较小，建议家长还是要购买宝宝专用的指甲刀较好。
- **湿纸巾**：选择不含酒精、香料的产品，以免刺激宝宝的肌肤。
- **温度计**：测量体温用，以肛温最准。
- **棉花棒**：清洁耳、鼻，或擦药使用。

寝具用品

- **婴儿床**：为了安全起见，建议宝宝还是睡在自己的床上比较好。挑选婴儿床时需注意安全性（是否会夹手、升降开关是否安全、涂料的安全性等）。
- **枕头**：3个月内的新生儿，不需特别使用枕头。
- **床单**：过敏宝宝可使用防螨寝具。
- **婴儿棉被**：勿过软。
- **蚊帐**：防蚊虫，夏季使用。

娱乐用品

- **宝宝音乐铃**：安抚宝宝，帮助入睡。
- **抓握玩具**：训练手部运动能力。
- **婴儿床吊挂玩具**：1~2个，安抚宝宝。

建立充足奶水量的方法

许多妈妈担心自己的奶水不够,原则上,只要宝宝在出生后的前几个月,每个月的体重增加超过500克,大便量多、不干硬,尿液清澈且量多,精神活动力良好,不会经常烦躁不安,通常表示母亲的奶水量是足够的。

让婴儿频繁且有效地吸出奶水

目前的研究显示,生产完的第一周是建立奶水量的关键时期,刺激乳房制造奶水最厉害的法宝就是婴儿的吸吮。因此婴儿愈频繁地吸吮,奶水制造愈多。因此产后初期让奶水增加最有效的方法就是:让婴儿频繁且有效地吸出奶水。

观察宝宝想吃奶的表情

为了要达成这个目标,尽量让宝宝在出生后待在母亲的身边,让妈妈能随时观察宝宝想吃奶的表情,适时的哺乳。通常新生儿一天需要哺喂8~12次以上,夜间哺乳在这个阶段是必要的。

检查含乳和吸吮是否正确

有时婴儿因为母亲在产程中使用止痛或麻醉药物的关系显得嗜睡,将双手支托在宝宝的腋下,稳住他的头,将他抱直坐在妈妈的大腿上,温柔地和他说话,当宝宝往前倾的时候很容易张开眼,试着让他和妈妈的眼神交会,挤出些许奶水,逗弄婴儿的上唇和鼻尖,让婴儿清醒,诱他吃奶。新生儿阶段,最好不要超过4小时不喂奶,避免发生低血糖,同时这个时期多喂奶,宝宝也比较不会出黄疸。

宝宝必须正确地含住乳房与吸吮才能将奶水有效地吸出来,如果妈妈的乳头有破皮、伤口、疼痛,或是宝宝吸完奶后,乳房没有放松的感觉,都必须请专业的医护人员检查宝宝的含乳和吸吮是否正确。

为了增加奶水的排出,喂奶前妈妈可以热敷、按摩乳房和乳头;喂奶时,当宝宝吸吮变得无力或停止时,模仿婴儿吸吮的频率,规律地施点力气按压乳房,特别是母亲感觉有硬块的区域,让更多的奶水进入宝宝的口中,刺激宝宝更多地吸吮,帮助奶水溢出。

唤起婴儿的寻乳本能

如果宝宝的吸吮状况在产后前几天不是很理想,鼓励母亲多抱抱婴儿,增加与婴儿的肌肤接触,唤起婴儿的寻乳本能。另外,母亲

Q&A

Q: 婴儿想吃奶的饥饿表征有哪些?
- 嘴巴出现吸吮和伸吐舌头的动作。
- 快速动眼。
- 头转来转去或在大人胸前前后晃动。
- 伸展手脚。
- 有点小躁动。

有空的时候，可以利用手挤乳的方式，挤出初乳，因为初乳的量少且质地较浓稠，这个阶段使用吸乳器的效果不如用手挤乳的好，美国斯坦福大学Jane Morton医师指出，在产后的头3天，利用手挤乳，频繁且有效地溢出初乳可以刺激奶水的制造，建立奶量。

鼓励母亲将一边的乳房喂到完全松软后再换边哺喂，产后初期，尽量两边轮流哺喂。待3~4周奶水建立后，因为每个母亲的乳房盛装奶水的容量不同，乳房储积容量较大的母亲，宝宝可能一次喂一边就满足了，喂食间隔也较长；而乳房储积容量较小的母亲，宝宝需要哺喂的次数会多一些，或是一次需要喂两边。根据研究，虽然两种哺喂方式不太一样，但是

哺乳的姿势

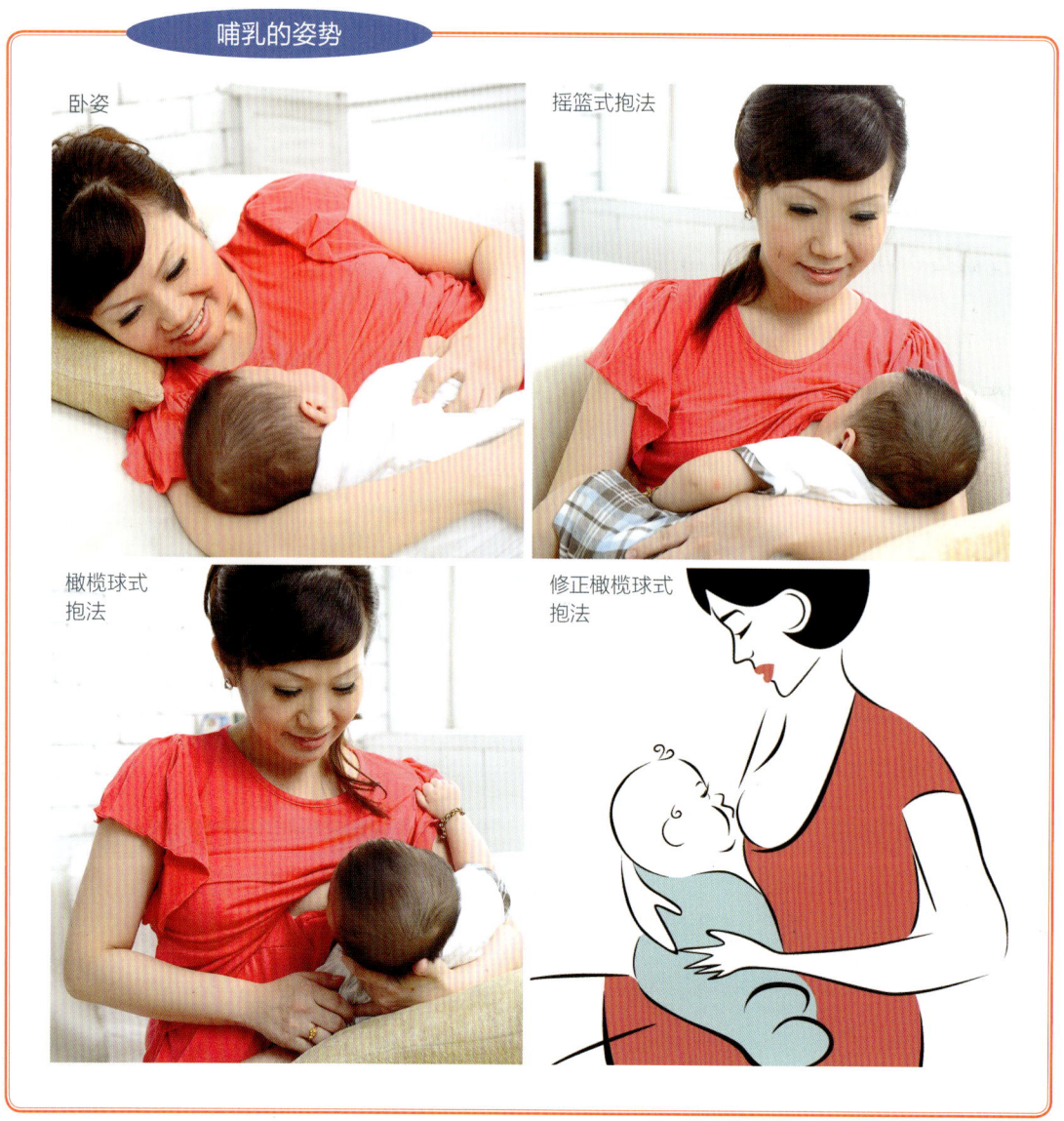

卧姿　　　　　　摇篮式抱法

橄榄球式抱法　　修正橄榄球式抱法

宝宝一整天得到的奶水量是差不多的,因此妈咪不需要因为哺喂次数的多寡感到焦虑,只要确定喂完后的乳房是轻松的,挤挤乳房,奶水几乎是缓慢地用滴的,确定宝宝吃到大部分的奶水就可以了。

研究指出,母奶宝宝具有自我调节进食的能力,也就是说,宝宝每餐的胃口大小不一,强迫不来,每餐的喝奶量甚至可以差到3倍,加上每个宝宝的消化和胃排空的能力不同,喂食间隔自然不同。

制造好质量与足够的奶水

压力、焦虑与疲倦会抑制喷乳反射,让奶水比较不容易流出来。轻柔的音乐、冥想、按摩、泡个澡、多抱抱宝宝,让妈妈放轻松,开心地笑,有助于奶水的分泌与流出。家人协助分担家事,给妈妈鼓励与赞美,避免批评与质疑,更是最重要的支持。妈妈只要均衡饮食,遵循饿了就吃、渴了就喝的原则,就能制造好质量与足够的奶水。

月子里虽然辛苦,但是奶量一旦建立起来,宝宝容易饱足,生活就会轻松规律许多。有时妈妈真的很累,就让妈妈好好地小睡一下,会有意想不到的效果。

产后初期,谢绝外界的一切干扰,让妈妈和宝宝在床上好好度个"宝宝蜜月"(Baby moon),奶水自然源源不绝!

正确的含乳姿势:宝宝的下巴会贴住乳房,嘴巴张得很大,下嘴唇外翻,且几乎含住整个乳晕,上唇上方可能会露出一些,除非有的妈妈的乳晕部分很大,才会露出较多

错误的含乳姿势:宝宝只吸住乳头,下巴和乳房分开,嘴巴看起来像是闭着,露出太多的乳晕

婴儿每日哺奶量、次数参考表

宝宝年龄	每天哺喂次数(次)	每次哺喂奶量(毫升)	哺喂间隔时间(小时)
0~2周	8~10	90~140	1~2
2周~1个月	6~8	90~140	1~2
1~2个月	6~7	110~160	约3
3个月	5~6	110~160	约4
4~5个月	5~6	170~200	约4
5~6个月	4~5	170~200	4~5
6~9个月	4~5	200~250	5~6
9~12个月	3~4	200~250	5~6

新生儿素质训练

俯床抬头

目标 训练头、颈部肌肉。

玩法 宝宝吃奶前，俯卧在床上，两手放在头两侧，扶头至中线，用玩具逗引宝宝抬头片刻，边练习边说"小宝宝抬抬头"，同时用手轻轻抚摸宝宝背部，使宝宝感到舒适愉快，背部肌肉放松。

注意 可选择一些宝宝喜欢的玩具作为逗引宝宝的辅助用品。

手指按摩

目标 刺激宝宝的神经末梢，有助于宝宝的大脑发育及手指灵巧，同时增进母子感情，让宝宝获得安全感。

玩法 妈妈可以用一只手托住宝宝，用另外一只手轻轻按摩宝宝的手指头。

注意 按摩同时可以和宝宝有眼神或声音上的交流，是增进母子情感的好时机。

触觉训练

目标 增加宝宝与亲人间的情感交流，同时发展宝宝的触觉。

玩法 妈妈要经常和宝宝亲切地说话，向他露出微笑，一边说话一边抚摸他的小手、小脚、小指（趾）头、手掌、手背、手腕，这就是在和宝宝游戏了，宝宝会很开心。

注意 对于刚刚出生的宝宝来说，只要宝宝醒着，妈妈就要陪在宝宝身边照顾他，和他交流。

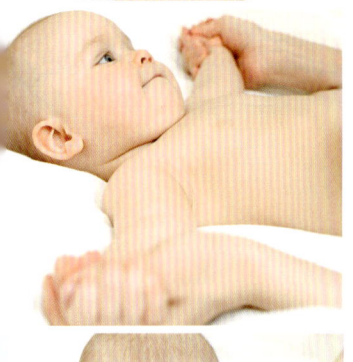

听铃声

目标 训练宝宝的听力。

玩法 将小铃放在宝宝的一侧摇晃，节奏时快时慢，音时大时小，不让宝宝看到小铃，让宝宝用眼睛寻找声源。

注意 注意铃声音量不要过于强烈。

说悄悄话

目标 听觉刺激，建立母子联系。

玩法 宝宝醒来时，妈妈用柔和的语言问候他，比如："宝宝，早上好。宝宝真高兴，睡得好香啊！"妈妈在给宝宝喂奶时，还可让宝宝听听音乐或给宝宝哼一些儿歌。在宝宝快要入睡时，轻轻地吟诵摇篮曲。

注意 该游戏可以在宝宝出生15天开始进行。